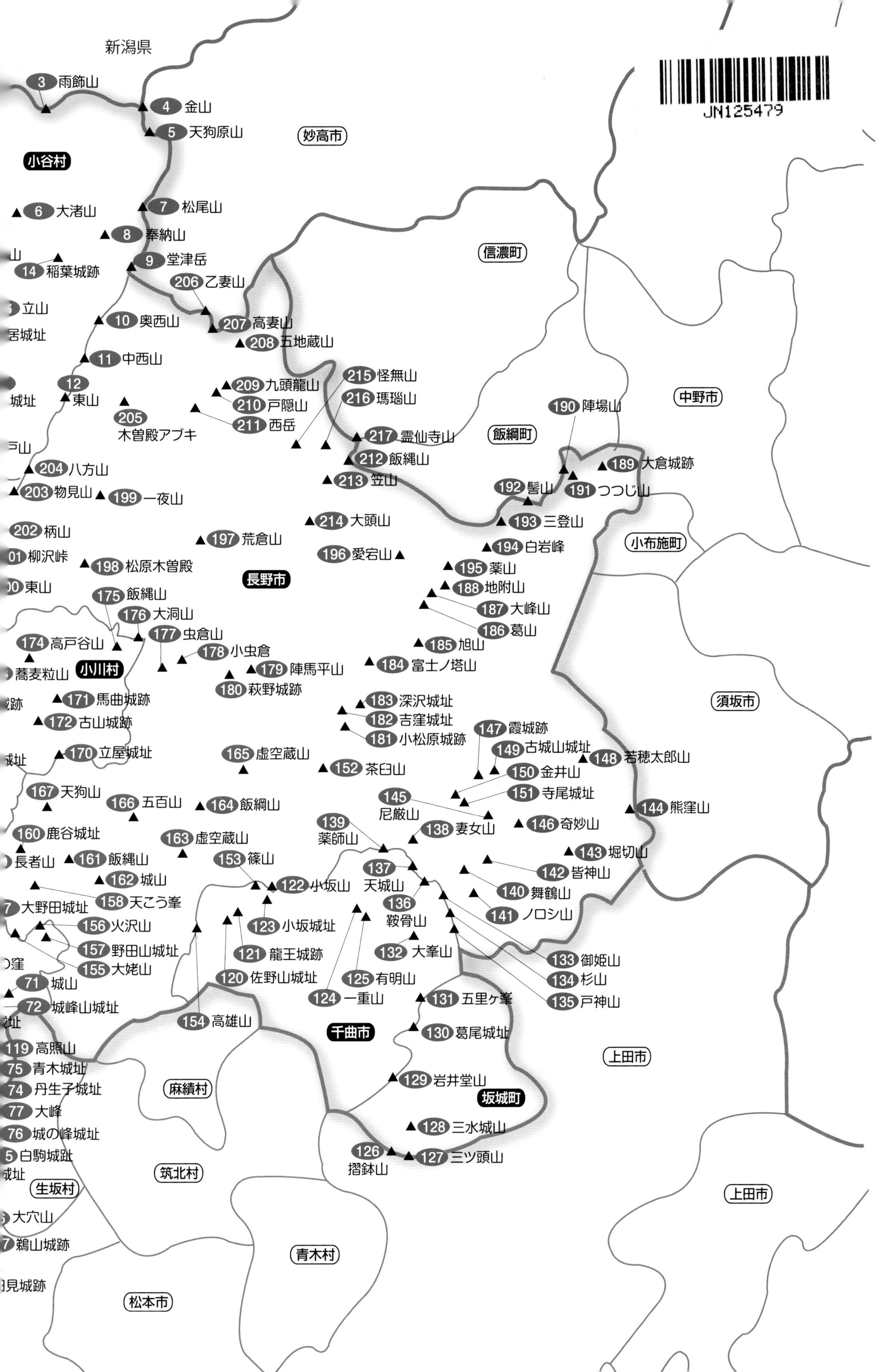

JN125479
新潟県
3 雨飾山
4 金山
5 天狗原山
妙高市
小谷村
6 大渚山
7 松尾山
8 奉納山
9 堂津岳
14 稲葉城跡
206 乙妻山
10 奥西山
207 高妻山
208 五地蔵山
11 中西山
信濃町
215 怪無山
216 瑪瑙山
209 九頭龍山
210 戸隠山
211 西岳
12 東山
205 木曽殿アブキ
217 霊仙寺山
212 飯縄山
213 笠山
飯綱町
190 陣場山
中野市
189 大倉城跡
192 髻山
191 つつじ山
193 三登山
204 八方山
203 物見山
199 一夜山
214 大頭山
202 柄山
197 荒倉山
196 愛宕山
194 白岩峰
小布施町
柳沢峠
198 松原木曽殿
長野市
195 薬山
188 地附山
187 大峰山
186 葛山
東山
175 飯縄山
176 大洞山
177 虫倉山
174 高戸谷山
178 小虫倉
185 旭山
184 富士ノ塔山
小川村
179 陣馬平山
蕎麦粒山
180 萩野城跡
171 馬曲城跡
172 古山城跡
183 深沢城址
182 吉窪城址
181 小松原城跡
須坂市
147 霞城跡
149 古城山城址
148 若穂太郎山
170 立屋城址
165 虚空蔵山
152 茶臼山
150 金井山
151 寺尾城址
167 天狗山
166 五百山
164 飯綱山
145 尼厳山
144 熊窪山
139 薬師山
138 妻女山
146 奇妙山
160 鹿谷城址
163 虚空蔵山
長者山
161 飯縄山
153 篠山
137 天城山
143 堀切山
142 皆神山
162 城山
122 小坂山
136 鞍骨山
140 舞鶴山
158 天こう峯
大野田城址
141 ノロシ山
156 火沢山
123 小坂城址
157 野田山城址
132 大峯山
121 龍王城跡
133 御姫山
155 大姥山
120 佐野山城址
125 有明山
134 杉山
71 城山
124 一重山
131 五里ヶ峯
135 戸神山
72 城峰山城址
154 高雄山
千曲市
130 葛尾城址
119 高照山
上田市
75 青木城址
74 丹生子城址
麻績村
129 岩井堂山
坂城町
77 大峰
76 城の峰城址
128 三水城山
白駒城趾
126 摺鉢山
127 三ツ頭山
筑北村
生坂村
上田市
大穴山
鵜山城跡
青木村
松本市

新版 信州の山

ほぼ
全山掲載！
北部上巻

誰でも知っている里山から
マイナーな里山そしてアルプスまで網羅！

初心者からベテランまで役立つ、アプローチから山頂までのイラスト登山地図

長野市・千曲市・坂城村・小川村・
小谷村・白馬村・大町市・池田町・
松川村

217山

宮坂七郎

瑠璃山付近登山道から戸隠山～乙妻山

飯縄山山頂

鬼無里日影の東山無名滝

白馬スノーパーク山頂から
後立山連峰

戸隠の天命稲荷神社

小川村高山寺

信毎書籍出版センター

東沢岳山頂

はじめに

『信州の山』新版シリーズの南部編を2017年5月に、中部編上・下巻を2018年8月に発刊して、このたびやっと北部編上・下巻合わせて351山の発刊に至りました。私にとってこのシリーズの本当の集大成となります。

余談になりますが、北アルプスは登山者の憧れ、特に槍ヶ岳や穂高には一生に一度は登ってみたいと言われています。穂高でときどき会う東北や九州地方の人達は、北アルプスを訪れるには、移動日を含めると4～5日は必要で、もちろん旅費もかかります。それに比べ、気軽に行ける長野県人の登山者が少ないのが実情で、北アルプスを訪れるたびに実にもったいない気がして残念でなりません。

このシリーズを完結するにあたり、長野県は本当に私にとって恵まれた県であることを痛感しました。

深田久弥先生は、まさに山人の心を的確に言い表したとつくづく感動しております。

先生の著書『日本百名山』の一節に「日本人はたいていふるさとの山を持っている。山の大小遠近はあっても、ふるさとの守護神のような山を持っている。

そしてその山を眺めながら育ち、成人してふるさとを離れても、その山の姿は心に残っている。

どんなに世相が変わってもその山だけは昔のままで、あたたかく帰郷の人を迎えてくれる。私のふるさとの山は白山であった。」…白山のところを、筆者は八ヶ岳としたい。

編集にあたり初版の絵地図の再確認や、修正及び追加を加えたわけですが、長野県は自然災害が多く、2011年3月長野県北部地震、2011年6月長野県中部地震、2014年9月御嶽山の噴火、2014年11月長野県神城断層地震、2019年10月台風19号千曲川の氾濫等々災害が相次ぎ、発刊した絵地図に違いも出てきますが、基本的な事は変わっておりません。自動車で登山口まで行けたものが崩落で行けなくなってしまった等、違いはご容赦頂きたい。

本書に掲載してあるマイナーの山は、道なき道を歩き標識もない目印もないヤブコギの山でいわゆるピークハンターの登山です。北アルプスよりリスクが高いかもしれません。本に書いてあったからではなく、あくまでもご自身の目と勘と経験を活かし行動して頂き、自己責任で登山をして下さい。

筆者が歩いていない山やルートは掲載しておりません。実際に歩いたわけですから問題はないと思いますが、責任は負いかねます。

また里山には、地元の人の個人の山や公有林もあり、登山はしてもいいが山菜採りを禁じている山や、キノコ（特に松茸）の時期は絶対に入山禁止が多いので、登山時期を間違えないように注意して下さい。私の絵地図には注意書きが書いてありますので、よく視て守って頂きたい。「登山口で入山を断られた」と苦情を言われても、責任は負いかねます。

最後に信州の北部もたくさんの名山があります。できるだけ正確に一生懸命絵地図にしました。この絵地図を参考にぜひ楽しい安全な登山を楽しんでいただければ幸いです。

この本の見方

● 絵地図の情報は2020年5月現在のものです。経年などの理由により、変更されることがあります。
　例えば、マイカーが通れた林道が侵入禁止になったり、登山口の標識が朽ちはてて無くなったり、道があったはずが薮になり、通れなくなったりすることがあります。またその逆もあります。登山道が開いたり、 林道がマイカーで入れたり、薮刈りをして道ができたり等々。
　情報の変化による事故等は責任を負いません。事前に十分な確認が必要です。
● 情報は雪のない時期を前提としています。

一覧表

●**山番号**…長野県を3分し北部を更に上巻と下巻に分け、上巻は1～217番まで、通し番号をつけました。

●**山岳名**…国土地理院の2万5千分の1の地形図を優先しました。

●**読み方**…国土地理院のデーターを優先しました。

●**標　高**…国土地理院地図の表示に対して、原則小数点以下切捨ててありますが、0.9の場合は切り上げて有ります。数値の誤差は概ね1M以内です。

●**登山口アプローチ等周辺の見どころ**…山頂の展望以外に、登山口までのアプローチや登山道等の面白いところ（公園・文化財・伝説・花の群生・池・滝・名勝・歴史等）をワンポイントで記載、コースが複数ある場合は原則往復時間の最短コースを記載しています。

●**難　度**…難易度のこと：主観的ですから参考程度に見てください。最高点を5点として、コースが複数ある場合は往復時間の最短コースで体力度・危険度（岩場・鎖場・道迷い・やぶこぎ）・技術度（ルートファインディング・特別装備要）等を総合してつけてあります。コースによって難易度は違ってきます。

●**所在地**…山頂の所在地で、かかわる市町村について記載してあります。

●**山頂展望**…山頂の展望が360度絶景である場合は、
◎　で表してあります。以下
○：山頂の展望が90度以上ある場合
△：山頂の展望が少しでもある場合
ー：山頂の展望が全くない場合

●**途中展望**…山頂の展望は無くても登山口から山頂までの間の展望状況を、上記の山頂展望と様の記号で表して有ります。展望状況も樹木の成長など経年変化します。

●**往復時間**…マイカー・ゴンドラ・スキーリフト・バス等を利用。コースにより徒歩での往復時間は違ってきますが、たいていは最短コースの時間を記載して有ります。休憩時間は含まれません。あくまで参考時間です。
　まれに往復時間ではなく、周遊時間を表示の上で記載して有る場合があります。
　往復時間の0とは、山頂までマイカー等交通インフラを利用し、行ける意味です。

信州の山　北部 上巻217山　一覧表

◎ 山頂の展望が360度の山

山番号	山岳名	読み方	標高(m)	山頂展望	途中展望	登山口アプローチ等周辺の見どころ	難度	所在地	往復時間
1	糸魚川市の戸倉山	とぐらやま	975	◎	○	塩の道・白池	2	糸魚川市	2：20
2	跡杉山	あとすぎやま	1285	○	△	塩の道千国街道	2	小谷村	2：40
3	雨飾山	あまかざりやま	1963	◎	○	信仰山・高原登山口～	3	小谷村・糸魚川市	5：50
4	金山	かなやま	2245	○	○	焼山への入口	3	小谷村・妙高市・糸魚川市	8：15
5	天狗原山	てんぐはらやま	2197	○	ー	お花畑	3	小谷村・妙高市	6：55
6	大渚山	おおなぎやま	1566	○	○	鎌池の紅葉絶景	2	小谷村	2：00
7	松尾山	まつおやま	1678	○	○	小谷林道の通行確認	3	小谷村・妙高市	3：35
8	奉納山	ぶのうさん	1511	ー	ー	未踏：参考まで	5	小谷村	ー
9	堂津岳	どうづだけ	1926	○	○	山道の手入れ次第	4	小谷村・妙高市	7：20
10	奥西山	おくにしやま	1616	ー	○	山頂らしからぬ山	3	長野市・小谷村	4：10
11	中西山	なかにしやま	1741	○	○	奥裾花園～明瞭道	2	長野市・小谷村	3：30
12	長野市の東山	ひがしやま	1849	○	◎	絶景地・滑落注意	4	長野市・小谷村	6：40
13	紙すき山牧場	かみすきやまぼくじょう	1182	△	○	約2Hの舗装道歩き	2	小谷村	3：10
14	稲葉城跡	いなばじょうせき	654	ー	ー	明瞭登山道有	2	小谷村	0：35
15	平倉山	ひらくらやま	823	○	○	平倉城跡手入れ悪し	3	小谷村	1：20
16	小谷村の立山	たてやま	938	△	ー	山頂まで自動車	1	小谷村	0
17	鳥居城址	とりいじょうし	750	△	ー	ヤブコギ山	3	小谷村	1：30
18	稗田山	ひえだやま	1443	△	○	スキー場上部の藪山	3	小谷村	4：10
19	風吹岳	かざふきだけ	1888	△	ー	風吹大池の紅葉	3	小谷村	5：40
20	小谷村の黒川城址	くろかわじょうし	934	△	△	先の真木集落立寄り	2	小谷村	1：30
21	鵯峰	ひよどりみね	1923	△	○	以前は立派な歩道	3	小谷村	2：50
22	岩戸山	いわどさん	1356	ー	○	青鬼集落経由	3	小谷村・白馬村	5：20
23	白馬村の乗鞍岳	のりくらだけ	2469	○	△	栂池自然園経由	3	小谷村	3：50
24	小蓮華山	これんげさん	2766	◎	○	白馬大池経由	3	小谷村・糸魚川市	8：30
25	白馬岳	しろうまだけ	2932	◎	◎	非対称山稜	4	白馬村・朝日町	11：10
26	杓子岳	しゃくしだけ	2812	◎	◎	白馬大雪渓	3	白馬村・黒部市	11：00
27	白馬鑓ヶ岳	やりがたけ	2903	◎	◎	白馬大雪渓経由	4	白馬村・黒部市	12：40
28	不帰嶮	かえらずのけん	2614	◎	◎	白馬鑓温泉経由	5	白馬村・黒部市	9：40
29	唐松岳	からまつだけ	2696	◎	◎	八方池経由	3	白馬村・黒部市	6：10
30	白馬村の岩蕈山	いわたけやま	1289	○	○	天狗の庭コース	2	白馬村	3：10
31	白馬村の阿弥陀山	あみだやま	1259	△	△	冒険山行	3	白馬村・小谷村	2：30
32	白馬村の浅間山	せんげんやま	931	△	○	山頂の珍しい祠	2	白馬村	0：40
33	高戸山	たかどやま	1069	△	○	大出公園の絶景	3	白馬村	3：00
34	白馬村の城山	じょうやま	713	ー	ー	塩島城址の散策	2	白馬村	0：25
35	白馬村の東山	ひがしやま	980	○	○	以前のスキー場跡	2	白馬村	1：15
36	嶺方山	みねかたやま	1059	ー	○	以前の白馬夢農場	2	白馬村	2：15
37	白馬村の一夜山	いちやさん	851	ー	ー	白馬五竜スキー場	1	白馬村	0：30
38	白馬村の矢崎山	やざきやま	935	○	△	マイナーの山	2	白馬村	1：10
39	飯田秋葉山	いいだあきばさん	860	ー	ー	荒れた参道	2	白馬村	0：50
40	白馬村の飯田城址	いいだじょうし	988	△	○	マイナーの山	3	白馬村	3：00
41	茨山城址	いばらやまじょうし	790	ー	ー	地震で本殿崩壊	1	白馬村	0：10
42	大宮城跡	おおみやじょうせき	878	ー	ー	社殿は重要文化財	2	白馬村	0：40
43	ドウカク山	どうかくやま	814	ー	ー	親海湿原の上部山	1	白馬村	0：35

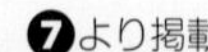
❼より掲載

紅葉

本書の特徴

里山からアルプスまで
信州の無雪期登山可能な山、ほぼ全山網羅！

★行ってみて、山に登ってみて、はじめて気がつく不安、注意点等、著者が自らの足と目でチェックし、絵地図に詳細記載！

★ビギナーからベテランまで、ハイカーの実践に役立つ情報が満載の本書は、安全で楽しい山登りをするための事前計画に活用いただける実用書です！

★複数コース又はルートのある山は、できる限り絵地図にして有ります。

絵地図

山番号の前に有る記号の説明

：登山口標識や登山道が明瞭で、家族や子供も安心して登れる山。コースと表現

：登山口標識や登山道が有り、普通の登山ができる山。コースと表現

：登山口標識や登山道は無く（あっても踏跡程度）、ルートファインディングやヤブコギ、マーキングをしないと山頂往復ができない山。…ルートと表現し、ピークハンター向きの山です。

●登山口標識や登山道が有り、普通の登山ができる山。

● 一覧表にある山番号

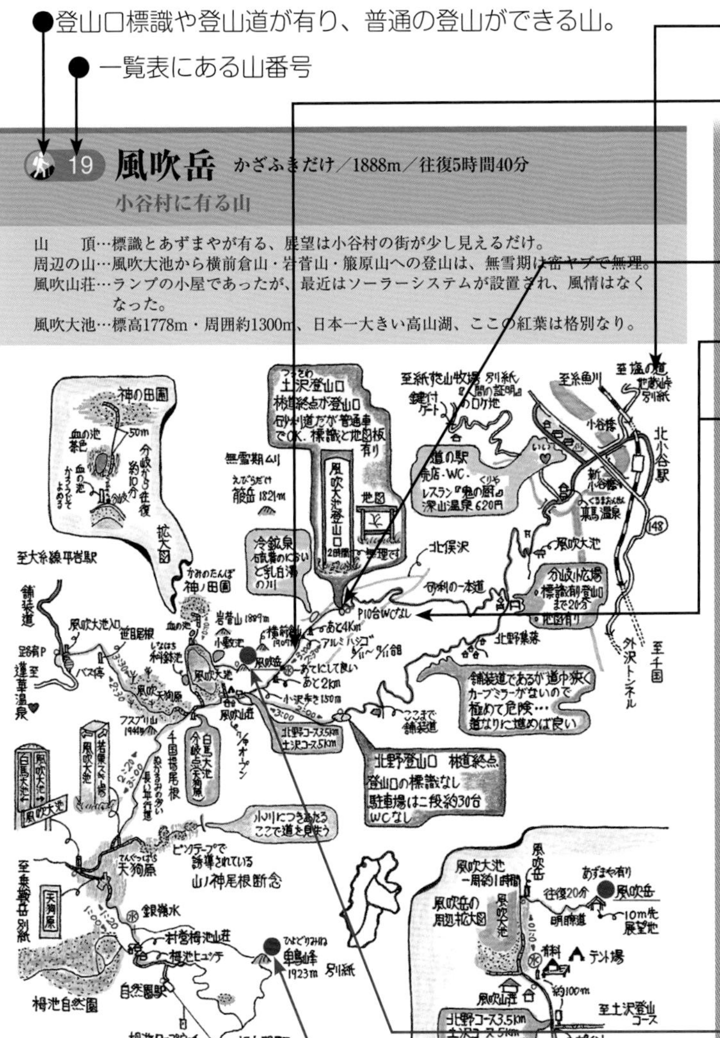

●山岳名・読み方・標高…前述した通り、一覧表と同じですが、地元の人の読み名、別名は別途記述してあります。

●往復時間…コースが複数の場合は、そのページの絵地図に於ける徒歩でのたいていは最短コースの時間を記載してありますが、時間は参考程度に見てください（休息時間は含まれません）。往復時間0とは山頂までマイカー等交通インフラを利用して行ける意味です。勿論ハイキングコースがある場合は地図にしてあります。

●アクセス…最寄りの高速道路IC・JR駅を表記してあります。

●登山コース…縦走可能なコースは実線で表わしています。

●コースとルート…全く同じ意味ですが、イメージが違うので使い分けをしてあります。

●登山口…標識や目印が有るか等、状況を明記しています。

●トイレ…登山口の周辺にあるかないか、状況を**WC**で表わしてあります。

●駐車場…登山口又は周辺に公的駐車場（有料の場合は明記）又は路肩スペースがあるかないか、およその台数等**P**で表わしてあります。

●絵地図の車道や登山道の曲がり具合、方向、寸法は正確なものではありません。

●絵地図の上のコースタイムは参考程度にして下さい。（休息時間は含まれません）。

●面白い山はできるだけ複数コースを紹介してあります。一山で何度も楽しむためです。

●テント場… ▲ 指定されている場所
▲ 非常時はテントが張れる可能な場所（普段はテント禁止です）

テント場＝テン場の両方表現してある場合があります。

●バリルート＝バリエーションルート

● はそのページの山の山頂

● はそのページの山の山頂ではありませんが、別紙絵地図が有る山頂又はそのページにおいて重要な目安地点です。

信州の山
北部 上巻 217山岳マップ

長野市・千曲市・坂城村・小川村・小谷村・白馬村・大町市・池田町・松川村

信州の山　北部 上巻 217 山　一覧表

◎　山頂の展望が 360 度の山

山番号	山岳名	読み方	標高(m)	山頂展望	途中展望	登山口アプローチ等周辺の見どころ	難度	所在地	往復時間
1	糸魚川市の戸倉山	とぐらやま	975	◎	○	塩の道・白池	2	糸魚川市	2：20
2	跡杉山	あとすぎやま	1285	○	△	塩の道千国街道	2	小谷村	2：40
3	雨飾山	あまかざりやま	1963	◎	○	信仰山・高原登山口～	3	小谷村・糸魚川市	5：50
4	金山	かなやま	2245	○	○	焼山への入口	3	小谷村・妙高市・糸魚川市	8：15
5	天狗原山	てんぐはらやま	2197	○	—	お花畑	3	小谷村・妙高市	6：55
6	大渚山	おおなぎやま	1566	○	○	鎌池の紅葉絶景	2	小谷村	2：00
7	松尾山	まつおやま	1678	○	○	小谷林道の通行確認	3	小谷村・妙高市	3：35
8	奉納山	ぶのうさん	1511	—	—	未踏：参考まで	5	小谷村	—
9	堂津岳	どうづだけ	1926	○	○	山道の手入れ次第	4	小谷村・妙高市	7：20
10	奥西山	おくにしやま	1616	—	○	山頂らしからぬ山	3	長野市・小谷村	4：10
11	中西山	なかにしやま	1741	○	○	奥裾花園～明瞭道	2	長野市・小谷村	3：30
12	長野市の東山	ひがしやま	1849	○	◎	絶景地・滑落注意	4	長野市・小谷村	6：40
13	紙すき山牧場	かみすきやまぼくじょう	1182	△	○	約 2H の舗装道歩き	2	小谷村	3：10
14	稲葉城跡	いなばじょうせき	654	—	—	明瞭登山道有	2	小谷村	0：35
15	平倉山	ひらくらやま	823	○	○	平倉城跡手入れ悪し	3	小谷村	1：20
16	小谷村の立山	たてやま	938	△	—	山頂まで自動車	1	小谷村	0
17	鳥居城址	とりいじょうし	750	△	—	ヤブコギ山	3	小谷村	1：30
18	稗田山	ひえだやま	1443	△	○	スキー場上部の藪山	3	小谷村	4：10
19	風吹岳	かざふきだけ	1888	△	—	風吹大池の紅葉	3	小谷村	5：40
20	小谷村の黒川城址	くろかわじょうし	934	△	△	先の真木集落立寄り	2	小谷村	1：30
21	鵯峰	ひよどりみね	1923	△	○	以前は立派な歩道	3	小谷村	2：50
22	岩戸山	いわどさん	1356	—	○	青鬼集落経由	3	小谷村・白馬村	5：20
23	白馬村の乗鞍岳	のりくらだけ	2469	○	△	栂池自然園経由	3	小谷村	3：50
24	小蓮華山	これんげさん	2766	◎	○	白馬大池経由	3	小谷村・糸魚川市	8：30
25	白馬岳	しろうまだけ	2932	◎	◎	非対称山稜	4	白馬村・朝日町	11：10
26	杓子岳	しゃくしだけ	2812	◎	◎	白馬大雪渓	3	白馬村・黒部市	11：00
27	白馬鑓ヶ岳	やりがたけ	2903	◎	◎	白馬大雪渓経由	4	白馬村・黒部市	12：40
28	不帰嶮	かえらずのけん	2614	◎	◎	白馬鑓温泉経由	5	白馬村・黒部市	9：40
29	唐松岳	からまつだけ	2696	◎	◎	八方池経由	3	白馬村・黒部市	6：10
30	白馬村の岩蕈山	いわたけやま	1289	○	○	天狗の庭コース	2	白馬村	3：10
31	白馬村の阿弥陀山	あみだやま	1256	△	△	冒険山行	3	白馬村・小谷村	2：30
32	白馬村の浅間山	せんげんやま	931	△	○	山頂の珍しい祠	2	白馬村	0：40
33	高戸山	たかどやま	1069	△	○	大出公園の絶景	3	白馬村	3：00
34	白馬村の城山	じょうやま	713	—	—	塩島城址の散策	2	白馬村	0：25
35	白馬村の東山	ひがしやま	980	○	○	以前のスキー場跡	2	白馬村	1：15
36	嶺方山	みねかたやま	1059	—	○	以前の白馬夢農場	2	白馬村	2：15
37	白馬村の一夜山	いちやさん	851	—	—	白馬五竜スキー場	1	白馬村	0：30
38	白馬村の矢崎山	やざきやま	935	○	△	マイナーの山	2	白馬村	1：10
39	飯田秋葉山	いいだあきばさん	860	—	—	荒れた参道	2	白馬村	0：50
40	白馬村の飯田城址	いいだじょうし	988	△	○	マイナーの山	3	白馬村	3：00
41	茨山城址	いばらやまじょうし	790	—	—	地震で本殿崩壊	1	白馬村	0：10
42	大宮城跡	おおみやじょうせき	878	—	—	社殿は重要文化財	2	白馬村	0：40
43	ドウカク山	どうかくやま	814	—	—	親海湿原の上部山	1	白馬村	0：35

信州の山　北部 上巻 217 山　一覧表

◎ 山頂の展望が 360 度の山

山番号	山岳名	読み方	標高(m)	山頂展望	途中展望	登山口アプローチ等周辺の見どころ	難度	所在地	往復時間
44	夫婦岩	みよっといわ	1065	—	△	民話の里ハイキング	2	白馬村・小川村・長野市	1：20
45	佐野坂山	さのさかやま	1665	—	○	佐野坂スキー場から	4	大町市・白馬村	5：20
46	大町市の太郎山	たろうやま	1051	—	—	マイナーの山	2	大町市	1：00
47	大町市の権現山	ごんげんやま	1222	△	△	ヤナバスキー場上	1	大町市	0：30
48	大町市の丸山	まるやま	1376	△	—	冒険の山	2	大町市	1：30
49	小冷岳	こつべただけ	1663	—	—	冒険の山	4	大町市	5：30
50	五龍岳	ごりゅうだけ	2814	◎	○	遠見尾根絶景	3	大町市・黒部市	10：10
51	鹿島槍ヶ岳	かしまやりがたけ	2889	◎	◎	赤岩尾根絶景	3	大町市・黒部市	14：00
52	爺ヶ岳	じいがたけ	2670	◎	○	柏原新道扇沢から	3	大町市・立山町	8：10
53	岩小屋沢岳	いわごやざわだけ	2630	◎	○	扇沢～縦走お勧め	3	大町市・立山町	11：00
54	鳴沢岳	なるさわだけ	2641	◎	◎	扇沢～縦走お勧め	3	大町市・立山町	13：00
55	赤沢岳	あかざわだけ	2678	◎	◎	扇沢～縦走お勧め	3	大町市・立山町	15：00
56	スバリ岳	すばりだけ	2752	◎	◎	扇沢～縦走お勧め	3	大町市・立山町	11：30
57	針ノ木岳	はりのきだけ	2820	◎	○	扇沢～縦走お勧め	4	大町市・立山町	9：30
58	蓮華岳	れんげだけ	2798	◎	○	針ノ木雪渓～扇沢	4	大町市・立山町	9：40
59	白沢天狗山	しらさわてんぐやま	2036	○	○	爺ヶ岳スキー場	4	大町市	7：05
60	猿ヶ城跡	さるがじょうせき	1200	△	△	風穴で一休み	2	大町市	2：05
61	猿ヶ城峰	さるがじょうほう	1333	△	○	木崎湖～舗装林道	1	大町市	0：10
62	小熊山	おぐまやま	1302	—	△	木崎湖～舗装林道	1	大町市	1：00
63	鬼塚山	おにづかやま	1079	—	○	山頂はテレビ中継局	1	大町市	1：00
64	尼子山	あまこやま	1044	—	△	山頂不明	2	大町市	0：40
65	二重城跡	ふたえじょうせき	840	—	—	小規模な城郭	1	大町市	0：05
66	居谷里山	いやりさん	938	○	○	居谷里湿原の花園	2	大町市	0：55
67	大野田城址	おおのだじょうし	998	—	△	山頂まで明瞭道	2	大町市	0：35
68	大塩城址	おおしおじょうし	860	—	—	旧美麻村の史跡	1	大町市	0：15
69	西の窪	にしのくぼ	860	—	—	昔集落の社跡	3	大町市	1：25
70	さすなみ峰狼煙台	さすなみほうのろしだい	1031	—	—	近くに矢田川磨崖仏	2	大町市	0：20
71	大町市の城山	じょうやま	952	—	—	途中道不明なり	2	大町市	1：20
72	城峰山城址	じょうみねやまじょうし	767	—	○	山頂下東屋有	2	大町市	0：30
73	木舟城址	きぶねじょうし	926	—	△	鉄塔巡視路明瞭道	2	大町市	0：50
74	丹生子城址	にゅうのみじょうし	848	—	—	登山口がポイント	2	大町市	0：35
75	青木城址	あおきじょうし	970	—	—	まれにみる要害廓	1	大町市	0：20
76	城の峰城址	しろのみねじょうし	841	—	—	登山口３か所有	3	大町市	1：05
77	大峰	おおみね	1018	○	○	七色大かえで	1	大町市・池田町	0
78	霊松寺山	れいしょうじやま	1128	—	△	道なし登山	2	大町市	0：45
79	鷹狩山	たかがりやま	1167	○	○	大町山岳博物館	1	大町市	0：10
80	南鷹狩山	みなみたかがりやま	1147	—	—	道なしヤブコギ道	2	大町市	0：45
81	大崎城址	おおさきじょうし	808	—	—	小さい城郭	2	大町市	0：35
82	搭城	とうじょう	950	—	—	砦か狼煙台	3	大町市	1：25
83	清水城址	せいすいじょうし	920	—	△	登山口が難しい	3	大町市	1：30
84	鍬ノ峰	くわのみね	1623	◎	△	日本山岳遺産の山	3	大町市	2：30
85	大町市の日向山	ひなたやま	1260	△	—	大町ダム周辺	3	大町市	2：00
86	大町市の駒沢城址	こまざわじょうし	934	—	—	立派な大沢寺の裏	2	大町市	0：30
87	矢櫃山	やびつやま	1343	—	—	道なしの冒険登山	4	大町市	3：40

信州の山　北部 上巻 217 山　一覧表

◎ 山頂の展望が 360 度の山

山番号	山岳名	読み方	標高(m)	山頂展望	途中展望	登山口アプローチ等周辺の見どころ	難度	所在地	往復時間
88	北葛岳	きたくずだけ	2551	◎	○	七倉尾根縦走	3	大町市・富山市	14：00
89	七倉岳	ななくらだけ	2509	○	○	話題のランプの小屋	3	大町市・富山市	11：00
90	船窪岳	ふなくぼだけ	2459	○	○	レベルの高い山行	4	大町市・富山市	13：20
91	不動岳	ふどうだけ	2595	◎	○	コマクサの群生	3	大町市・富山市	15：50
92	南沢岳	みなみさわだけ	2625	○	○	池塘四十八池	3	大町市・富山市	12：50
93	大町市の烏帽子岳	えぼしだけ	2628	○	△	有名なブナ立尾根	3	大町市・富山市	11：20
94	三ッ岳	みつだけ	2844	○	○	山頂は登山道外	3	大町市・富山市	12：30
95	野口五郎岳	のぐちごろうだけ	2924	○	◎	竹村新道	3	大町市・富山市	19：30
96	真砂岳	まさごだけ	2862	◎	○	山頂直下道なし	3	大町市・富山市	18：30
97	鷲羽岳	わしばだけ	2924	◎	◎	雲ノ平の入口	3	大町市・富山市	25：50
98	三俣蓮華岳	みつまたれんげだけ	2841	◎	◎	三俣山荘から 黒部川源流に至る	3	町市・高山市・ 富山市	29：40
99	双六岳	すごろくだけ	2860	○	◎	周辺のお花畑	3	大町市・高山市	31：40
100	槍ヶ岳北鎌尾根（独標）	きたかまおね （どっぴょう）	2899	◎	◎	槍ヶ岳の特別ルート	5	大町市	11：40
101	大町市の唐沢岳	からさわだけ	2632	◎	◎	秘密のコマクサ群	4	大町市	15：10
102	餓鬼岳	がきだけ	2647	◎	—	山通の人が好む山	3	大町市	10：50
103	剣ズリ	けんずり	2644	◎	○	燕岳への縦走口	4	大町市	10：50
104	燕岳	つばくろだけ	2763	◎	○	三大急登の合戦尾根	3	大町市・安曇野市	8：45
105	東沢岳	とうざわだけ	2497	◎	○	餓鬼岳への分岐	4	大町市・安曇野市	9：05
106	東餓鬼岳	ひがしがきだけ	2490	◎	◎	ハイマツこぎ有り	4	大町市・安曇野市	13：05
107	松川村の唐沢山	からさわやま	1575	△	△	マイナーの山	3	大町市・松川村	4：00
108	雨引山	あまびきやま	1371	○	○	信仰の山	2	大町市・松川村	2：10
109	松川村の城山	じょうやま	870	○	△	良いハイキング道	2	大町市・松川村	1：10
110	松川村の大洞山	おおぼらやま	1093	—	△	最短ルート道無し	3	大町市・松川村	1：00
111	観勝院山城跡	かんしょういんさん じょうせき	820	—	—	登山道一部崩落	2	松川村	1：15
112	布上山城跡	ぬのかみやまじょうせき	993	—	—	手頃な冒険山	3	松川村	2：00
113	花岡城址	はなおかじょうし	788	—	△	登山口がかぎ	2	池田町	0：50
114	中島城址	なかじまじょうし	768	△	—	山頂特定しがたい	1	池田町	0：10
115	白駒城趾	しろこまじょうし	801	—	—	小さな城郭	1	池田町	0：05
116	大穴山	おおあなやま	849	—	—	田ノ入峠コース	2	池田町・安曇野市	0：25
117	鵜山城跡	うやまじょうせき	808	—	—	クラフトパークから	1	池田町・安曇野市	1：25
118	渋田見城跡	しぶたみじょうせき	755	—	△	クラフトパークから	2	池田町	0：55
119	高照山	たかてるやま	919	○	△	桜の里、百人一首	1	池田町	0：20
120	佐野山城址	さのやまじょうし	708	—	—	佐野不動滝、明瞭道	2	千曲市	0：40
121	龍王城跡	りゅうおうじょうせき	720	○	—	車道から見える	1	千曲市	0
122	小坂山	こさかやま	660	—	—	少々くたびれてる道	2	千曲市・長野市	0：50
123	小坂城址	こさかじょうし	573	—	—	以前は良い遊歩道	2	千曲市	0：30
124	一重山	ひとえやま	458	△	○	登山口2が最短	2	千曲市	0：25
125	千曲市の有明山	ありあけやま	651	—	○	森将軍塚古墳経由	2	千曲市	1：00
126	摺鉢山	すりばちやま	881	△	—	室賀峠からが最短	3	上田市・坂城町	1：25
127	上田市の三ツ頭山	みつかしらやま	922	—	—	マイナー山	2	上田市・坂城町	0：50
128	三水城山	さみずじょうやま	789	◎	○	十六夜観月殿経由	2	坂城町	1：45
129	岩井堂山	いわいどうさん	793	△	△	自在神社登山口～	2	千曲市・坂城町	1：45
130	葛尾城址	かつらおじょうし	805	○	△	北山林道口最短	1	千曲市・坂城町	0：25

信州の山　北部 上巻 217 山　一覧表

◎ 山頂の展望が 360 度の山

山番号	山岳名	読み方	標高(m)	山頂展望	途中展望	登山口アプローチ等周辺の見どころ	難度	所在地	往復時間
131	五里ヶ峯	ごりがみね	1094	○	△	北山林道口最短	2	千曲市・坂城町	1：10
132	千曲市の大峯山	おおみねざん	841	—	△	鏡台山登山口最短	2	千曲市	0：40
133	御姫山	おひめやま	930	△	○	バリルート多数	3	千曲市・長野市	3：20
134	杉山	すぎやま	977	—	○	別名大嵐山	3	千曲市・長野市	2：30
135	戸神山	とかみやま	1042	—	—	マイナー山	2	千曲市・長野市	1：45
136	鞍骨山	くらほねやま	798	△	—	天空の山城	3	千曲市・長野市	2：20
137	天城山	てしろやま	694	—	△	登山口多数有り	2	千曲市・長野市	1：50
138	妻女山	さいじょざん	512	—	△	上杉謙信の本陣	1	長野市	1：05
139	薬師山	やくしやま	437	—	△	瑠璃殿	1	長野市・千曲市	0：25
140	舞鶴山	まいづるさん	559	—	△	白鳥神社の伝説	1	長野市	0：50
141	ノロシ山	のろしやま	844	△	△	真田信之に関わる山	2	長野市	2：10
142	皆神山	みなかみやま	659	△	△	ピラミッド祭り	1	長野市	0：10
143	堀切山	ほりきりやま	1157	—	—	冒険の山	3	長野市	4：10
144	熊窪山	くまくぼやま	1254	—	○	仙仁温泉口	3	長野市	2：55
145	尼厳山	あまかざりやま	781	○	○	登山口多数	3	長野市	2：05
146	長野市の奇妙山	きみょうさん	1099	△	○	登山口多数	3	長野市	3：15
147	霞城跡	かすみじょうせき	600	—	—	永福寺口	2	長野市	0：20
148	若穂太郎山	わかほたろうやま	997	○	○	馬背峠口が最短	2	長野市	1：00
149	古城山城址	こじょうやまじょうし	554	○	—	番所跡・北向観音	2	長野市	1：10
150	金井山	かないやま	480	—	○	金井山平和観世音	3	長野市	1：20
151	寺尾城址	てらおじょうし	450	△	—	山頂はお墓	3	長野市	0：55
152	長野市の茶臼山	ちゃうすやま	730	—	△	武田信玄ゆかりの地	2	長野市	1：10
153	篠山	しのやま	907	—	○	市民ふれあいの森	1	長野市・千曲市	0：15
154	長野市の高雄山	たかおやま	1166	—	△	周辺カタクリの群生	2	長野市・千曲市	1：10
155	大姥山	おおうばやま	1003	○	△	金太郎伝説の山	1	長野市・大町市	0
156	火沢山	ひざわやま	855	—	○	昔のサフォーク牧場	3	長野市・大町市	2：00
157	野田山城址	のだやまじょうし	766	△	—	小さい城郭	2	大町市	1：20
158	天こう峯	てんこうみね	889	△	—	信仰山金毘羅社跡	2	長野市	1：50
159	長者山	ちょうじゃやま	1159	○	△	森林学校（山の家）	2	長野市	0：50
160	鹿谷城址	かやじょうし	837	—	△	かくれた山城	1	長野市	0：35
161	上奈良尾の飯縄山	いいづなやま	866	—	—	信仰の山	2	長野市	0：50
162	旧信州新町の城山	しろやま	694	○	—	手入れの悪い歩道	1	長野市	0：15
163	信更町中平の虚空山	こくぞうざん	764	○	—	地滑りがあった山	1	長野市	0
164	旧信州新町の飯綱山	いいづなやま	634	—	—	マイナー山	1	長野市	0：12
165	信更町高野の虚空山	こくぞうざん	873	—	—	マイナー山	3	長野市	0：55
166	五百山	ごひゃくやま	659	—	—	マイナー山	1	長野市	0：18
167	旧信州新町の天狗山	てんぐやま	920	△	—	冒険の山	2	長野市	0：25
168	千見城跡	せんみじょうせき	831	△	—	険しく堅ろうな城	4	大町市	1：30
169	藤城址	ふじじょうし	915	—	—	小さな城郭	1	大町市	0：05
170	立屋城址	たてやじょうし	806	—	—	小さな城郭	1	長野市・小川村	0：20
171	馬曲城跡	まぐせじょうせき	821	—	△	城郭の確認は難しい	2	小川村	0：25
172	古山城跡	ふるやまじょうせき	802	—	—	明瞭な散策路が有	1	小川村	0：25
173	蕎麦粒山	そばつぶやま	1071	—	△	マイナー山	2	小川村・大町市	1：30
174	小川村の高戸谷山	たかとやさん	1052	△	—	桐山口留番所跡	2	小川村	0：50

信州の山　北部 上巻 217 山　一覧表

◎ 山頂の展望が 360 度の山

山番号	山岳名	読み方	標高(m)	山頂展望	途中展望	登山口アプローチ等周辺の見どころ	難度	所在地	往復時間
175	小川村の飯縄山	いいづなやま	1203	—	—	信仰の山東大洞峠～	1	小川村	0：40
176	大洞山	おおどうやま	1345	—	○	遊歩道有	2	小川村・長野市	1：15
177	虫倉山	むしくらやま	1378	◎	△	コースで難易度違う	3	長野市	2：10
178	小虫倉	こむしくら	1269	—	—	小虫倉～虫倉山不通	3	長野市	2：05
179	陣馬平山	じんばだいらやま	1257	—	○	地蔵峠の姫ホタル	1	長野市	0：45
180	萩野城跡	はぎのじょうせき	1176	○	○	展望良い城郭	1	長野市	1：00
181	小松原城跡	こまつばらじょうせき	540	—	○	天照寺、一見の価値	2	長野市	0：55
182	吉窪城址	よしくぼじょうし	619	—	—	周辺は古墳群	1	長野市	0：25
183	深沢城址	ふかざわじょうし	519	—	△	マイナー山	2	長野市	0：35
184	富士ノ塔山	ふじのとうやま	998	△	—	のろし台	1	長野市	0：05
185	旭山	あさひやま	785	—	△	善光寺平展望台有	1	長野市	0：25
186	葛山	かつらやま	812	○	○	市内では代表的な山	2	長野市	0：40
187	長野市の大峰山	おおみねやま	828	—	—	山頂博物館閉鎖中	1	長野市	1：00
188	地附山	じづきやま	733	△	△	地滑り災害の山	1	長野市	1：00
189	大倉城跡	おおくらじょうせき	460	○	△	良く整備された道	1	長野市	0：25
190	川谷の陣場山	じんばやま	600	—	○	日ノ出桜公園	2	長野市	0：50
191	つつじ山	つつじやま	521	○	○	冨士社つつじ山公園	2	長野市	0：35
192	髻山	もとどりやま	744	○	—	登山口多数有	3	長野市・飯綱町	0：40
193	三登山	みとやま	923	—	○	登山口多数有	3	長野市	0：50
194	白岩峰	しろいわほう	590	○	○	人知れず美岩の山	3	長野市	0：40
195	薬山	くすりやま	689	—	△	ブランド薬師	1	長野市	0：20
196	愛宕山	あたごやま	990	—	—	信仰の山	2	長野市	0：10
197	荒倉山	あらくらやま	1431	○	○	5 峰の総称砂鉢山	3	長野市	2：30
198	松原木曽殿	まつばらきそどの	1115	—	—	木曽義仲のゆかり山	4	長野市	4：30
199	長野市の一夜山	いちやさん	1562	◎	○	手頃なハイキング山	1	長野市	1：40
200	鬼無里日影の東山	ひがしやま	1232	—	—	冒険の山	5	長野市・白馬村	6：50
201	長野市の柳沢峠	やなぎさわとうげ	1185	—	—	今は荒れ放題の道	4	長野市・白馬村	3：00
202	柄山	からやま	1338	△	△	峠～山頂までは道無	3	長野市・白馬村	3：20
203	物見山	ものみやま	1433	△	—	以前は道があった	4	長野市・白馬村	6：50
204	小谷村の八方山	はっぽうさん	1685	—	○	超冒険の山	5	長野市・小谷村	8：30
205	木曽殿アブキ	きそどのあぶき	？	—	—	以前は吊橋があった	2	長野市	0：30
206	乙妻山	おとつまやま	2318	◎	◎	信仰の山	4	長野市・妙高市	10:05
207	高妻山	たかつまやま	2353	◎	○	信仰の山	4	長野市・妙高市	8：05
208	五地蔵山	ごじぞうさん	1998	△	○	信仰の山	3	長野市	5：00
209	九頭龍山	くずりゅうやま	1882	△	○	戸隠牧場から	3	長野市	5：20
210	戸隠山	とがくしやま	1904	◎	○	戸隠神社奥社から	4	長野市	5：35
211	戸隠山の西岳	にしだけ	2053	△	○	クサリ場の連続	5	長野市	9：40
212	長野市の飯縄山	いいづなやま	1917	◎	○	長野市の代表山	2	長野市	4：20
213	笠山	かさやま	1553	△	—	マイナー山	3	長野市	2：25
214	大頭山	おおつむりやま	1093	—	—	超マイナー山	2	長野市	0：16
215	怪無山	けなしやま	1549	○	○	戸隠スキー場の上	2	長野市	1：15
216	瑪瑙山	めのうやま	1748	○	○	気分良いゲレンデ歩	2	長野市	2：25
217	霊仙寺山	れいせんじやま	1875	○	○	霊仙寺跡から	3	信濃町	5：00

CONTENTS

怪無山から黒姫山

風吹大池

燕岳オットセイ岩

八方池

CONTENTS

高妻山・火打山・妙高山

戸隠山と後立山連峰

CONTENTS

五竜岳

杓子岳と鑓ヶ岳

小谷村真木集落から白馬連峰

北鎌尾根

1 糸魚川市の戸倉山　とぐらやま／975m／往復2時間20分

新潟県糸魚川市に有る山…登山口が長野県なので特別扱い

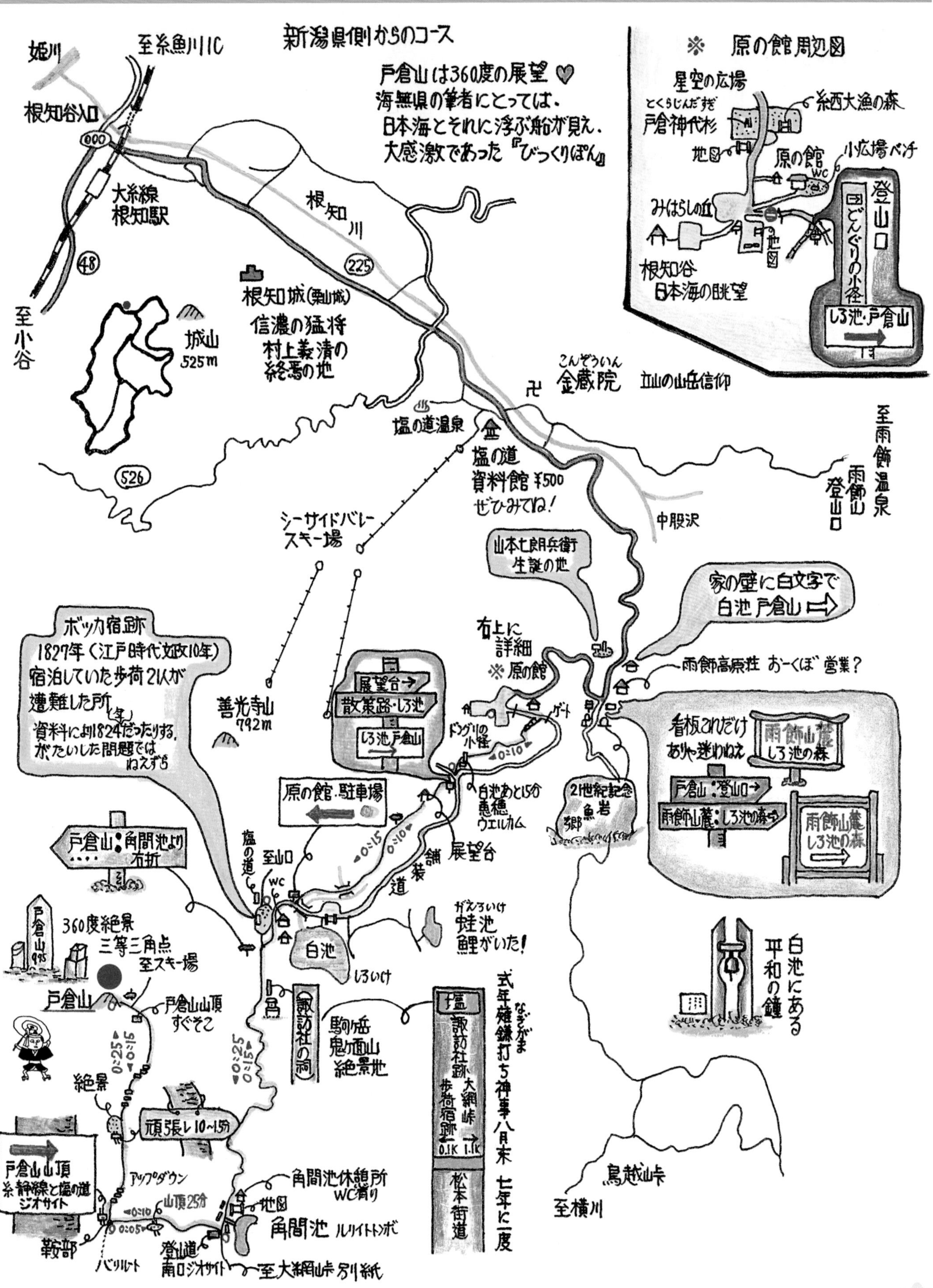

2 跡杉山　あとすぎやま／1285m／往復2時間40分

小谷村に有る山

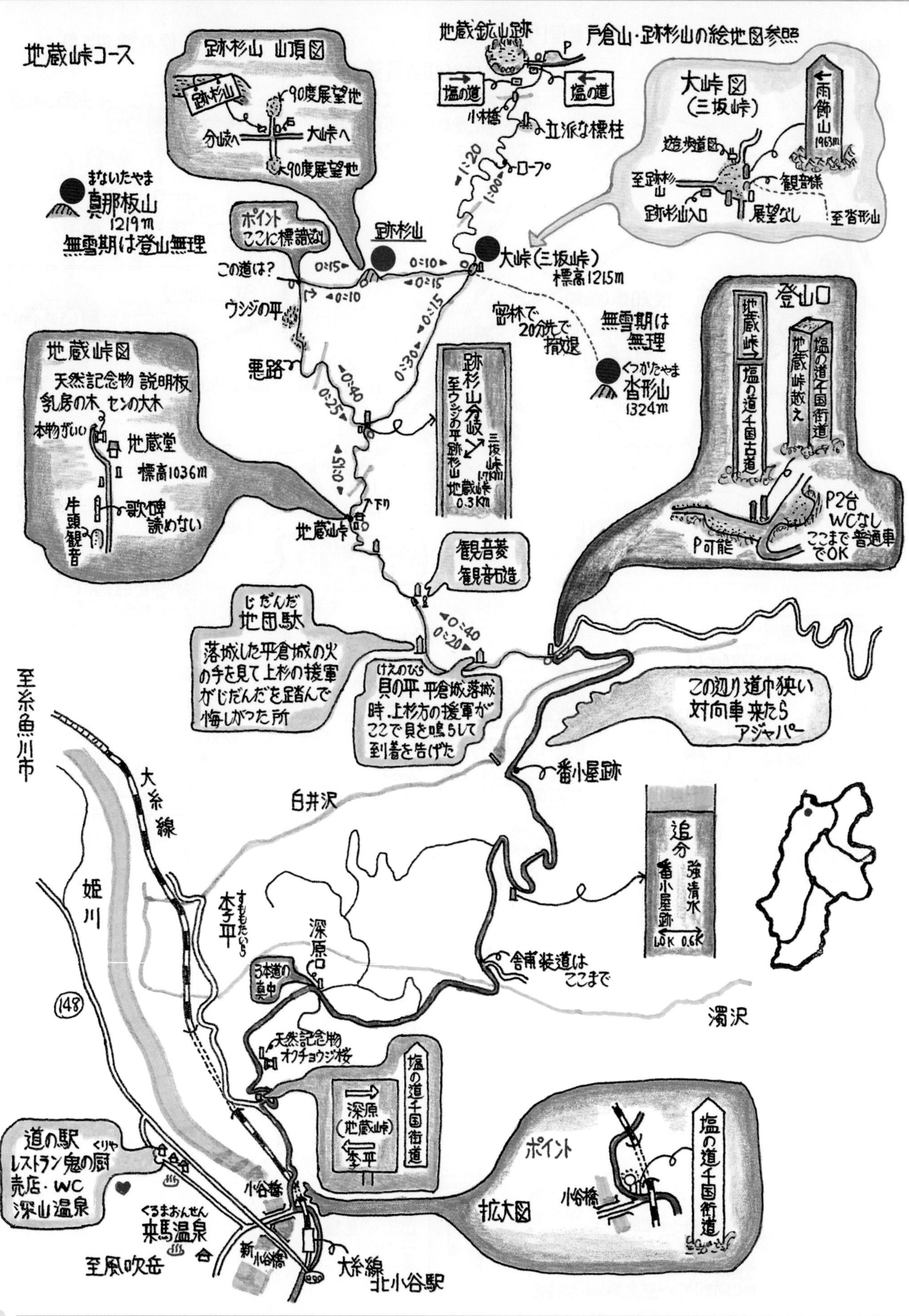

1 糸魚川市の戸倉山　とぐらやま／975m／往復4時間15分

新潟県糸魚川市に有る山

2 跡杉山　あとすぎやま／1285m／往復2時間45分

小谷村に有る山

戸倉山山頂は糸魚川市に有る、登山口は小谷村であり、あまりにも素晴らしい山なので特例として信州の山に入れさせてもらう。

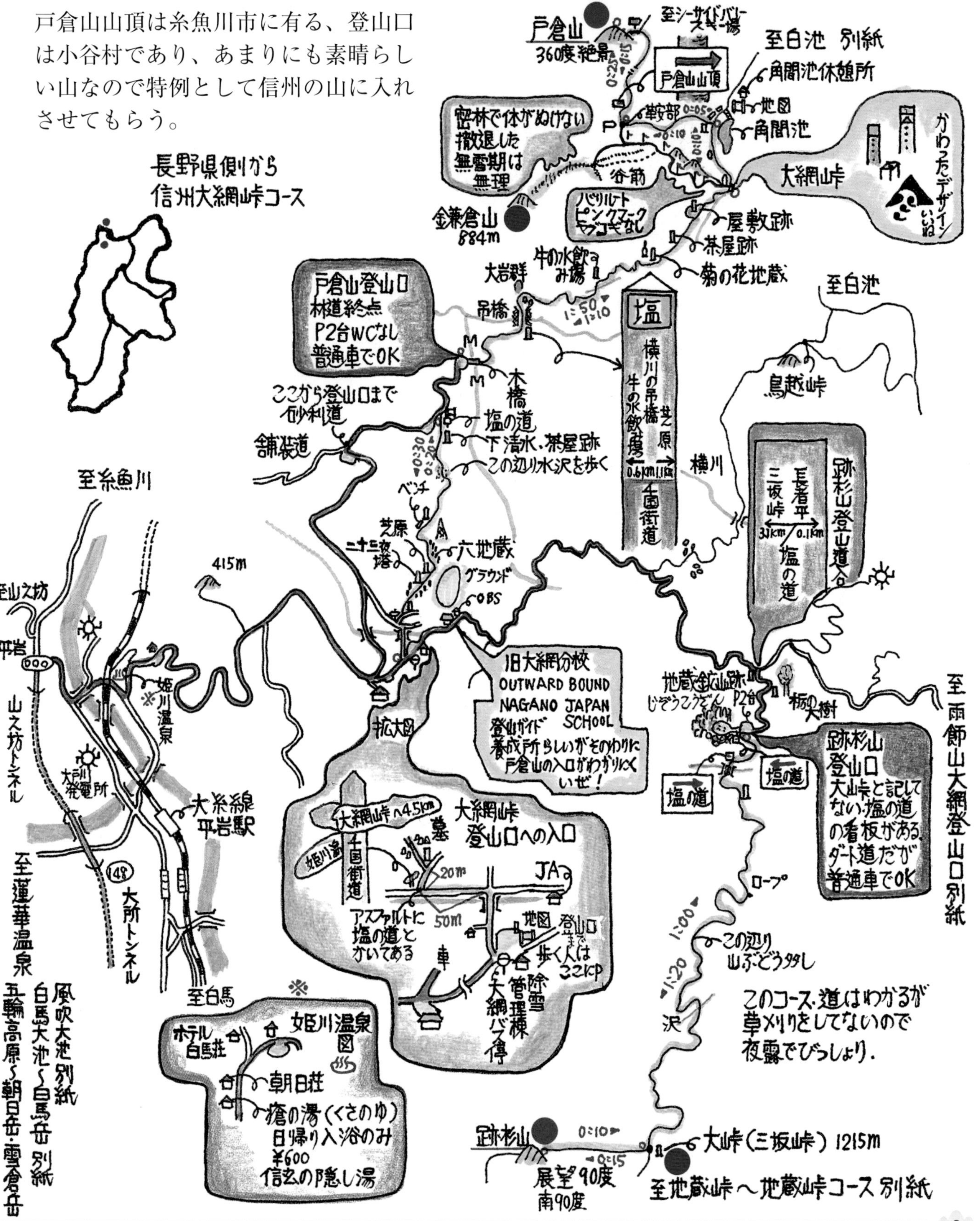

3 雨飾山 あまかざりやま／1963m／往復6時間

小谷村と新潟県糸魚川市の境の山

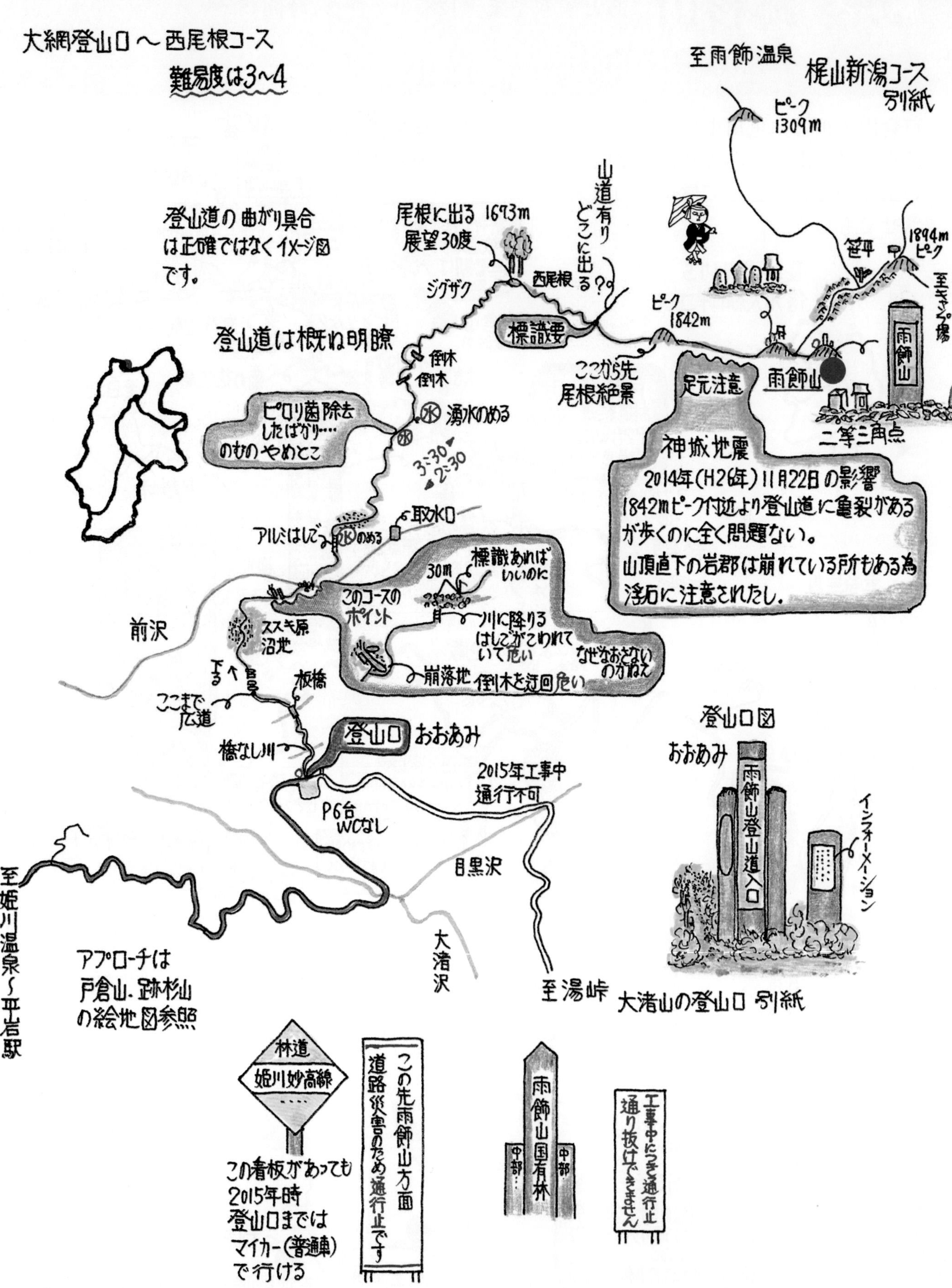

3 雨飾山 あまかざりやま／1963m／往復6時間10分

小谷村と新潟県糸魚川市の境の山

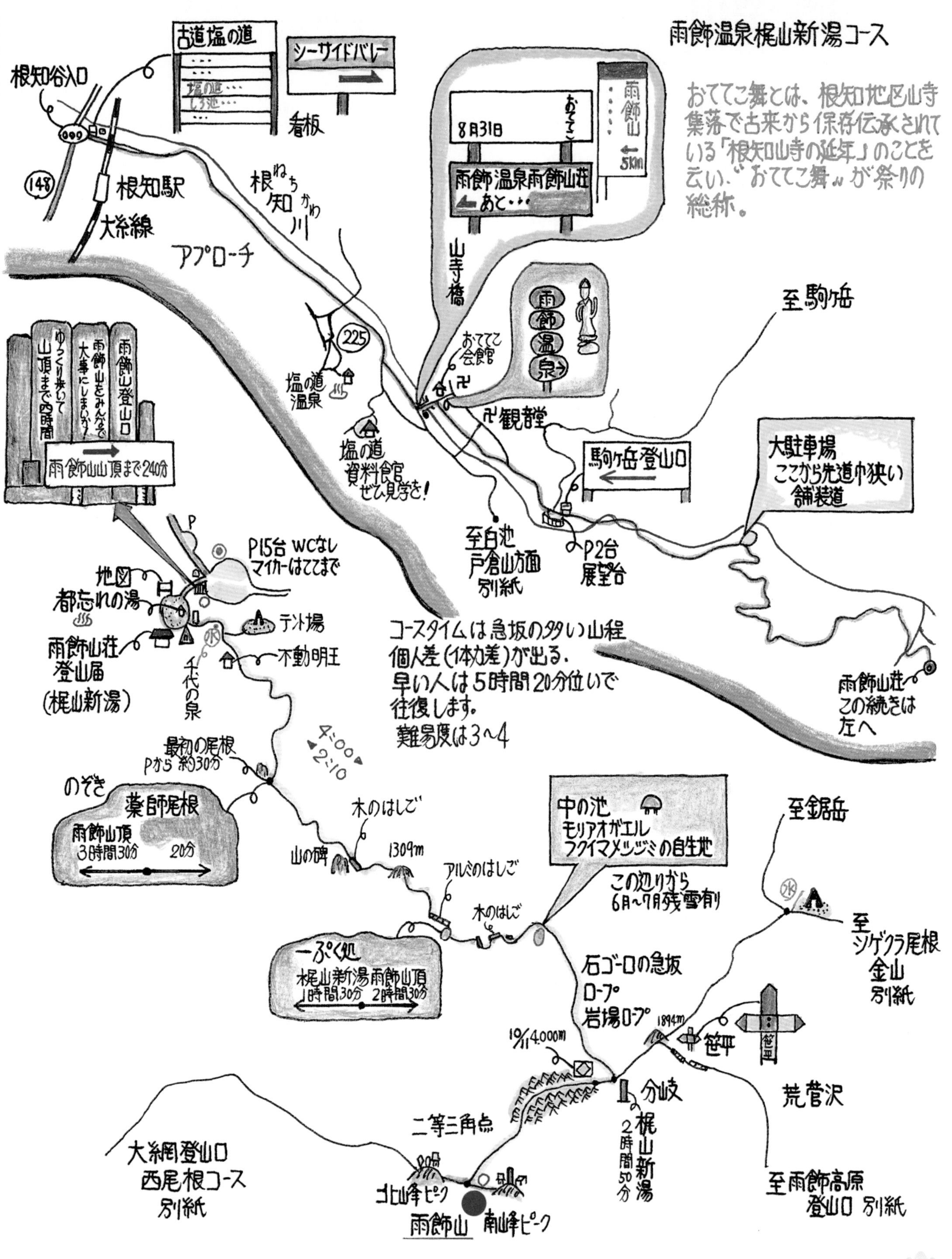

3 雨飾山　あまかざりやま／1963m／往復5時間50分

小谷村と新潟県糸魚川市の境の山

4 金山　かなやま／2245m／往復8時間15分

小谷村と新潟県妙高市と糸魚川市の境の山

5 天狗原山　てんぐはらやま／2197m／往復6時間55分

小谷村と新潟県妙高市の境の山

6 大渚山　おおなぎやま／1566m／往復2時間

小谷村に有る山

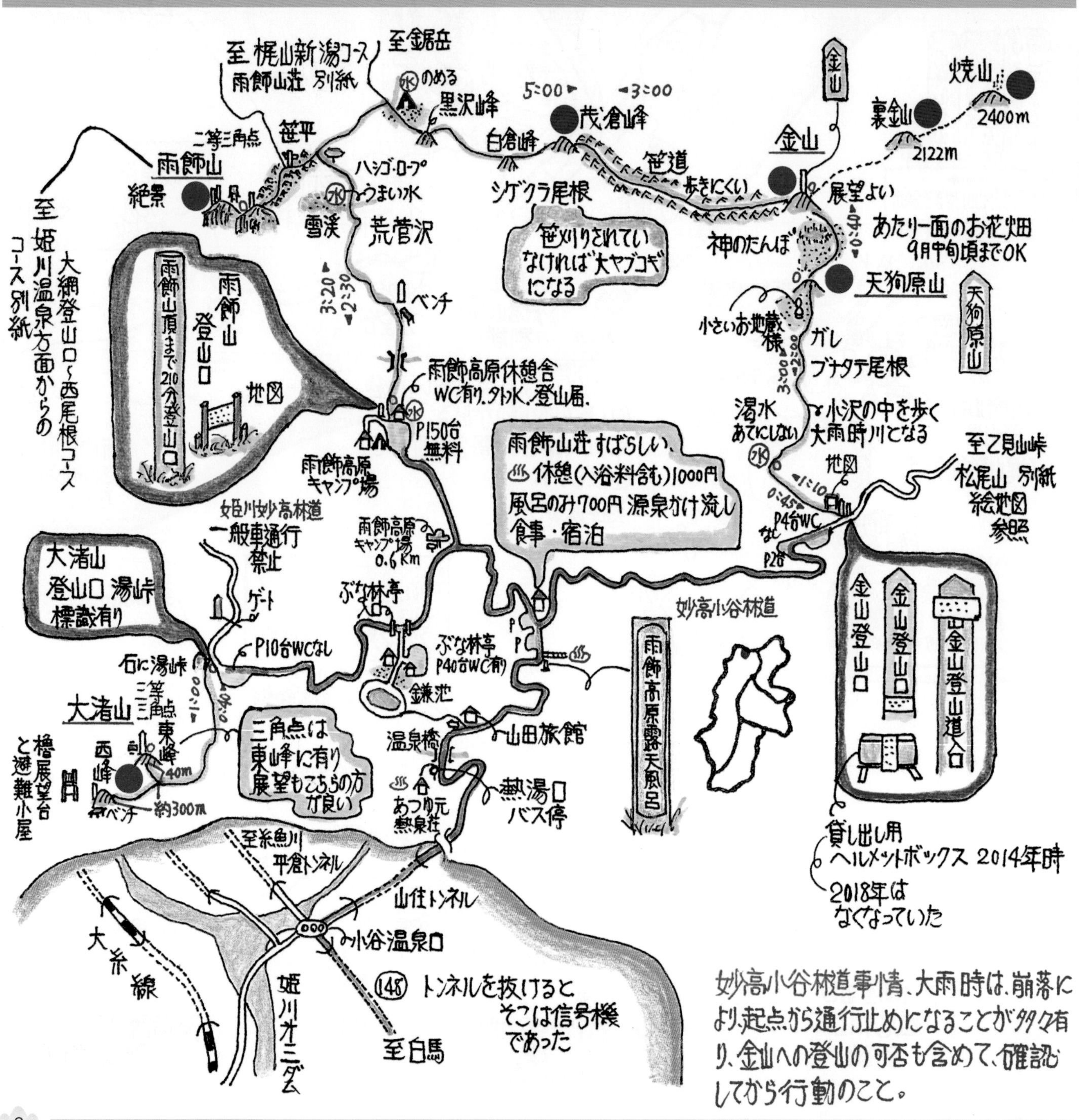

7 松尾山 まつおやま／1678m／往復3時間35分

小谷村と新潟県妙高市の境の山

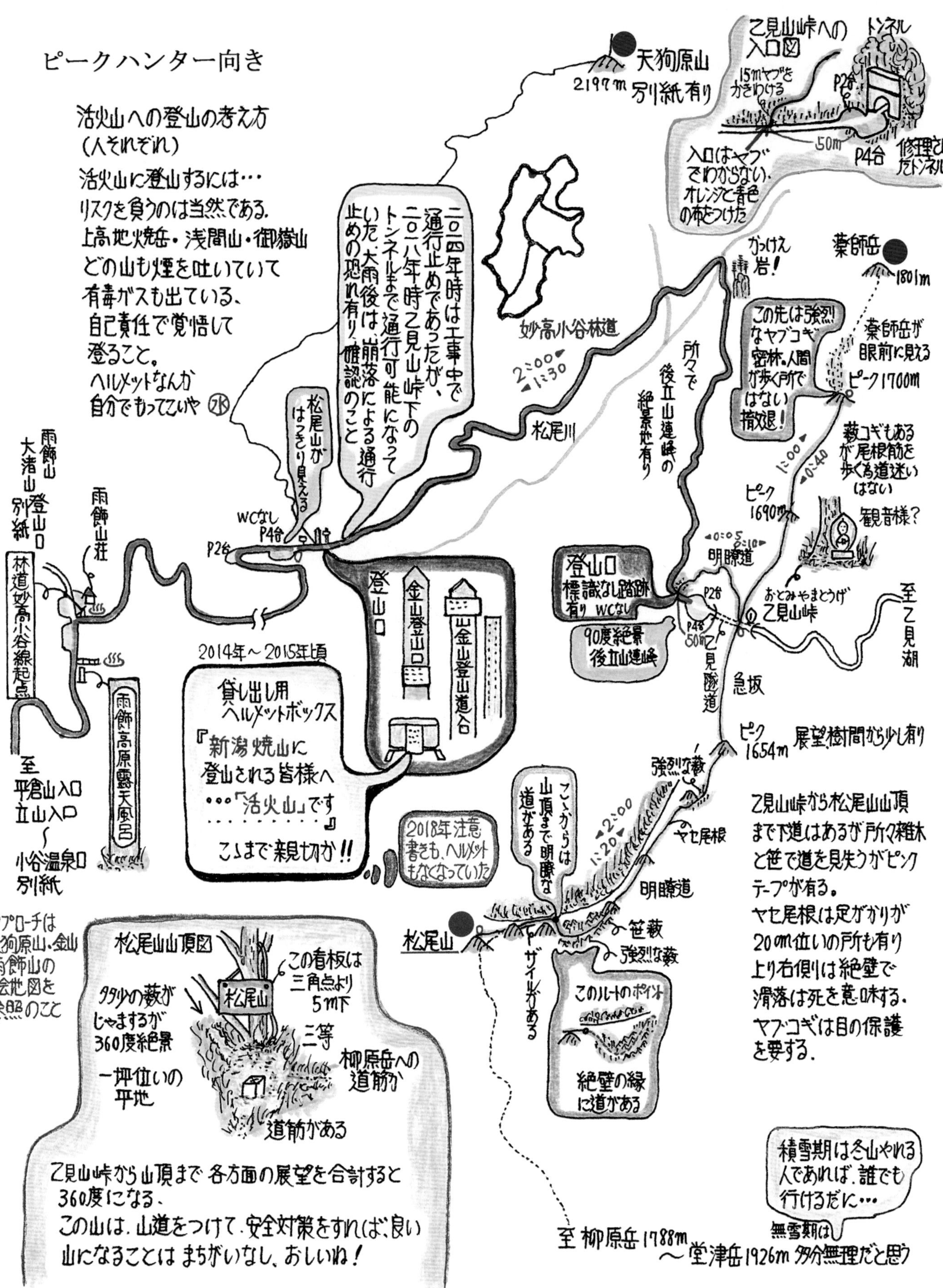

8 奉納山 ぶのうさん／1511m／未完成…参考図

小谷村に有る山

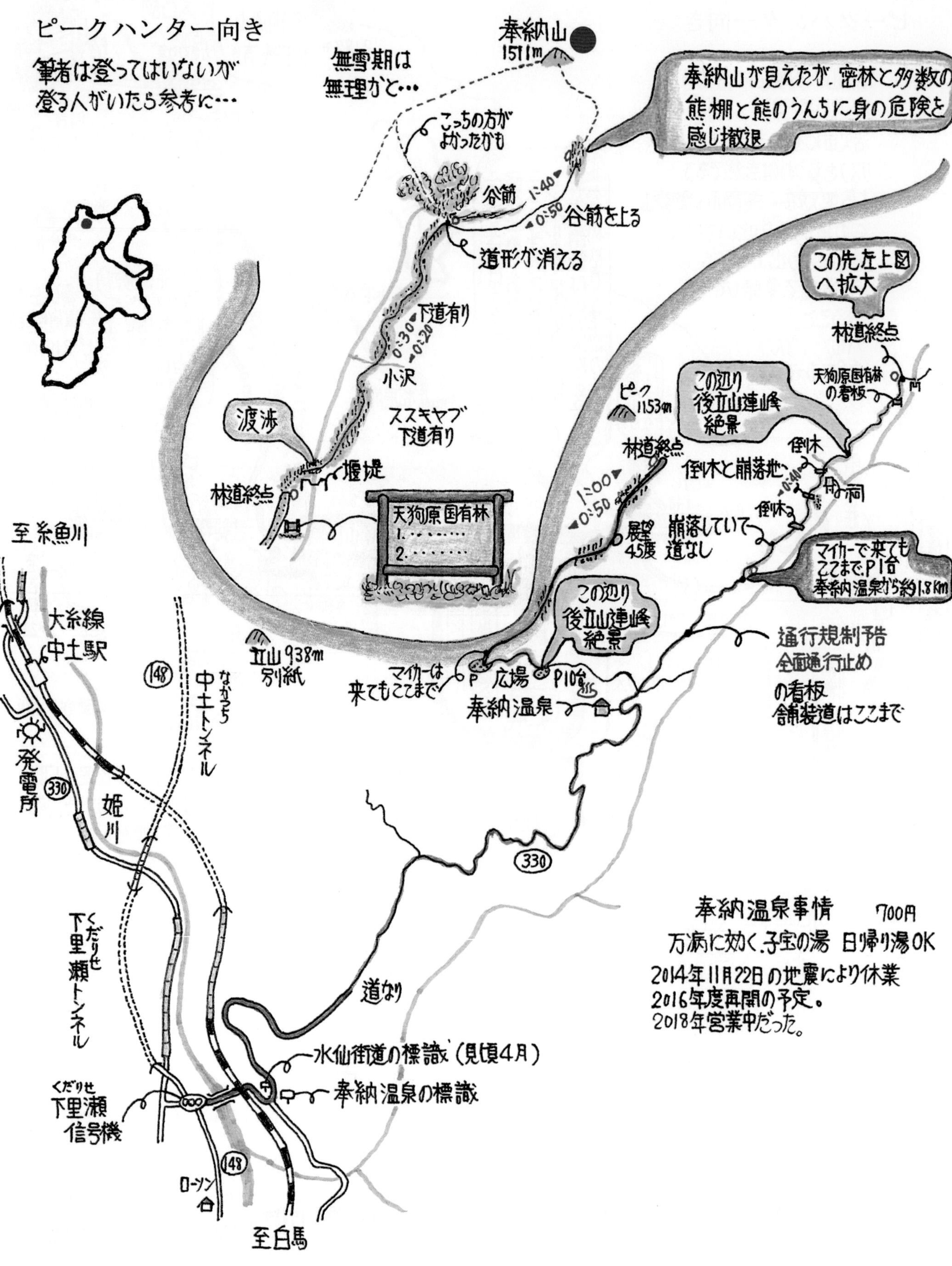

9 堂津岳 どうづだけ／1926m／往復7時間20分

小谷村と新潟県妙高市の境の山

10 奥西山 おくにしやま／1616m／往復4時間10分

11 中西山 なかにしやま／1741m／往復3時間30分

12 長野市の東山 ひがしやま／1849m／往復6時間40分

以上は、長野市と小谷村の境の山

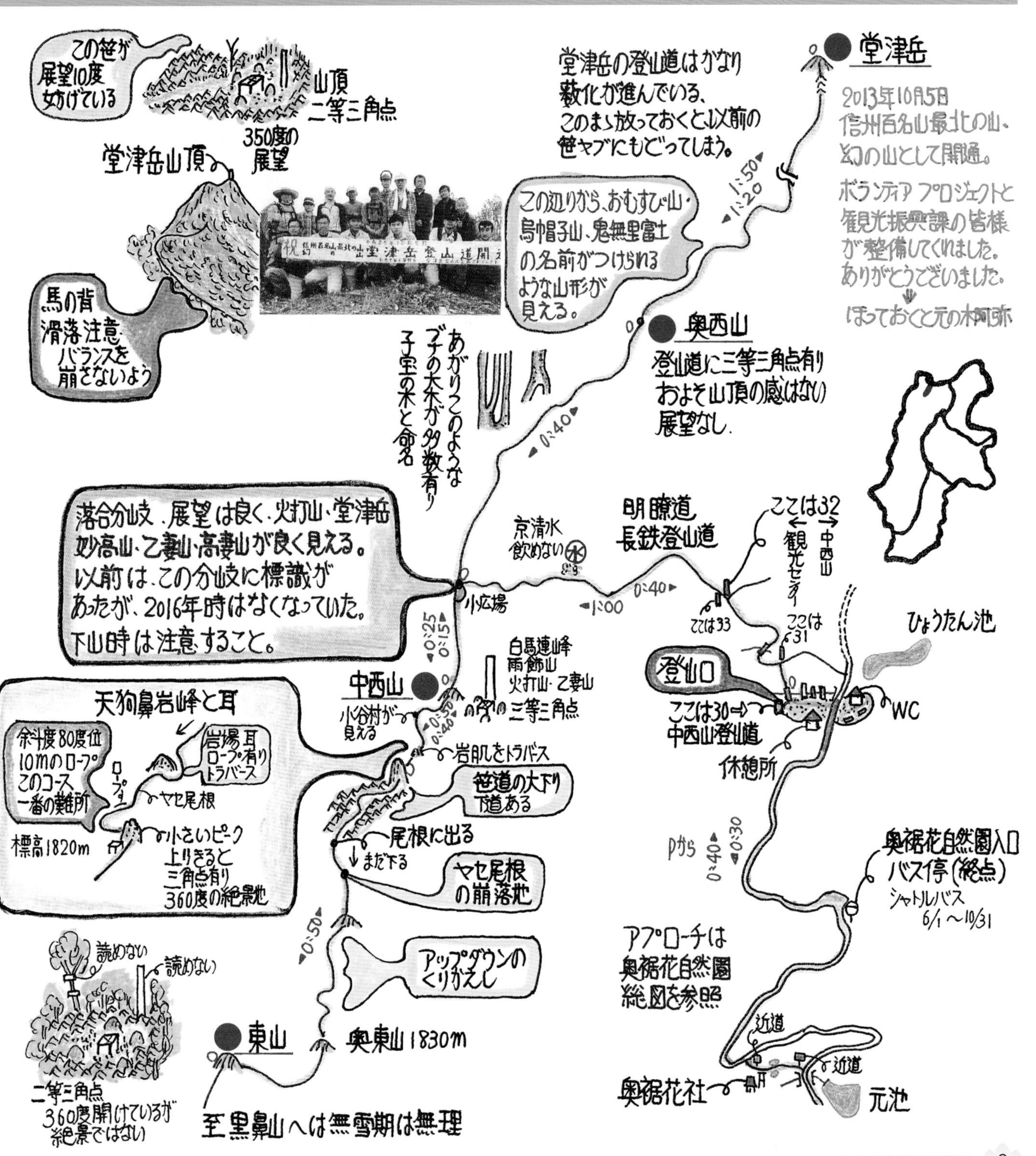

13 紙すき山牧場 かみすきやまぼくじょう／1182m／往復3時間10分

小谷村に有る山

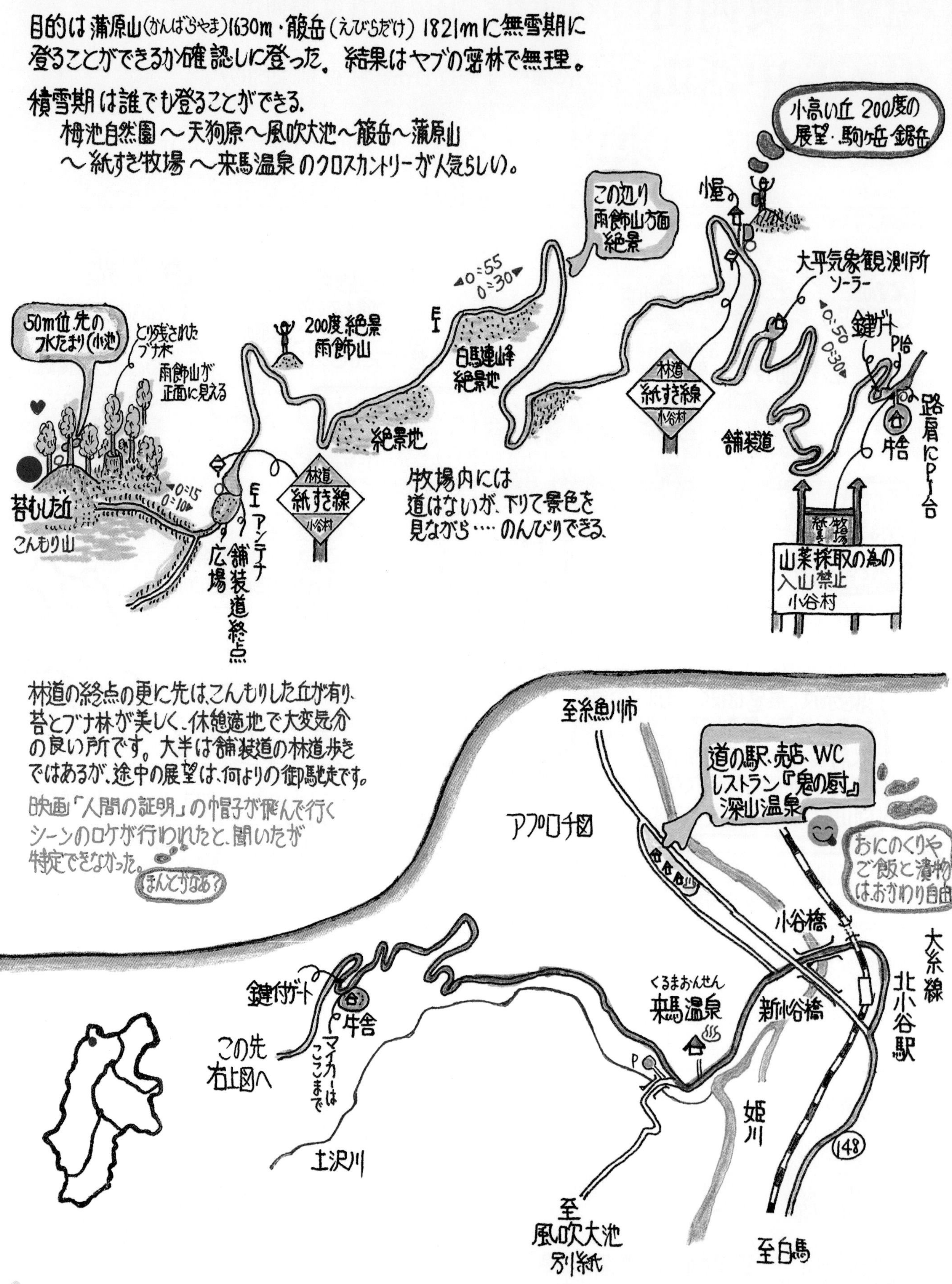

14 稲葉城跡 いなばじょうせき／654m／往復35分

15 平倉山 ひらくらやま／823m／往復1時間20分

16 小谷村の立山 たてやま／938m／往復0分

以上は、小谷村に有る山

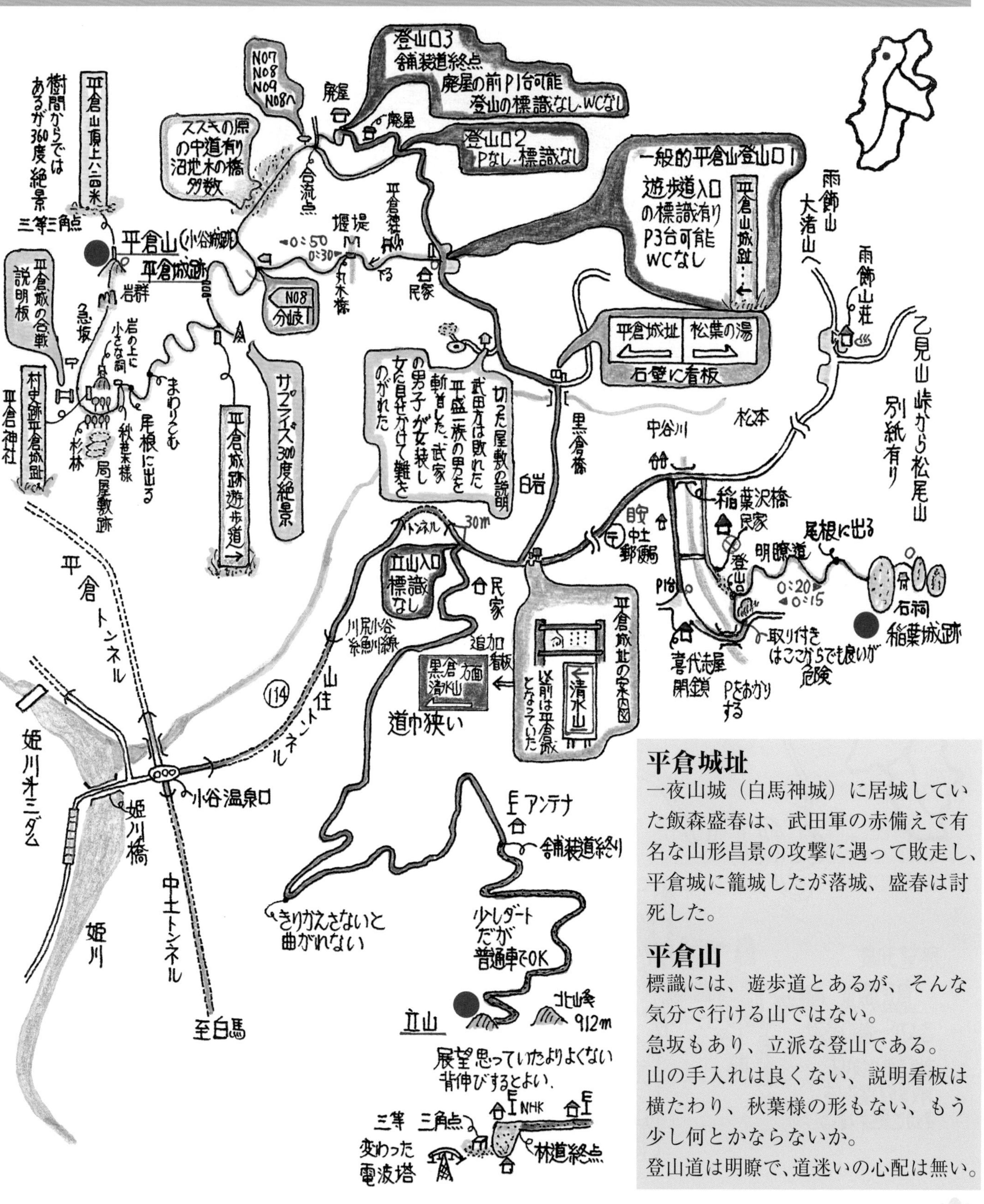

平倉城址

一夜山城（白馬神城）に居城していた飯森盛春は、武田軍の赤備えで有名な山形昌景の攻撃に遇って敗走し、平倉城に籠城したが落城、盛春は討死した。

平倉山

標識には、遊歩道とあるが、そんな気分で行ける山ではない。
急坂もあり、立派な登山である。
山の手入れは良くない、説明看板は横たわり、秋葉様の形もない、もう少し何とかならないか。
登山道は明瞭で、道迷いの心配は無い。

17 鳥居城址 とりいじょうし／約750m／往復1時間30分

小谷村に有る山

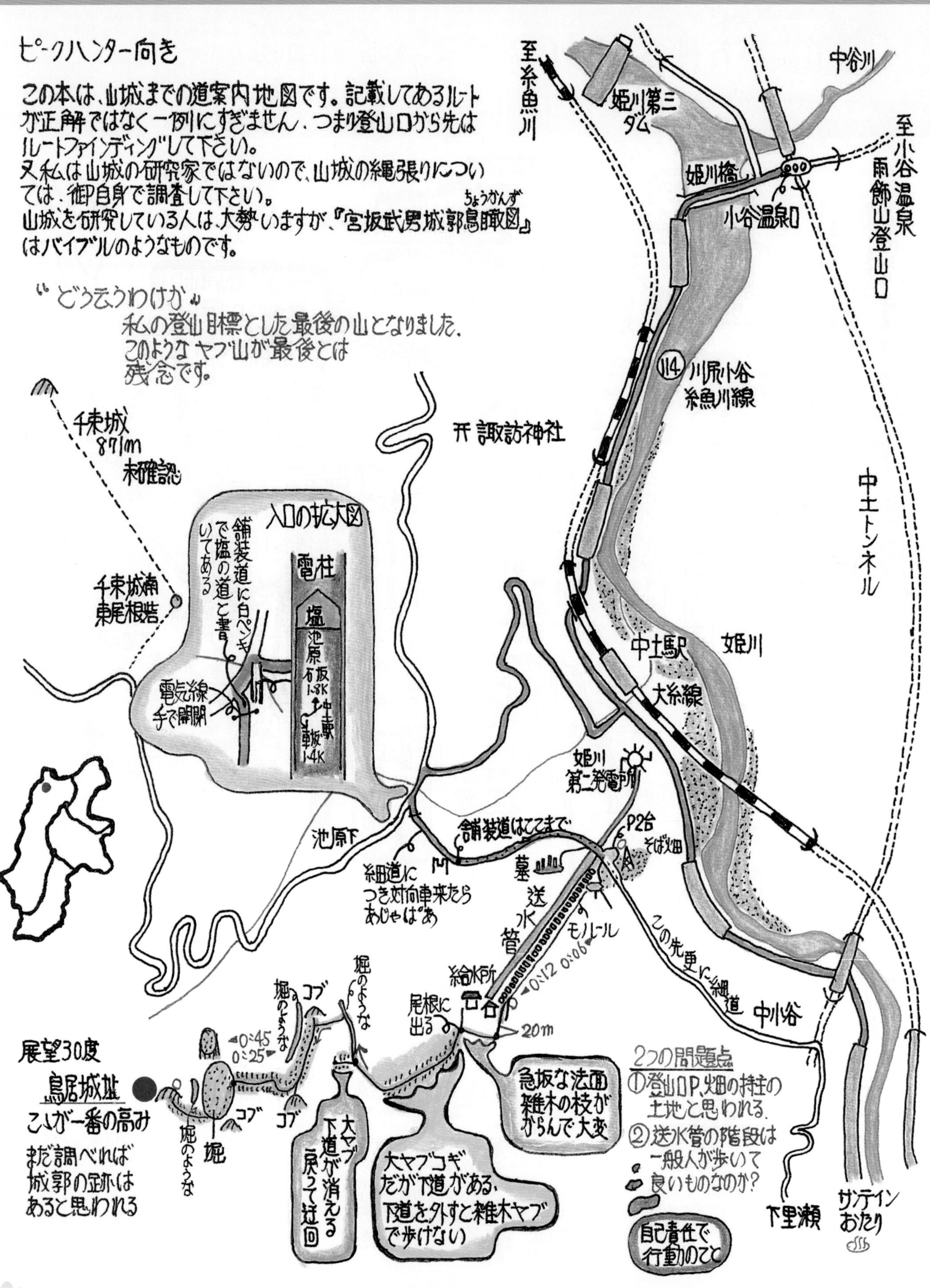

18 稗田山　ひえだやま／1443m／周遊4時間10分

小谷村に有る山

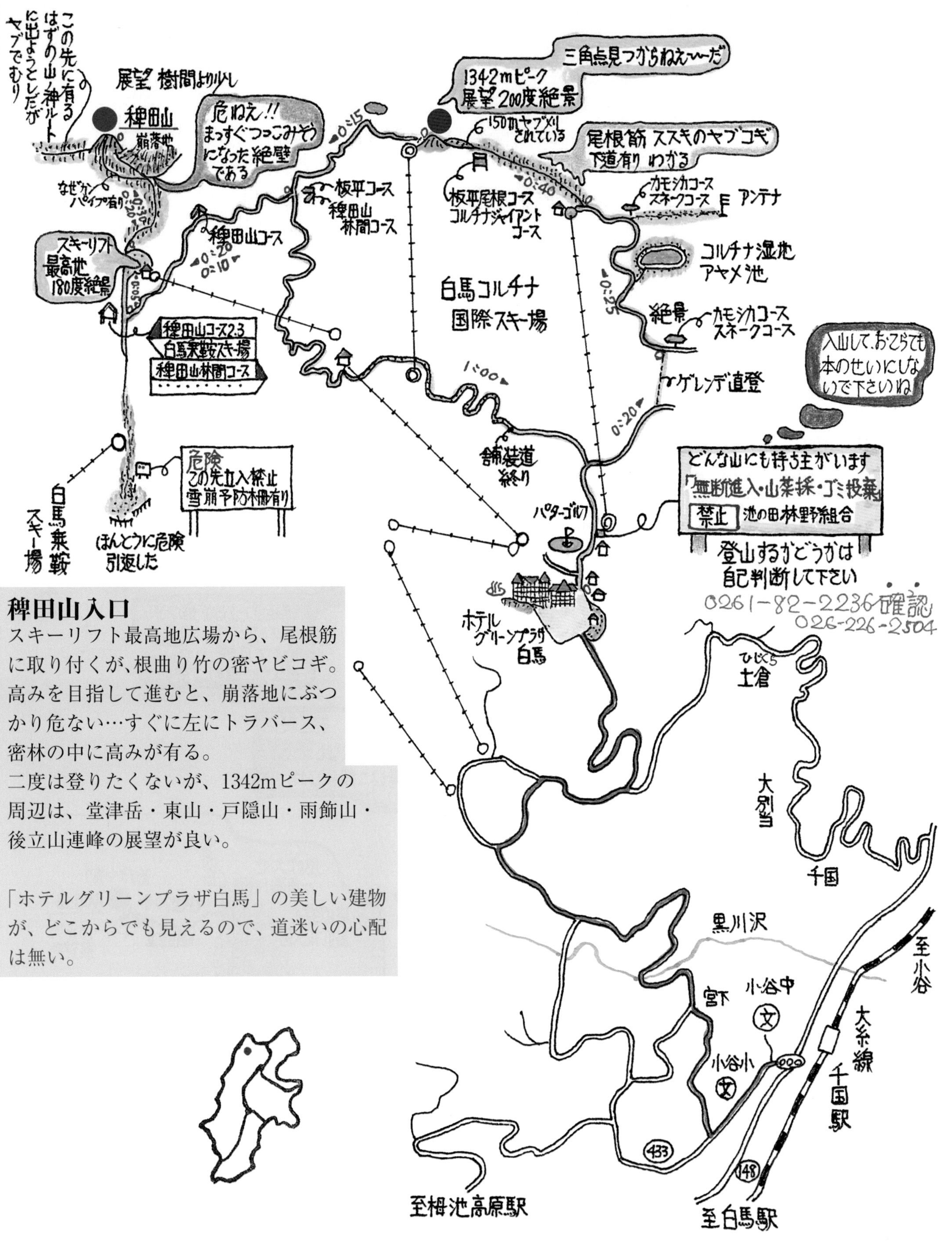

稗田山入口

スキーリフト最高地広場から、尾根筋に取り付くが､根曲り竹の密ヤビコギ。高みを目指して進むと、崩落地にぶつかり危ない…すぐに左にトラバース、密林の中に高みが有る。

二度は登りたくないが、1342mピークの周辺は、堂津岳・東山・戸隠山・雨飾山・後立山連峰の展望が良い。

「ホテルグリーンプラザ白馬」の美しい建物が、どこからでも見えるので、道迷いの心配は無い。

19 風吹岳 かざふきだけ／1888m／往復5時間40分

小谷村に有る山

山　　頂…標識とあずまやが有る、展望は小谷村の街が少し見えるだけ。
周辺の山…風吹大池から横前倉山・岩菅山・簸岳・蒲原山への登山は、無雪期は密ヤブで無理。
風吹山荘…ランプの小屋であったが、最近はソーラーシステムが設置され、風情はなくなった。
風吹大池…標高1778m・周囲約1300m、日本一大きい高山湖、ここの紅葉は格別なり。

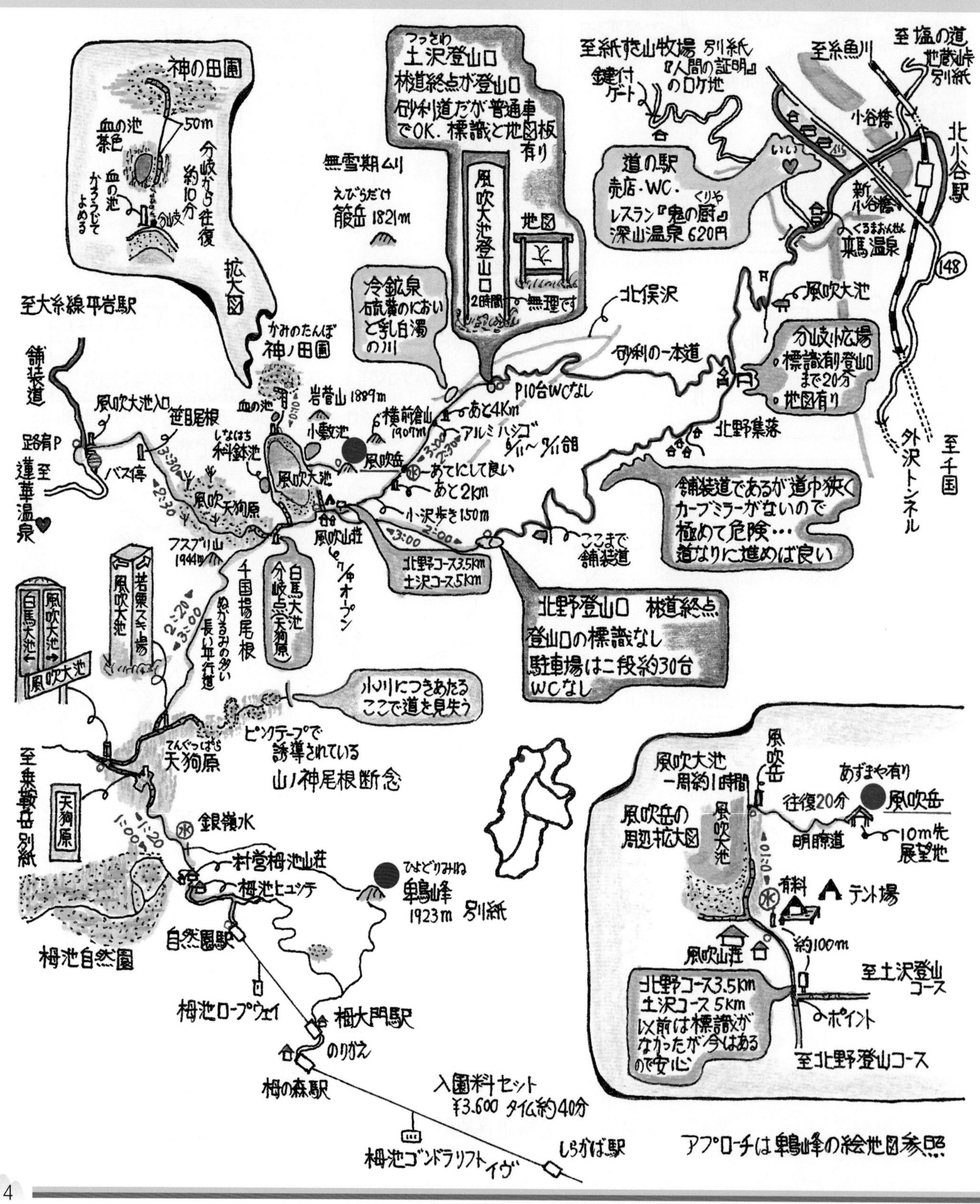

20 小谷村の黒川城址 くろかわじょうし／934m／往復1時間30分

小谷村に有る山

真の目的地は黒鼻山（くろばなやま）1800m
であった。推測するに難度は高く、ピーク
ハンター向き。

黒川城址はハイキングコースで誰でも登れるが
展望は望めない。

黒川城址：千国氏の城
武田氏の配下であった仁科氏の一族に岩原城主の堀金氏がいた。
武田氏は仁科氏を滅亡させている。かわって武田信玄の五男盛信
が入城し仁科を名乗って安曇野群を治めた。仁科五郎盛信と云
えば、織田信長・徳川家康連合軍VS武田勝頼の高遠城の合戦で
大活躍し最期を遂げている。

堀金氏は小谷平倉城を攻め落し小谷は堀金氏のものとなり。その
支族が千国を名乗って小谷を支配した……千国氏は1582年上杉によって
滅亡した。

真木集落：NPO法人『共働学舎』がある。
コンセプトは競争社会ではなく協力社会で半
自給自足の生活、合宿、実習、等に利用されて
いる。深沢七郎原作 映画『楢山節考』
（ならやまぶしこう）のロケ地 本来は山梨県境川村
の姥捨伝説をもとに映画化されたもの。
又最近ではドキメンタリー映画『アラヤシキ
の住人たち』が上映された。（ポレポレタイムス社）

至 姫川へ糸魚川
小谷村役場
姫川
南小谷駅
148
鋭角に曲がる
← 千国真木
真木へ 90分
至千国～白馬
至黒川
P 作業小屋の空地をかりしてもらう
0:40
0:20
馬頭観音
11
12
15
休憩舎
黒川城址への標識
0:15
ワイヤー
黒川城址
三角点見つからず
標識はトタンの様なのが転がっている
展望少し
堀切でしょうか
土橋
明瞭道で迷うことはない
16
大日如来
横根沢
28
0:30
0:40
27
24
35
猿倉沢
真木道 32m
真木分校跡地 ヤギ・ニワトリ小屋のそば
石仏
電気柵
真木集落
この辺り棚田と後立山絶景地
電気柵
0:10
水道施設
0:05
明瞭道はここまで
この先下記へ

上図の先
真木集落
水道施設
30m
0:05 明瞭道
明瞭道有り
方向がちがうのに
気が付き戻る（1時間ロス）
笹ヤブ コギ50m
径林
1:10
0:40
尾根に出る
平地
尾根に取り付く
要マーク
下山時注意
・ワイヤー2ヶ所木にくいこんでる
・ホテルグリーンプラザ白馬が見える
・熊棚多数
ピーク1242m ここで撤退 くやしい
展望少し
笹ヤブは少なくなる
推定 2:30 1:30
黒鼻山までの急坂が見える
超々急坂
黒鼻山 1800m

ポイント
目の前の尾根に取り付け
ば良いが、急なザレ地を
かけ上る。

1242mピークで撤退
言い訳：このピークで11時30分では
明るいうちのPまでの下山は難しい。
熊棚が多数有る、一戸建て住宅
としたらかなりの数の熊がいることになる。
さっき太くて長い熊のウンチを踏みそうに
なった…これは危い！ 撤退の決断
をした。

21 鵯峰 ひよどりみね／1923m／周遊2時間50分

小谷村に有る山

鵯峰の山頂は、特定できず、一番の高みを山頂とした。展望は、樹間から少し有り。

22 岩戸山　いわどさん／1356m／往復5時間20分

小谷村と白馬村の境の山

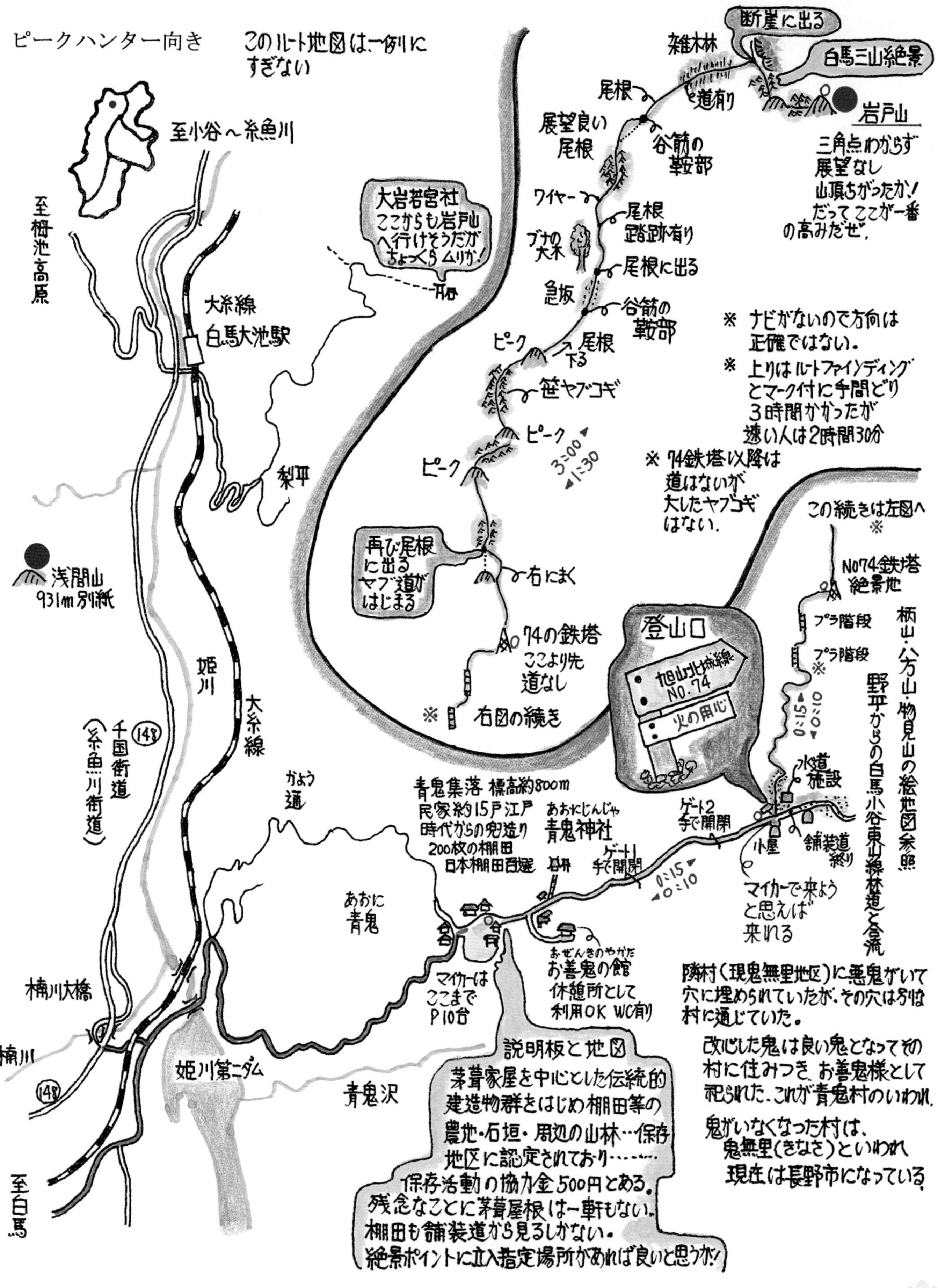

23 白馬村の乗鞍岳　のりくらだけ／2469m／往復3時間50分

小谷村に有る山

24 小蓮華山　これんげさん／2766m／往復8時間30分

小谷村と新潟県糸魚川市の境の山

25 白馬岳　しろうまだけ／2932m／往復11時間10分

白馬村と富山県朝日町の境の山

小蓮華山：新潟県で一番高い山、NHKドラマ「坂の上の雲」エンディングに登場

お勧めコース
白馬岳(約3000m)から日本海親不知0m
3泊4日の山行（小屋泊2 無人小屋1）
登山道明瞭　健脚者向

4月中旬〜5月中旬
雷鳥坂の辺り100%
雷鳥にあえる
雷鳥は飛べない。うそ…。私はこの目で見た。約100m滑空した。

蓮華温泉
ロッジに500円払う
内湯も野天も入浴できる
女性は水着で入浴していた

別名大日岳とも云う
2007年崩落 2008年新三角点設置…結果2766m
△3m

白馬岳の由来
山麓でしろかきが始まる頃、白馬岳に馬の雪形が現われてくることから、この雪形を『代かき馬』と云い、農事の目安にした。
この山を『代馬岳』と呼んだ。
明治中期『白馬岳』と改名した。

26 杓子岳 しゃくしだけ／2812m／往復11時間
27 白馬鑓ヶ岳 やりがたけ／2903m／往復12時間40分
28 不帰嶮 かえらずのけん／2614m／往復9時間40分
29 唐松岳 からまつだけ／2696m／往復6時間10分

以上は、白馬村と富山県黒部市の境の山

春山：大雪渓から白馬岳への登山なぜ懲りない。
一度は雪渓を登山したい気持ちは良くわかるが、毎年雪崩か落石で遭難する所をなぜ行くか、積雪期の落石ほど怖いものは無い(音なし)、尾根の白馬乗鞍小蓮華山からのルートを勧める。

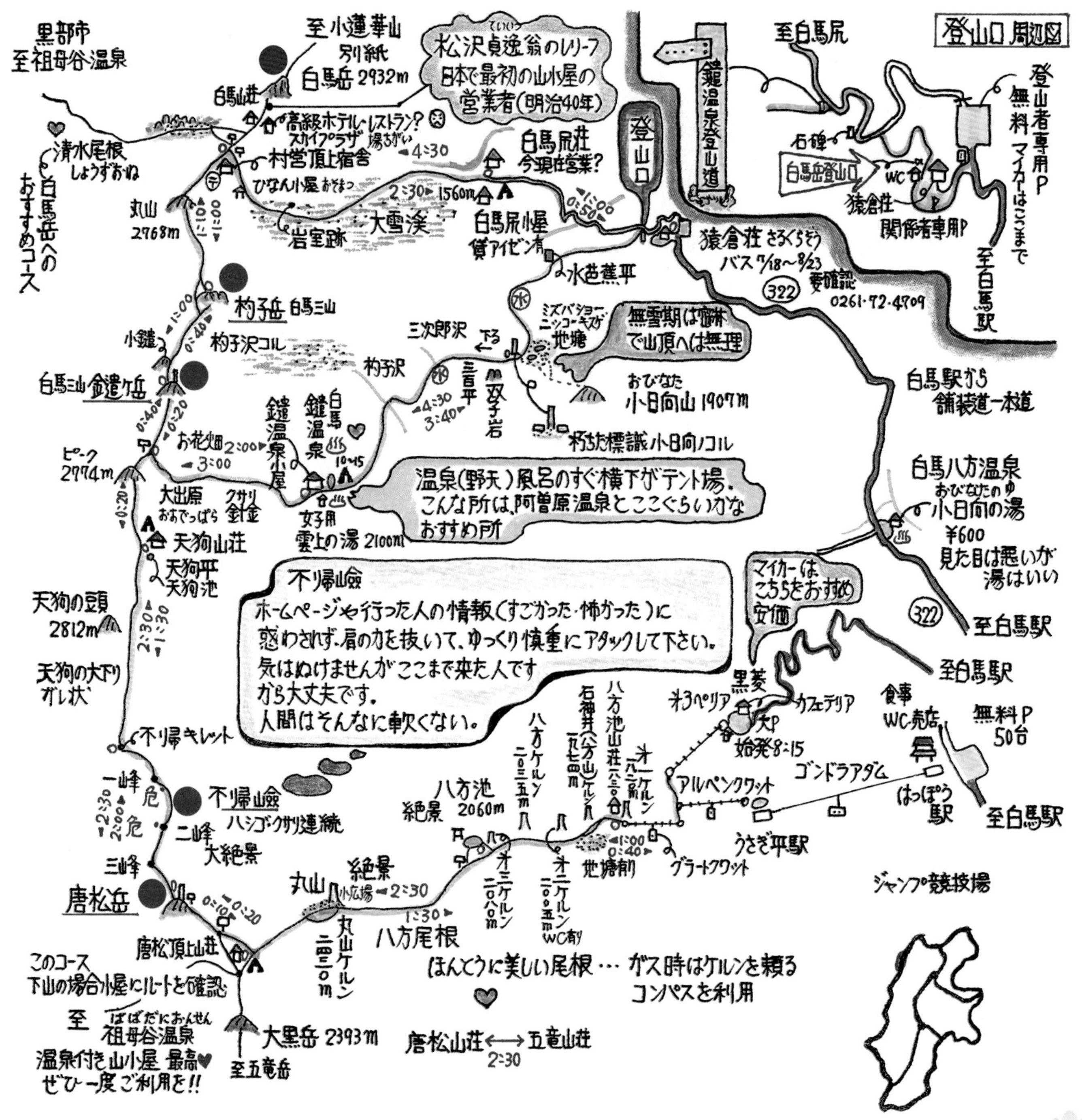

30 白馬村の岩蕈山 いわたけやま／1289m／往復3時間10分

別字：岩茸山・岩岳山

白馬村に有る山

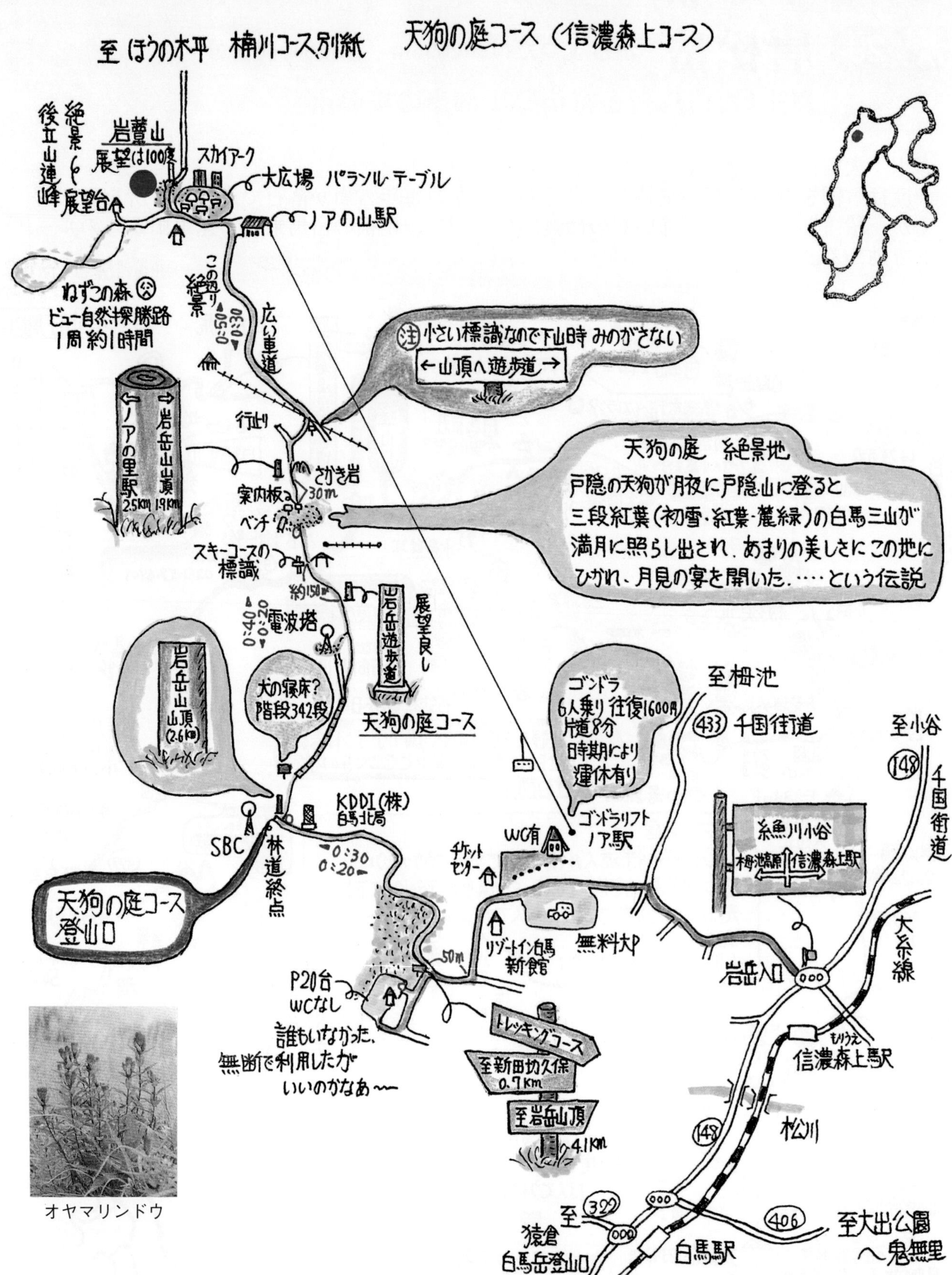

オヤマリンドウ

30 白馬村の岩蕈山 いわたけやま／1289m／往復3時間10分

白馬村に有る山

31 白馬村の阿弥陀山 あみだやま／1256m／往復2時間30分

白馬村と小谷村の境の山

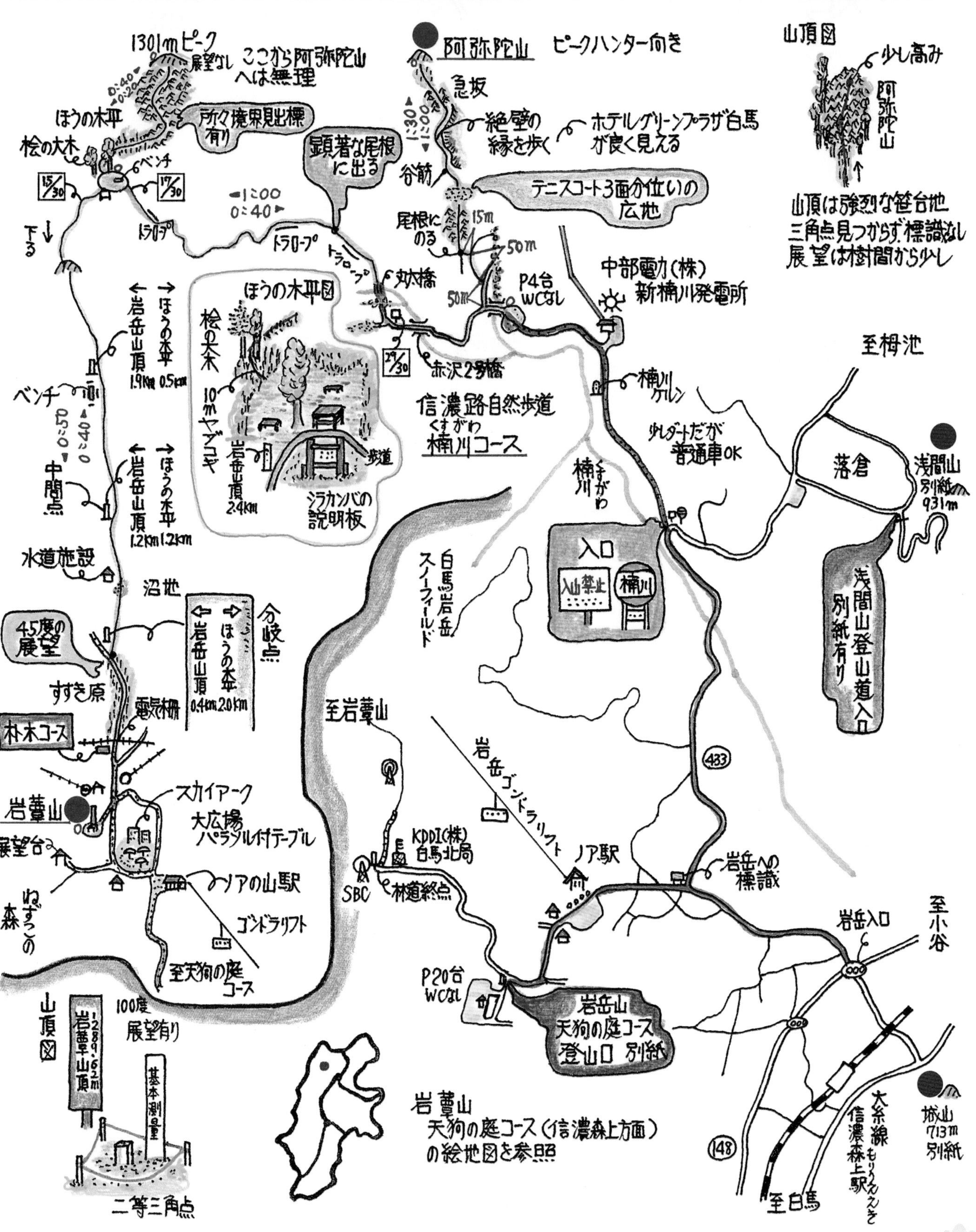

32 白馬村の浅間山 せんげんやま／931m／往復40分

白馬村に有る山

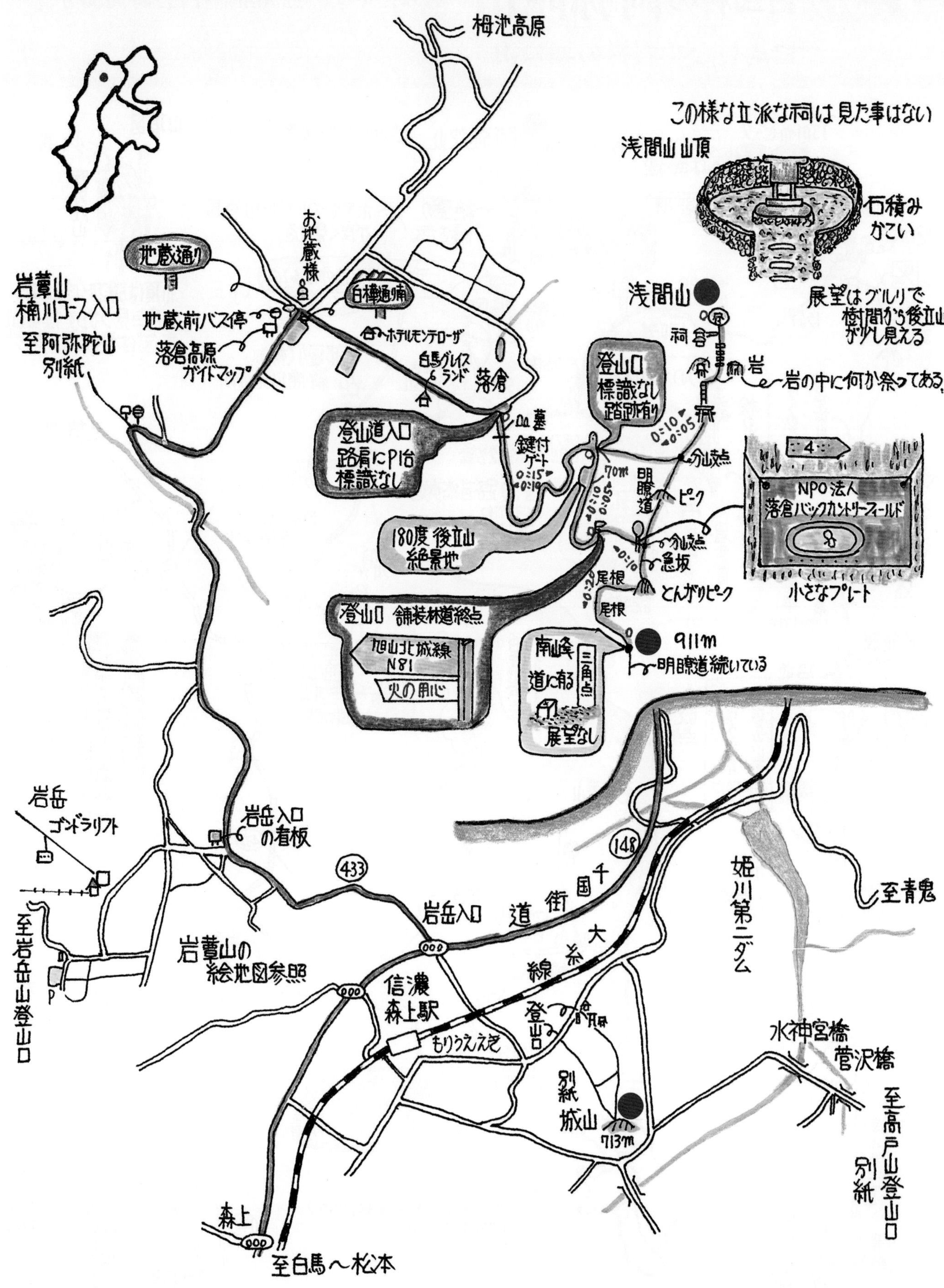

33 高戸山 たかどやま／1069m／往復3時間

34 白馬村の城山 じょうやま／713m／往復25分

別名：塩島城址

以上は、白馬村に有る山

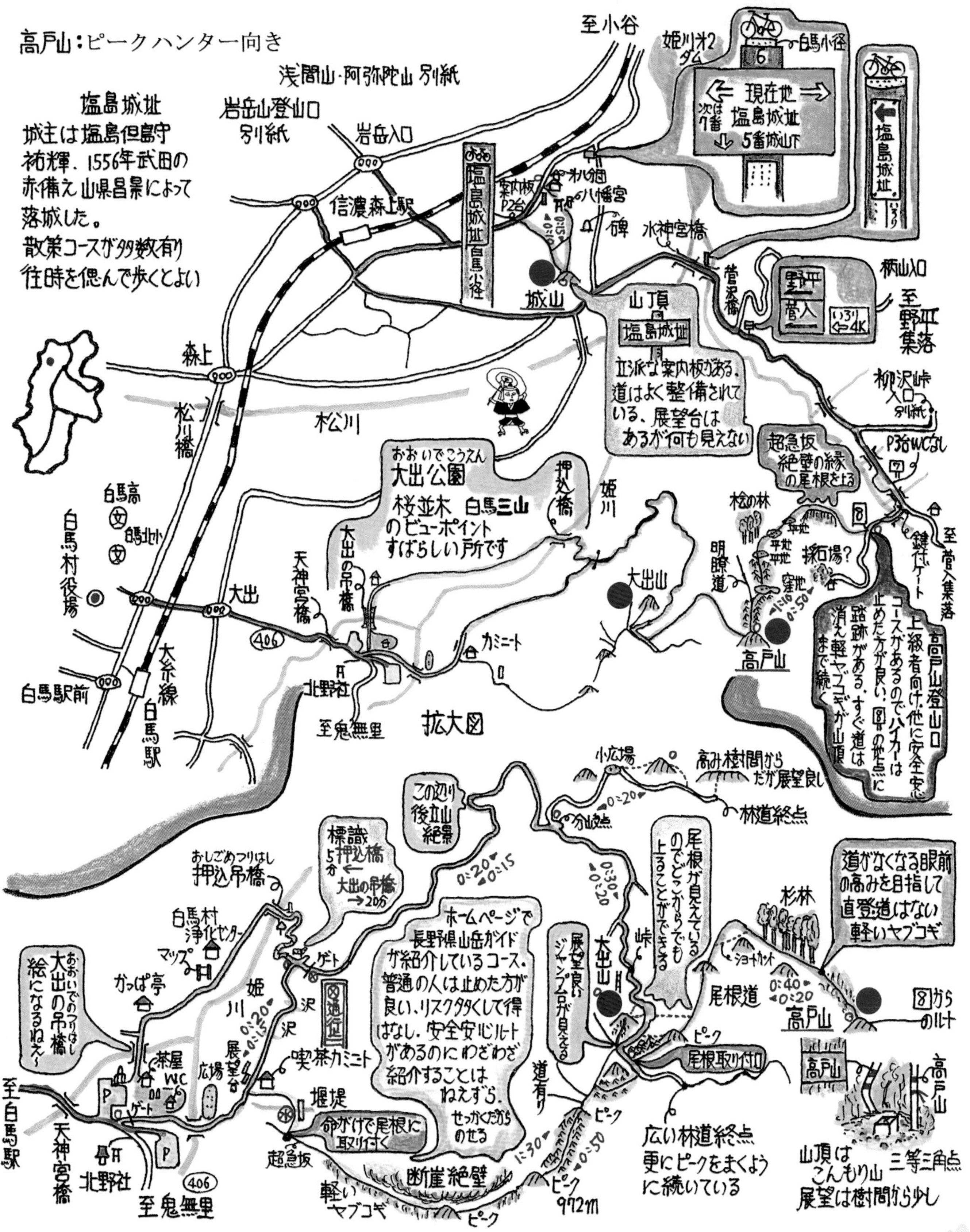

35 白馬村の**東山**　ひがしやま／推定980m／往復1時間15分

白馬村に有る山

以前 白馬ハイランドスノーパークのスキー場があった所。
現在は遊歩道になっていて里山ハイキングには、良い山です。山頂に名前もないのも こまる為
一応東山として、御紹介します。

きこりの道コースは、コースタイムが長い。山頂まで展望が全くない。

立派な地図板が2~3ヶ所有るが現在地が記されていないので、何の役にもたゝない。

パノラマコースは白馬連峰を常に見ながら登山ができる、こちらのコースをお勧めする。

36 嶺方山 みねかたやま／1059m／往復2時間15分

白馬村に有る山

みねかたスキー場は2014年閉鎖された、ゲート地点に私有地と書かれた看板が有り入山禁止なのか分からないまま入山した。

行って「びっくりぽん」＼(◎o◎)／！家族ハイキングに適した良いところ、八方・五竜・鹿島槍・爺ヶ岳後立山連峰の絶景地、このまま閉鎖しておくのは実にもったいない、何とかならぬものか。

○テレビ東京「北アルプス山岳救助隊」紫門一鬼（高島政宏）のロケ地だったんだ。

○夢農場として、ラベンダーの摘み取り・食堂・散策路が整備されていたんだ。

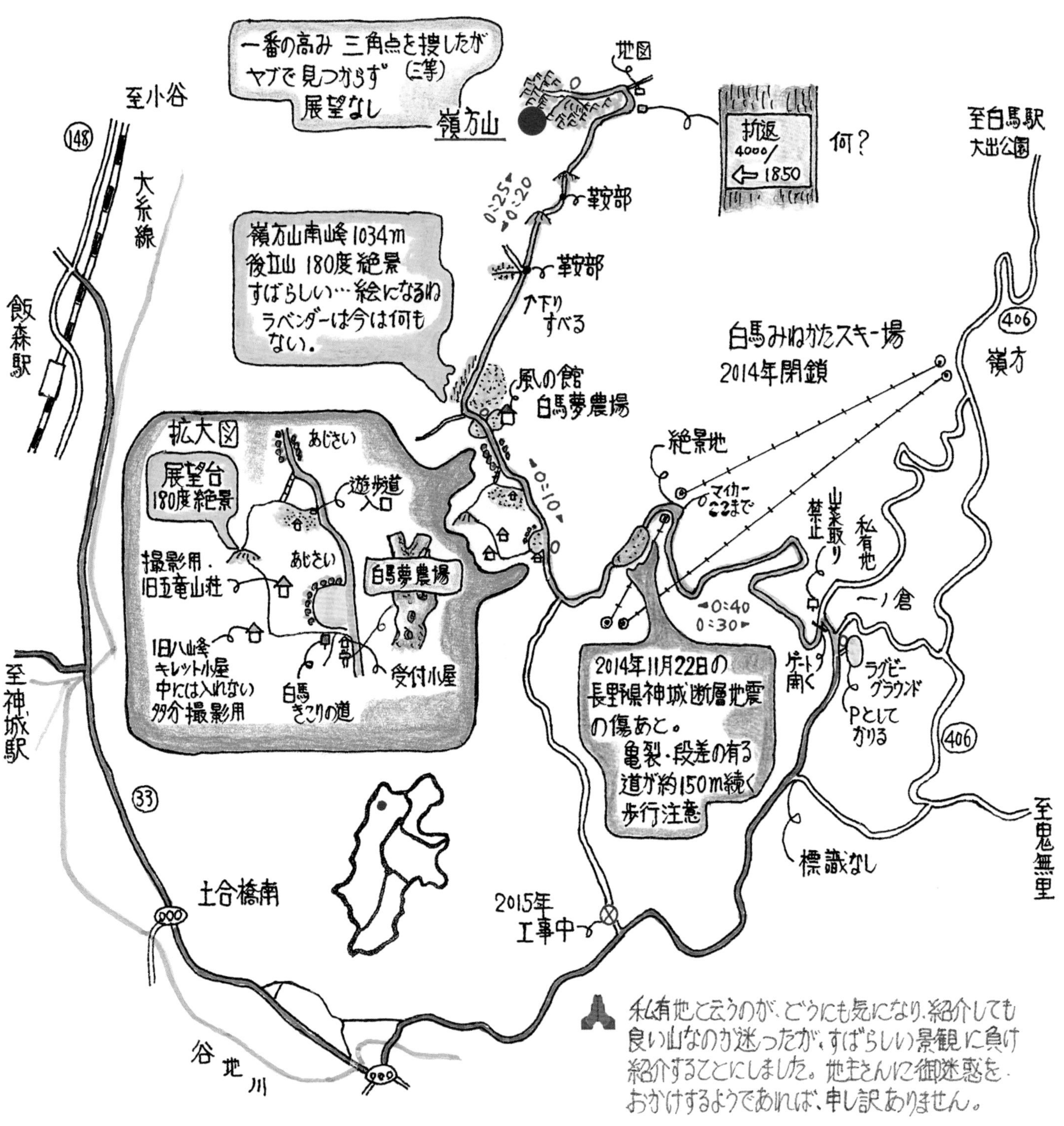

37 白馬村の一夜山　いちやさん／851m／往復30分

別名：飯森城址

38 白馬村の矢崎山　やざきやま／935m／往復1時間10分

以上は、白馬村に有る山

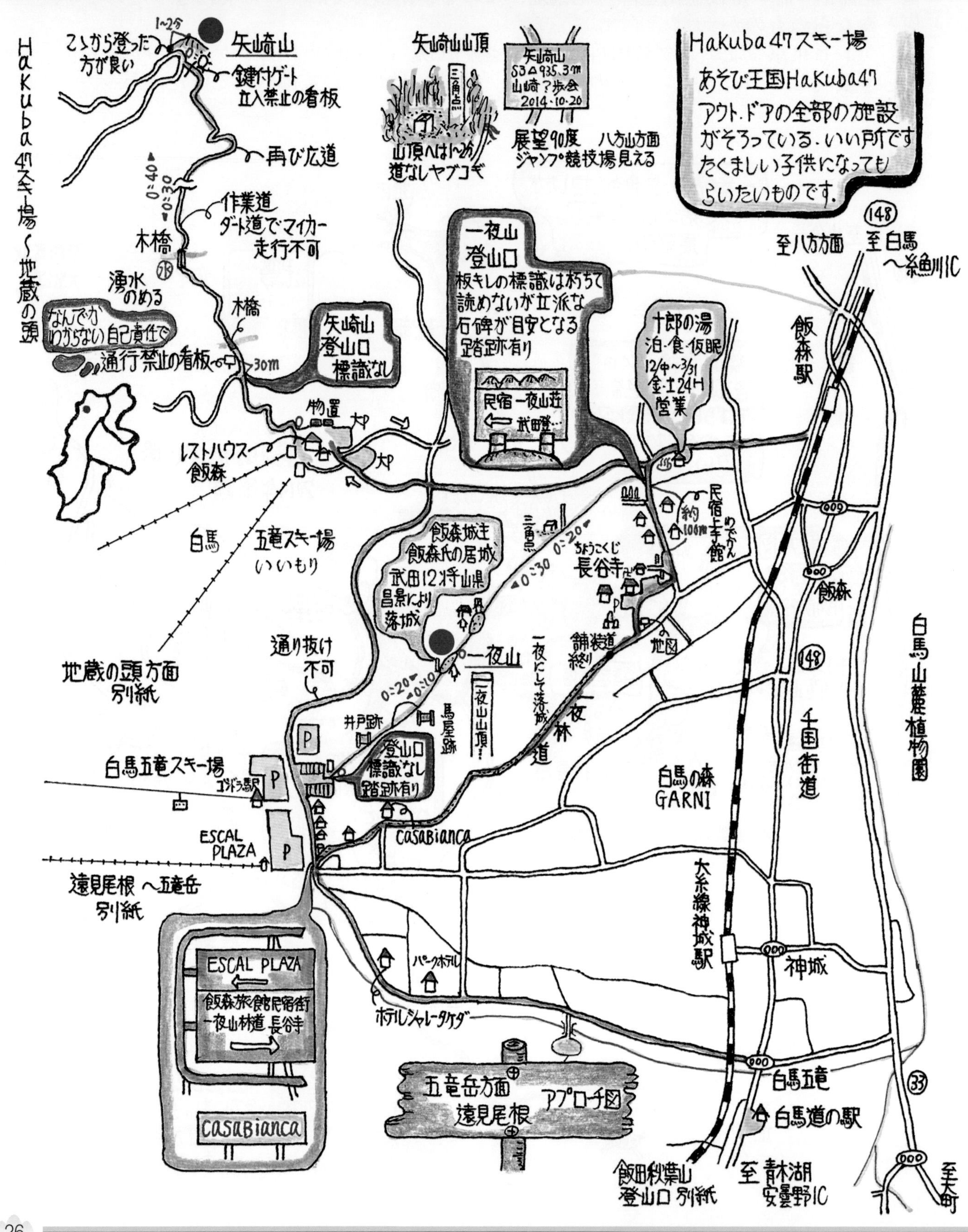

39 飯田秋葉山 いいだあきばさん／860m／往復50分

40 白馬村の飯田城址 いいだじょうし／988m／往復3時間

以上は、白馬村に有る山

飯田城址を地元の人は：月夜沢城址と呼んでいる.

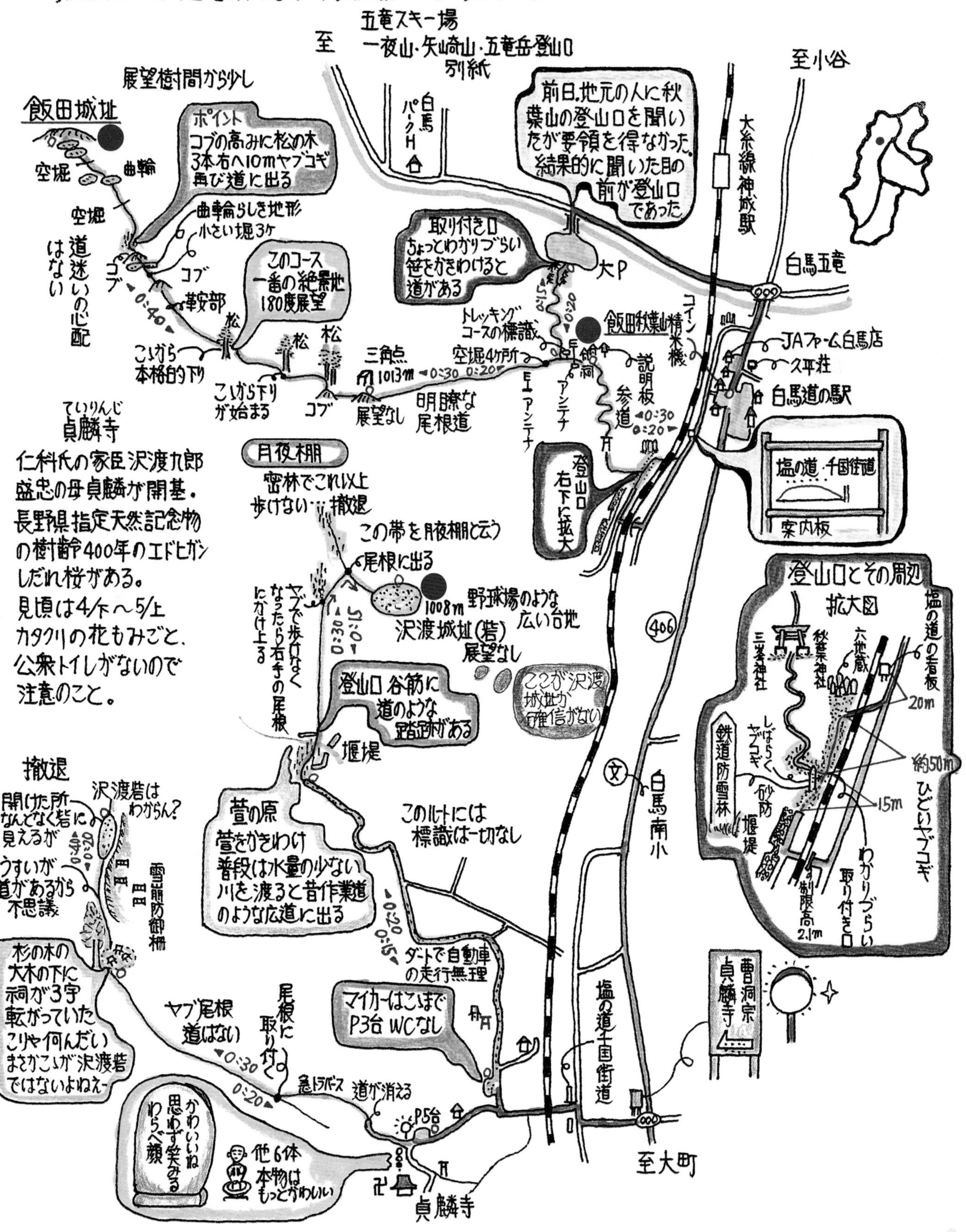

41 茨山城址　いばらやまじょうし／790m／往復10分

42 大宮城跡　おおみやじょうせき／878m／往復40分

別名：三日市場城跡・沢渡城跡

43 ドウカク山　どうかくやま／814m／往復35分

以上は、白馬村に有る山

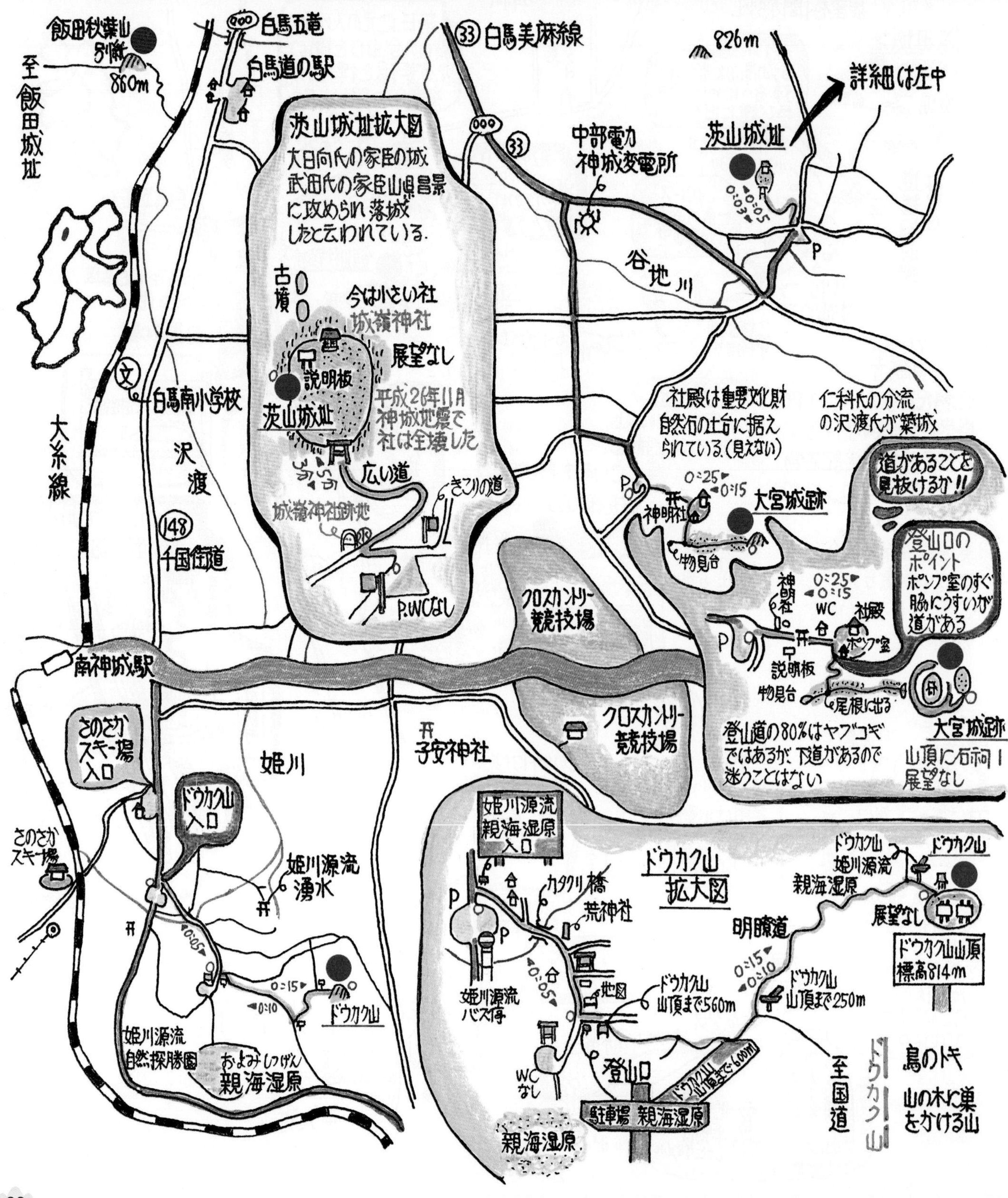

44 夫婦岩 みよっといわ／1065m／往復1時間20分

長野市と白馬村と小川村の境の山

登山と云うより旧街道のハイキング

この旧街道は和紙や麻糸、加えて糸魚川街道から分岐した、海産物の搬入口であり、又戸隠や善光寺への交通の要所であった。

旧三村の若者はこの地で盆踊りに興じた後カップルになったことから、夫婦岩は『縁結びの神』でもあった。

岩は道のまん中に有る、展望はなし、

昔話では、源太と云う若者が、じゃまだからと云って岩の一つを、谷底に、ころがして落とした。…谷底で女の泣きがするので、万作じいさんが、谷に下りて、この岩を元の位置にもどしてからは、女の泣き声はしなくなった。

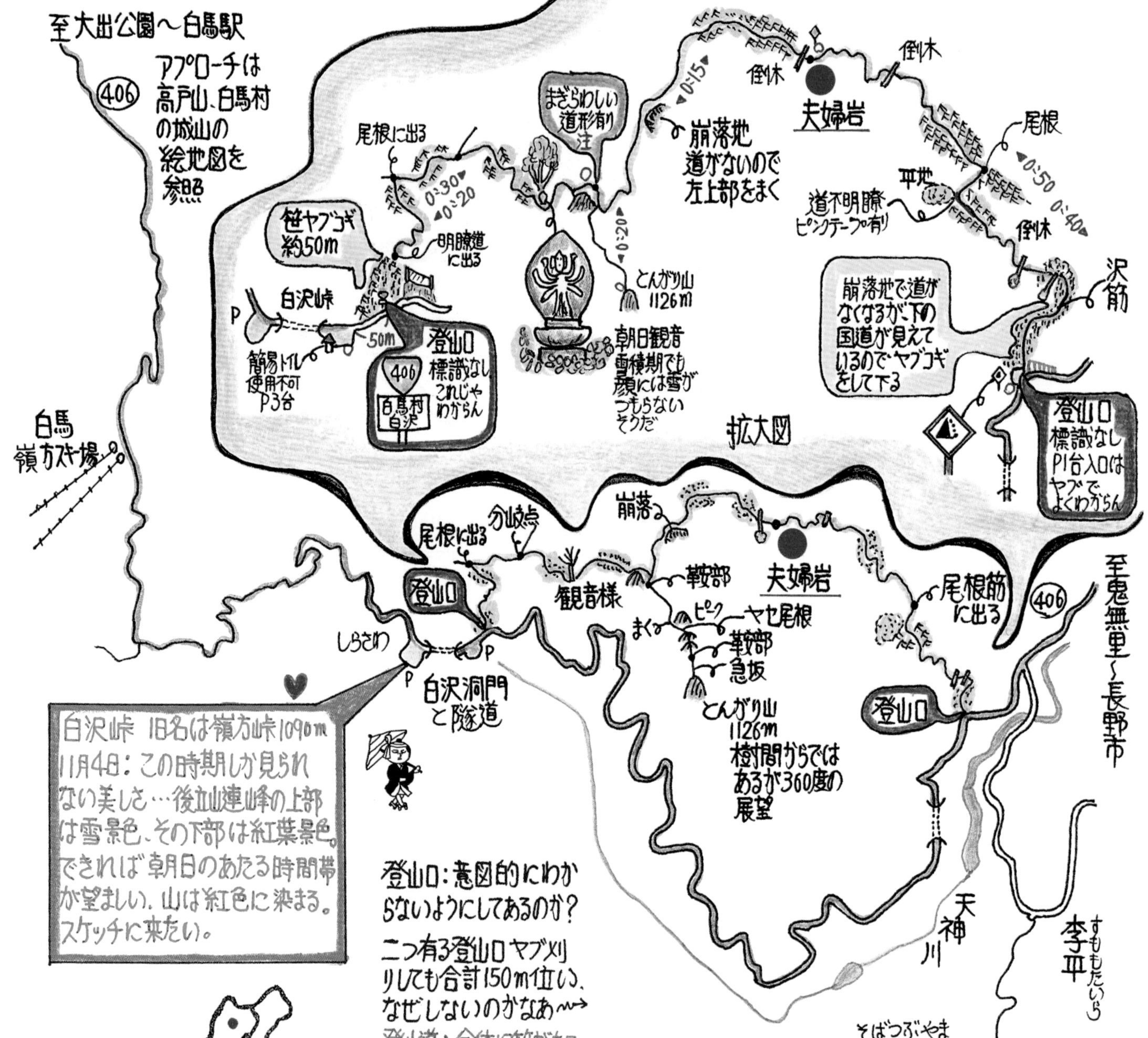

至大出公園〜白馬駅
406
アプローチは高戸山、白馬村の城山の絵地図を参照
白馬嶺方スキー場

拡大図
尾根に出る
0:30
0:20
笹ヤブコギ約50m
明瞭道に出る
白沢峠
P
50m
簡易トイレ使用不可 P3台
登山口 標識なし これじゃわからん
406
白馬村白沢
まぎらわしい道形有り注
0:20
とんがり山 1126m
朝日観音 雪積期でも顔には雪がつもらないそうだ
0:15
崩落地 道がないので左上部をまく
倒木
夫婦岩
倒木
尾根
平地
道不明瞭 ピンクテープ有り
0:50
0:40
倒木
沢筋
崩落地で道がなくなるが、下の国道が見えているので、ヤブコギをして下る
登山口 標識なし P1台入口はヤブでよくわからん

尾根に出る
分岐点
崩落
登山口
観音様
鞍部
夫婦岩
ピーク
まく
ヤセ尾根
鞍部
急坂
とんがり山 1126m 樹間からではあるが360度の展望
尾根筋に出る
406
至鬼無里〜長野市
登山口
しらさわ
P
P
白沢洞門と隧道
天神川
李平 すもも だいら
そばつぶやま 蕎麦粒山 1071m
別紙

白沢峠 旧名は嶺方峠1090m

11月4日：この時期しか見られない美しさ…後立山連峰の上部は雪景色、その下部は紅葉景色。できれば朝日のあたる時間帯が望ましい。山は紅色に染まる。スケッチに来たい。

登山口：意図的にわからないようにしてあるのか？

二つ有る登山口ヤブ刈りしても合計150m位い、なぜしないのかなあ〜→

登山道：全体に笹があるが下道があるので、今のところ道迷いはない。このままほっておくと廃道になる。

45 佐野坂山 さのさかやま／1665m／往復5時間20分

大町市と白馬村の境の山

ピークハンター向き

山岳地図は長見山（なみやま）とある、地元では西山と呼んでいるらしい。

当初の計画は、白馬五竜スキー場からゴンドラを利用し、地蔵の頭～小遠見山～天狗岳～佐野坂山のルートを計画していたが、偶然出会った山岳パトロールの人によると「小遠見山から天狗岳のルートは禁止されていて今はいけません」、…やむを得ず佐野坂スキー場から佐野坂山だけを登頂することにしたが、結果…無雪期の佐野坂山は、密林で木々の間は体が抜けないため撤退した。

登頂しない山は絵地図にしない決まりであるが、積雪期は絶好山と思い雪山登山のためにあえて絵地図にする。

○アンテナ地点から先は広い林道ではあるが、所々草や笹に覆われ歩ける道幅は少しである、下道があるので迷うことはない。

○ポイント３地点から山頂に向かう道は、薄い踏跡が200mほど続くが、その先は道が無く密林の中のルートファインディングとなる。

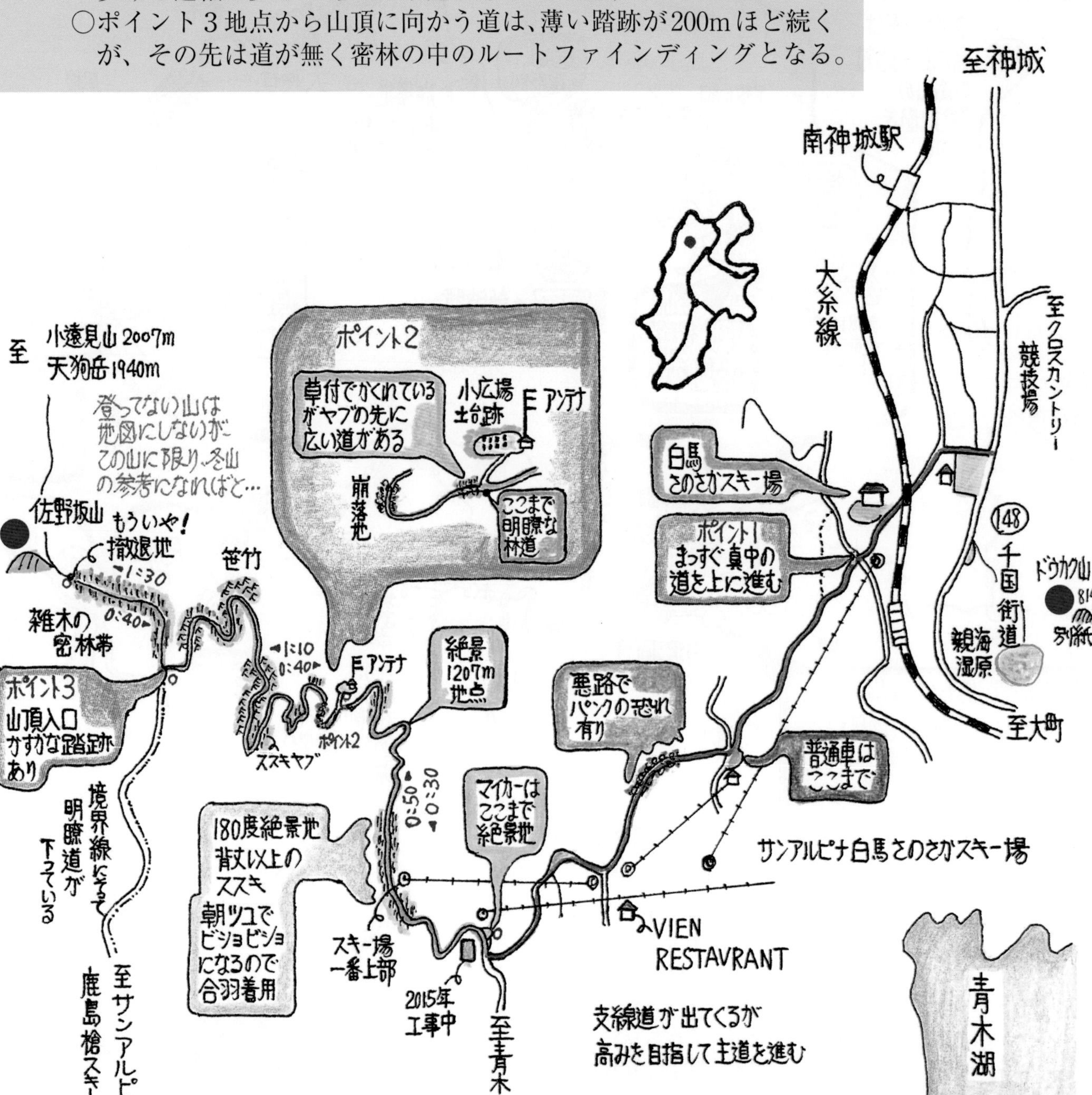

46 大町市の太郎山 たろうやま／1051m／往復1時間

大町市に有る山

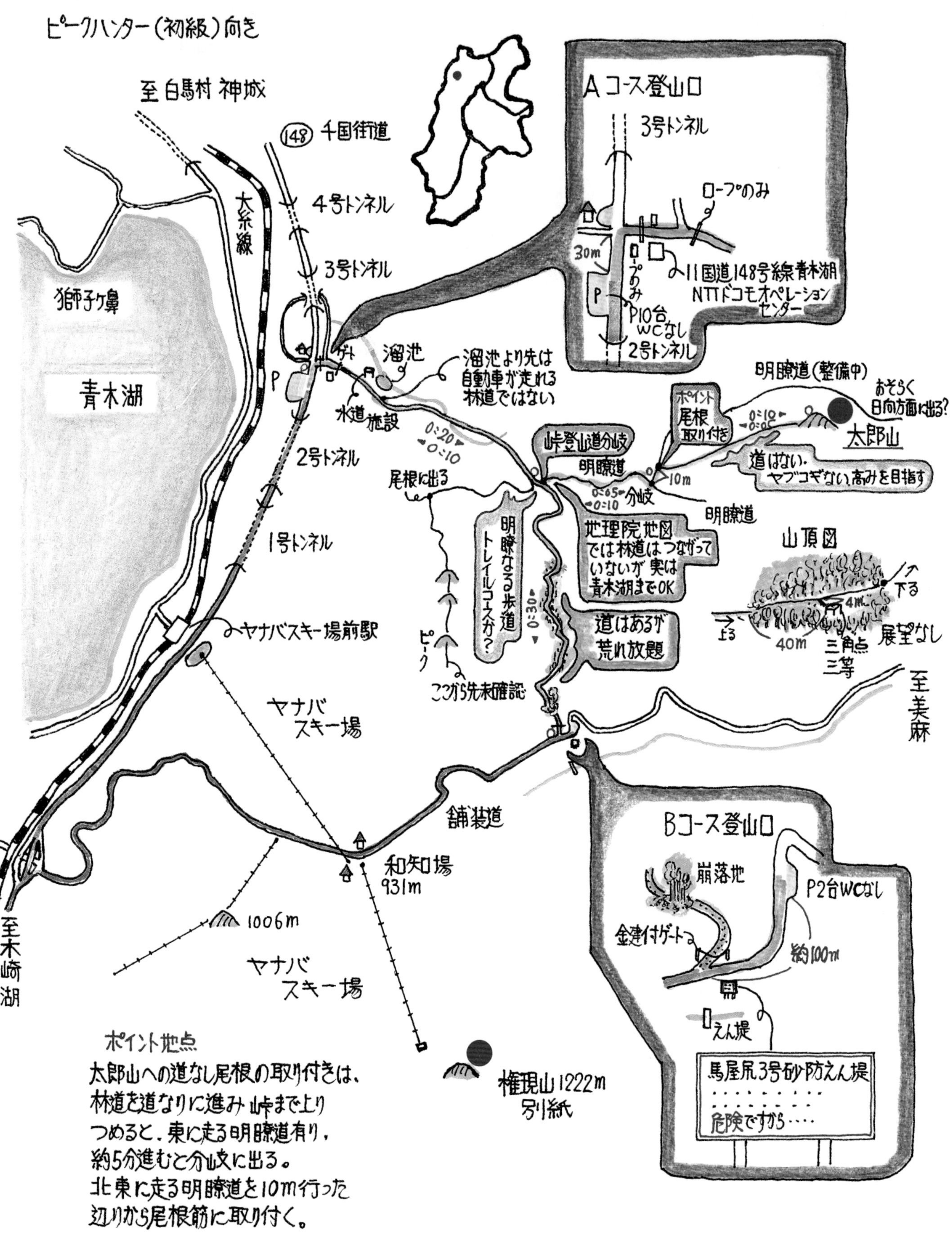

ポイント地点

太郎山への道なし尾根の取り付きは、林道を道なりに進み峠まで上りつめると、東に走る明瞭道有り，約5分進むと分岐に出る。北東に走る明瞭道を10m行った辺りから尾根筋に取り付く。

47 大町市の**権現山** ごんげんやま／1222m／往復30分

大町市に有る山

周遊コース

この山は、山頂直下まで舗装道を普通自動車で行ける山。

積雪期はスノーシューか山スキーで歩くのもよいが、無雪期舗装道をテクテク歩くのは、ばかばかしかった、車で行けば良い。

他のコース

☆池の平コース

☆簗場（やなば）コース

◆美麻の新行地区は蕎麦の産地◆

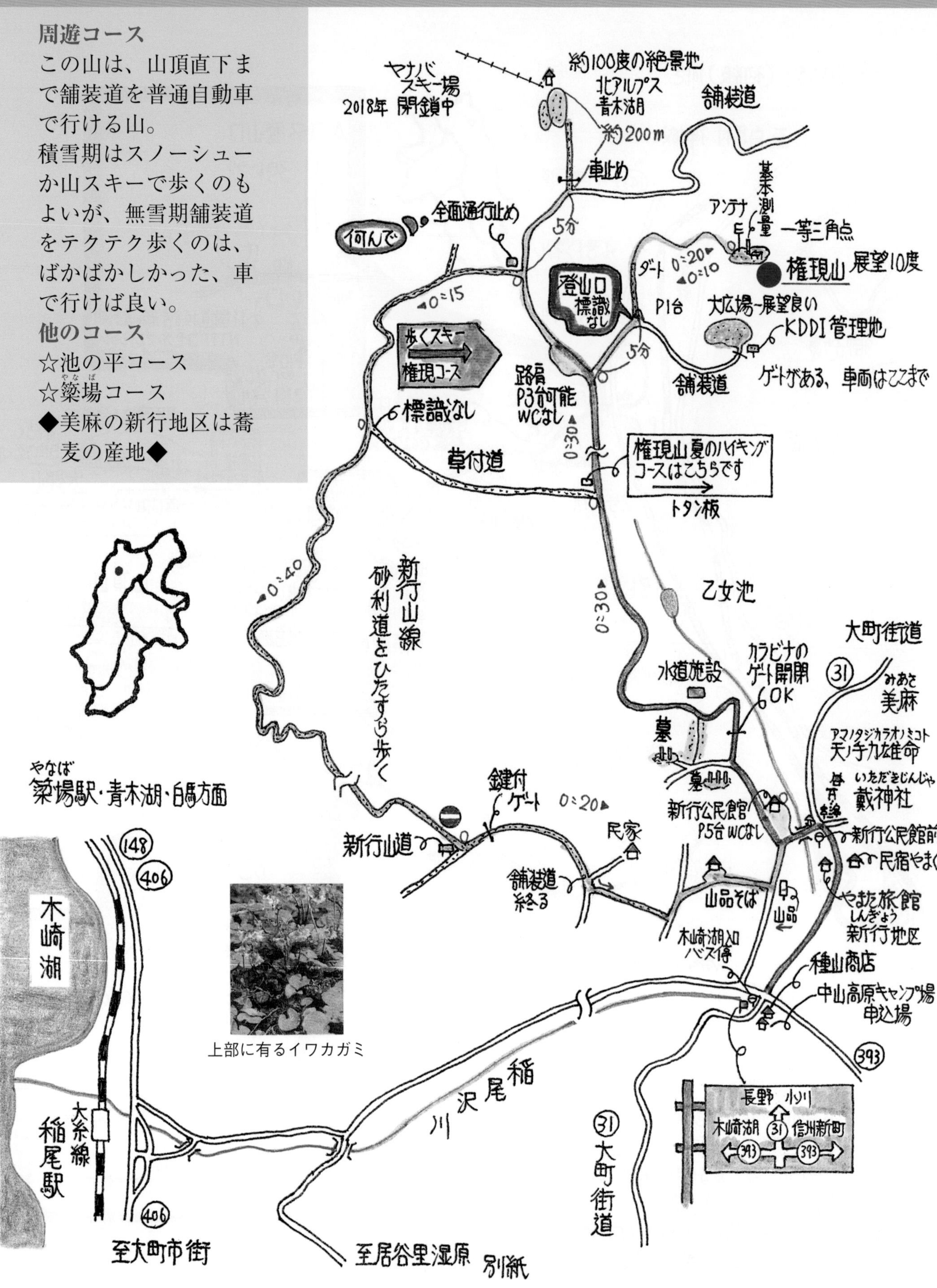

上部に有るイワカガミ

48 大町市の丸山　まるやま／1376m／往復1時間30分

49 小冷岳　こつべただけ／1663m／往復5時間30分

以上は、大町市に有る山

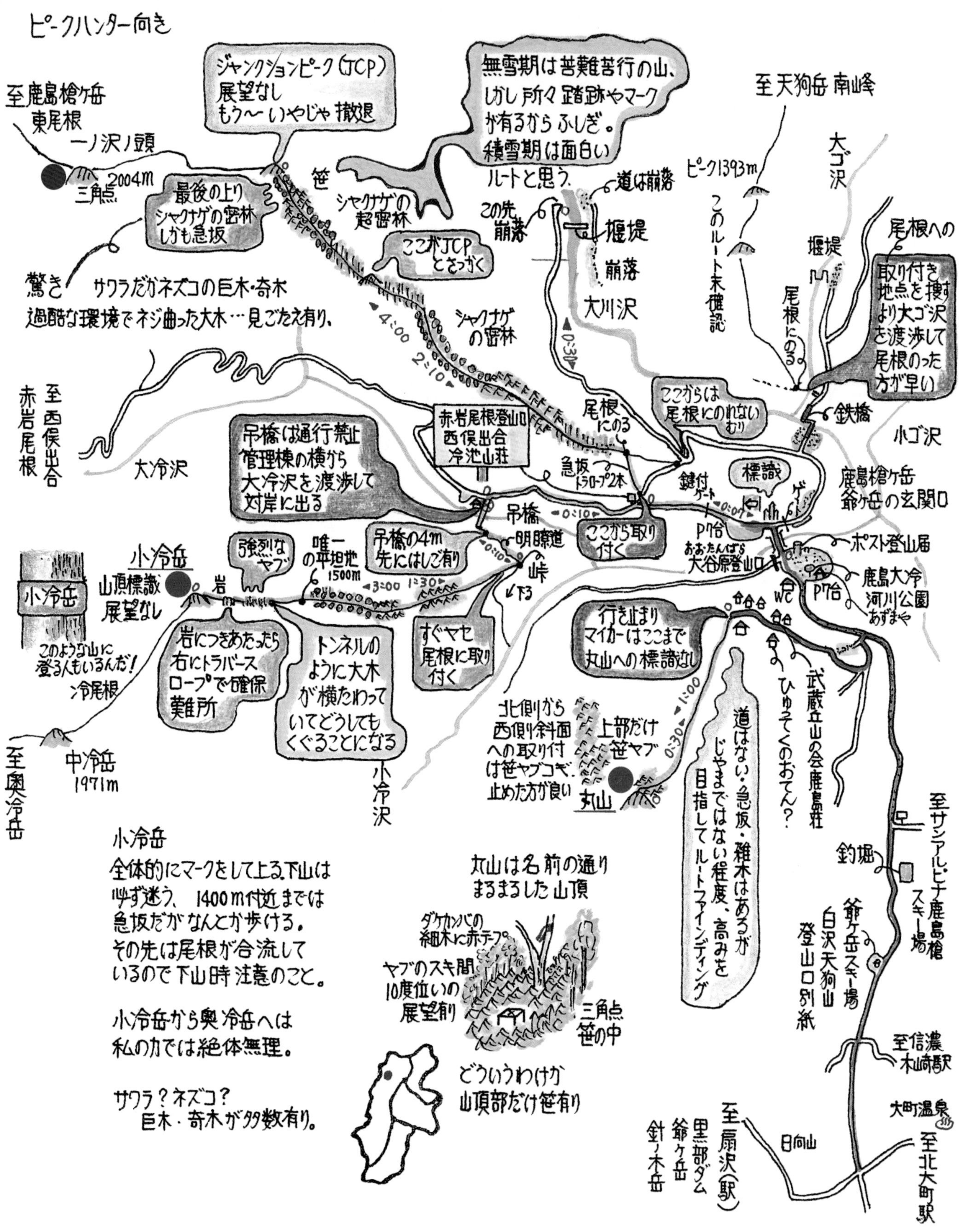

50 五龍岳 ごりゅうだけ／2814m／往復10時間10分

51 鹿島槍ヶ岳 かしまやりがたけ／2889m／往復14時間

以上は、大町市と富山県黒部市の境の山

52 爺ヶ岳 じいがたけ／2670m／往復12時間20分

大町市と富山県立山町の境の山

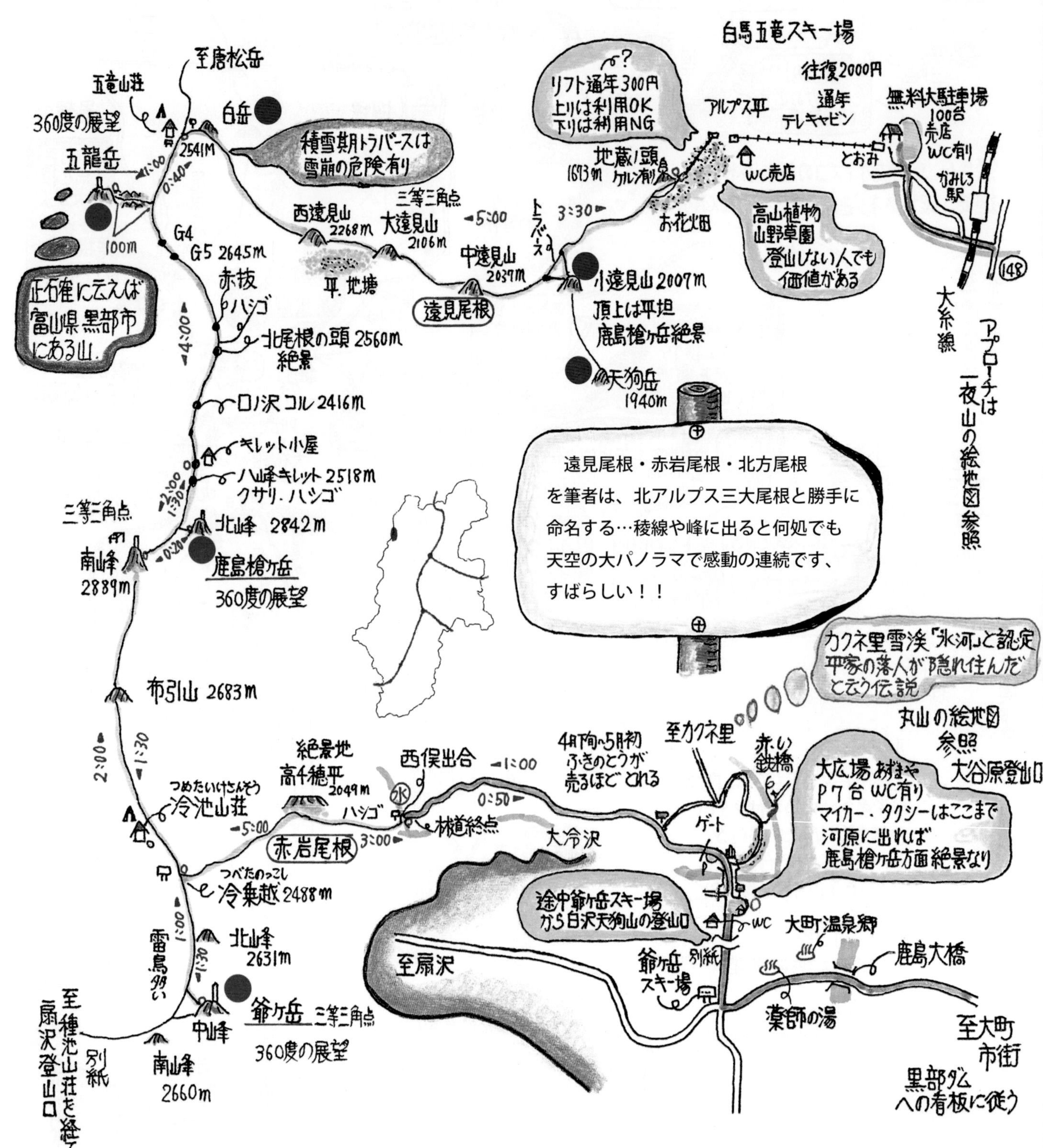

52 爺ヶ岳 じいがたけ／2670m／往復8時間10分

53 岩小屋沢岳 いわごやざわだけ／2630m／往復11時間

54 鳴沢岳 なるさわだけ／2641m／往復13時間

55 赤沢岳 あかざわだけ／2678m／往復15時間

56 スバリ岳 すばりだけ／2752m／往復11時間30分

57 針ノ木岳 はりのきだけ／2820m／往復9時間30分

58 蓮華岳 れんげだけ／2798m／往復9時間40分

以上は、大町市と富山県立山町の境の山

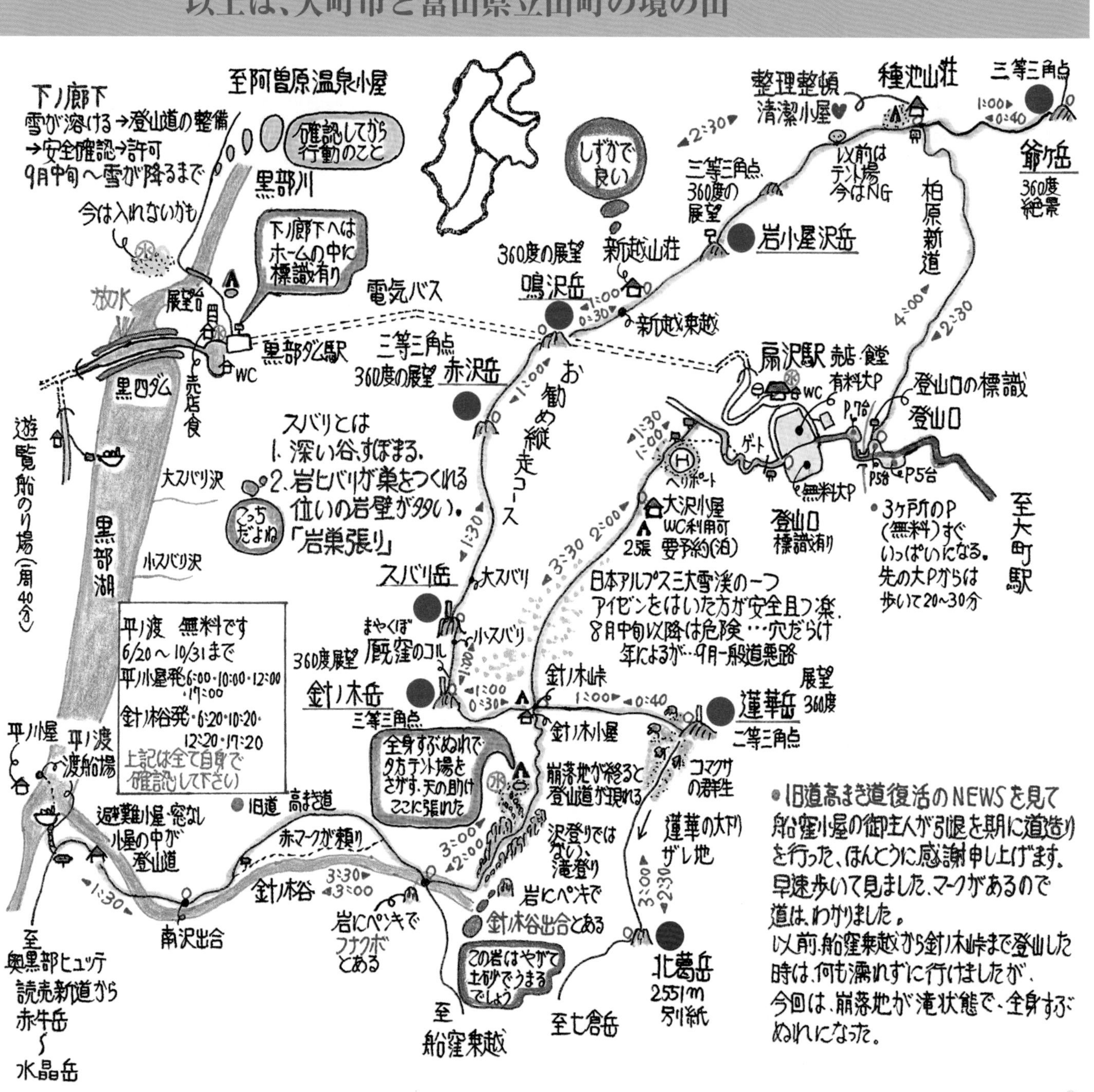

・旧道高まき道復活のNEWSを見て船窪小屋の御主人が引退を期に道造りを行った、ほんとうに感謝申し上げます。早速歩いて見ました、マークがあるので道はわかりました。
以前、船窪乗越から針ノ木峠まで登山した時は、何も濡れずに行けましたが、今回は、崩落地が滝状態で、全身ずぶぬれになった。

59 白沢天狗山 しらさわてんぐやま／2036m／往復7時間5分

大町市に有る山

標高差約1100M（往復約７時間）…楽勝かと思ったが、難度高くきつかった。
2009年、地元山岳関係者（信州山岳クラブ）が登山道を整備してくれた、感謝です。

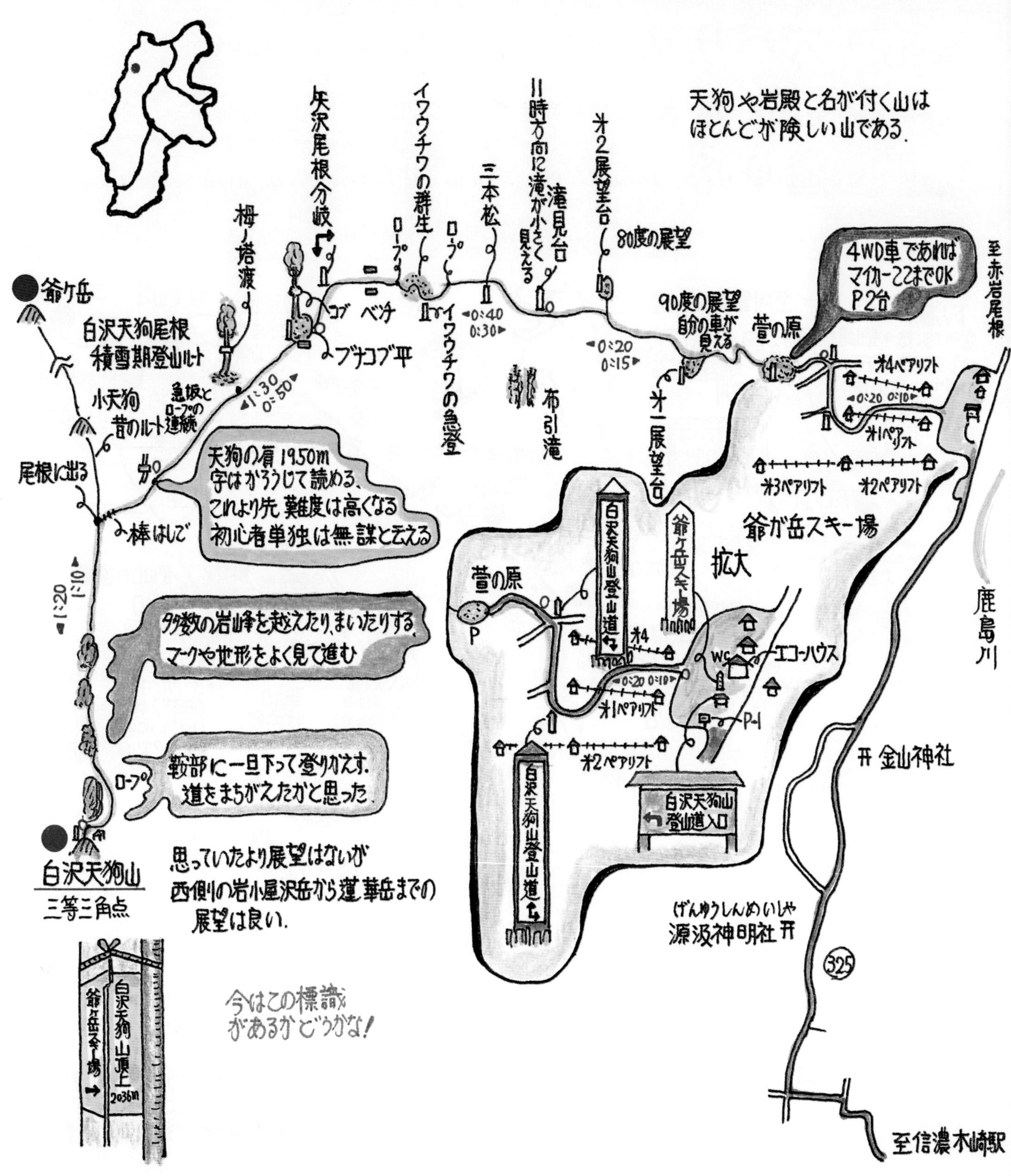

60 猿ヶ城跡 さるがじょうせき／1200m／往復2時間5分

大町市に有る山

猿ヶ城跡：大町の豪族であった仁科氏が詰の城として築城…1400年大塔合戦の一員(守護職小笠原VS国人領主)。
仁科城跡(森城)：現在の仁科神社がその一郭であり、木崎湖の水城であった。仁科氏の居館は大町市の市街の天生寺にあったと言うからこの城は籠城用の詰の城と言う事になる。戦国時代仁科盛政は、上杉と内通の疑いから武田氏に忙殺される、仁科家には、信玄の五男盛信(諏訪勝頼の異母弟)が入城。1581年、武田勝頼VS織田信長・徳川家康連合軍の戦い、伊那谷から攻め入った連合軍を阻止する為、仁科五郎盛信は伊那高遠城に2,3千の兵をもって籠城したが3～5万の兵をもつ連合軍に対しては、多勢に無勢落城した。負ける戦に武田武士の意地を見せた郷土の誇る武将である、高遠の五郎山に祭られている。一方勝頼は、五郎を助ける為荒神山(現辰野町)に陣を張るも、兵は逃亡(残ったのは50人とも)諦め見捨てる、甲斐新府城に戻り新築したばかりの城に火を放ち、岩殿城(大月市)小山田信茂を頼るが裏切りにあい、天目山にて自刃し武田家は滅亡。

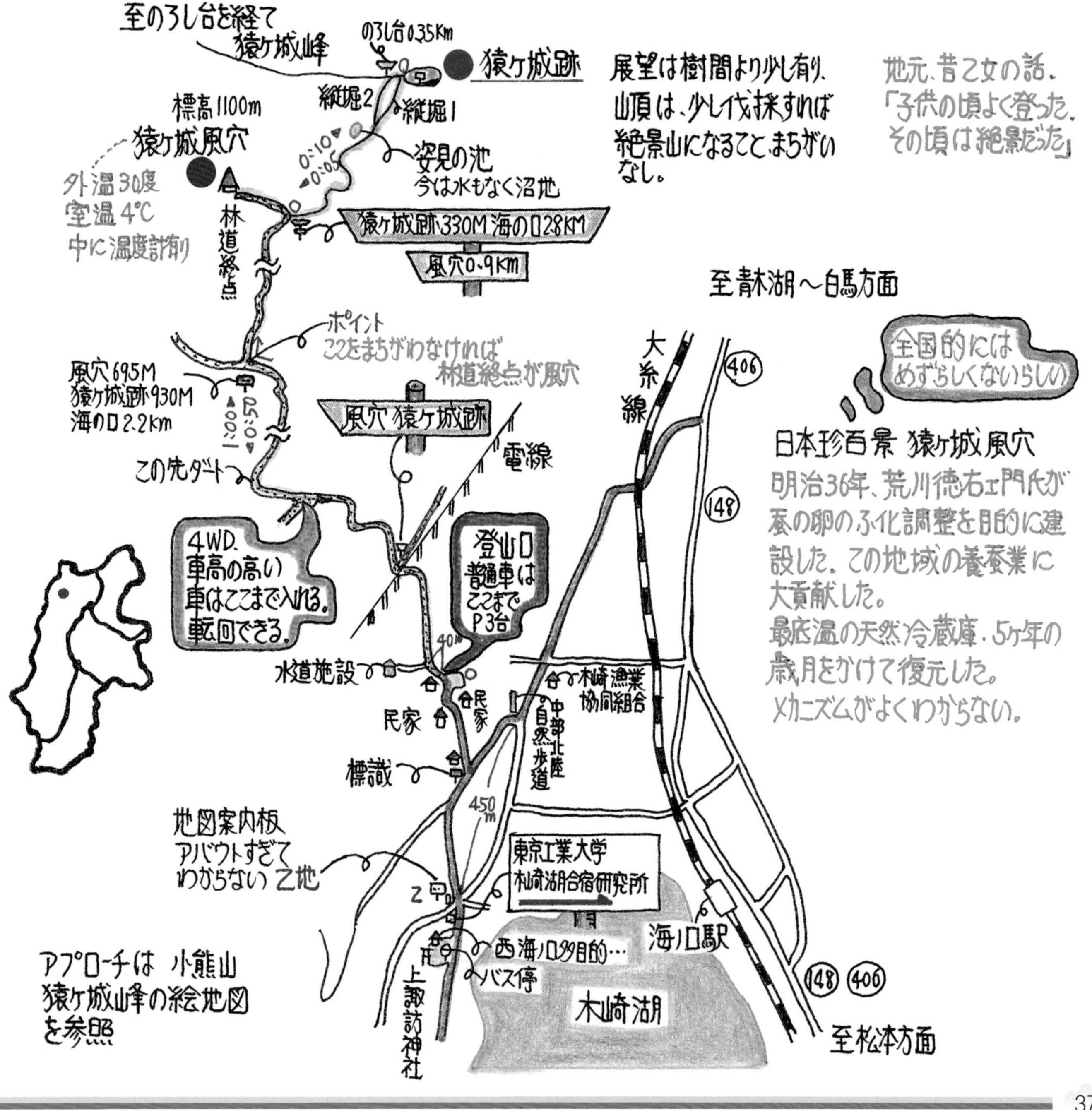

61 猿ヶ城峰 さるがじょうほう／1333m／往復10分

62 小熊山 おぐまやま／1302m／往復1時間

63 鬼塚山 おにづかやま／1079m／往復1時間

以上は、大町市に有る山

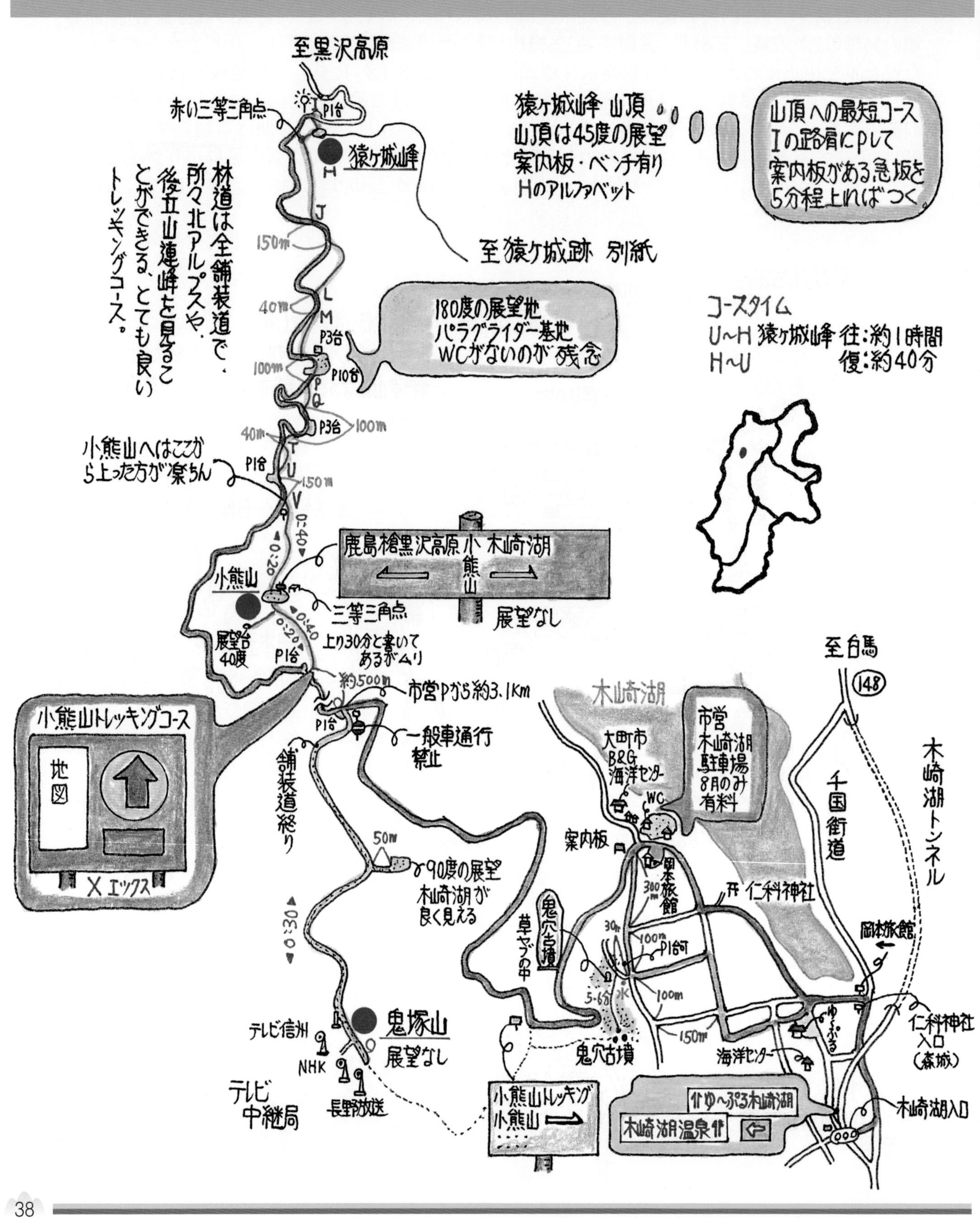

64 尼子山　あまこやま／1044m／往復40分

65 二重城跡　ふたえじょうせき／840m／往復5分

以上は、大町市に有る山

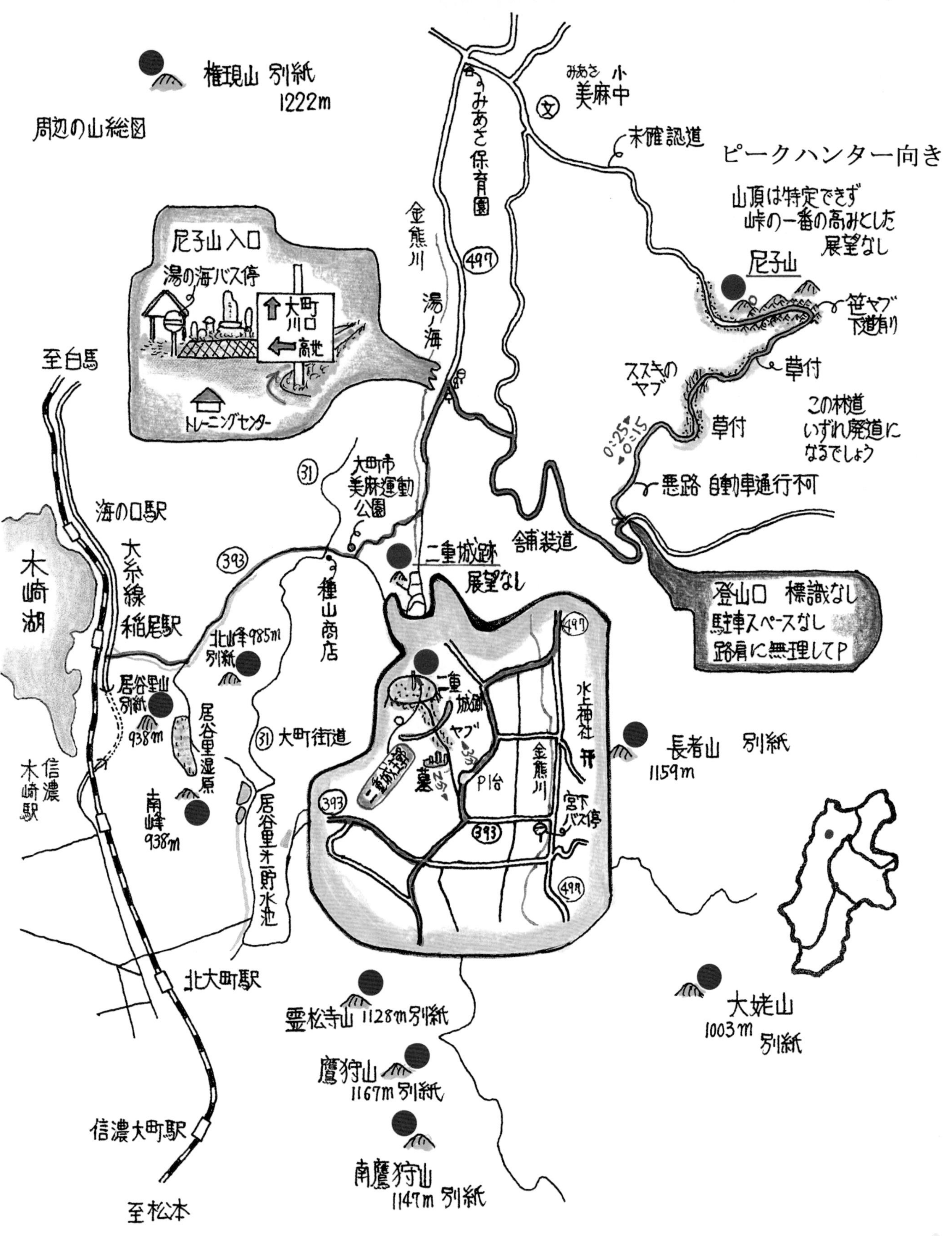

66 居谷里山 いやりさん／938m／往復55分

大町市に有る山

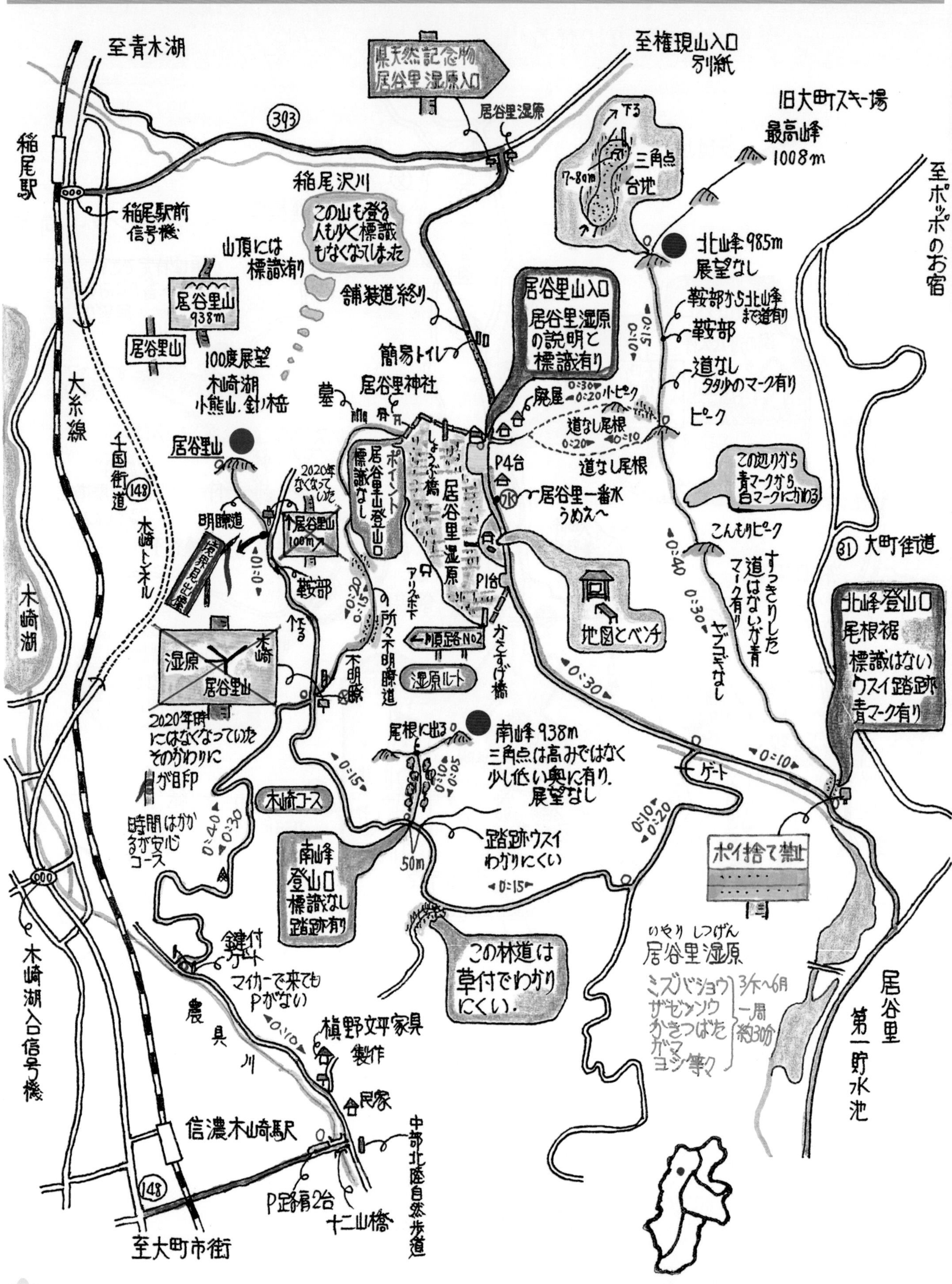

67 大野田城址 おおのだじょうし／998m／往復35分

68 大塩城址 おおしおじょうし／860m／往復15分

以上は、大町市に有る山

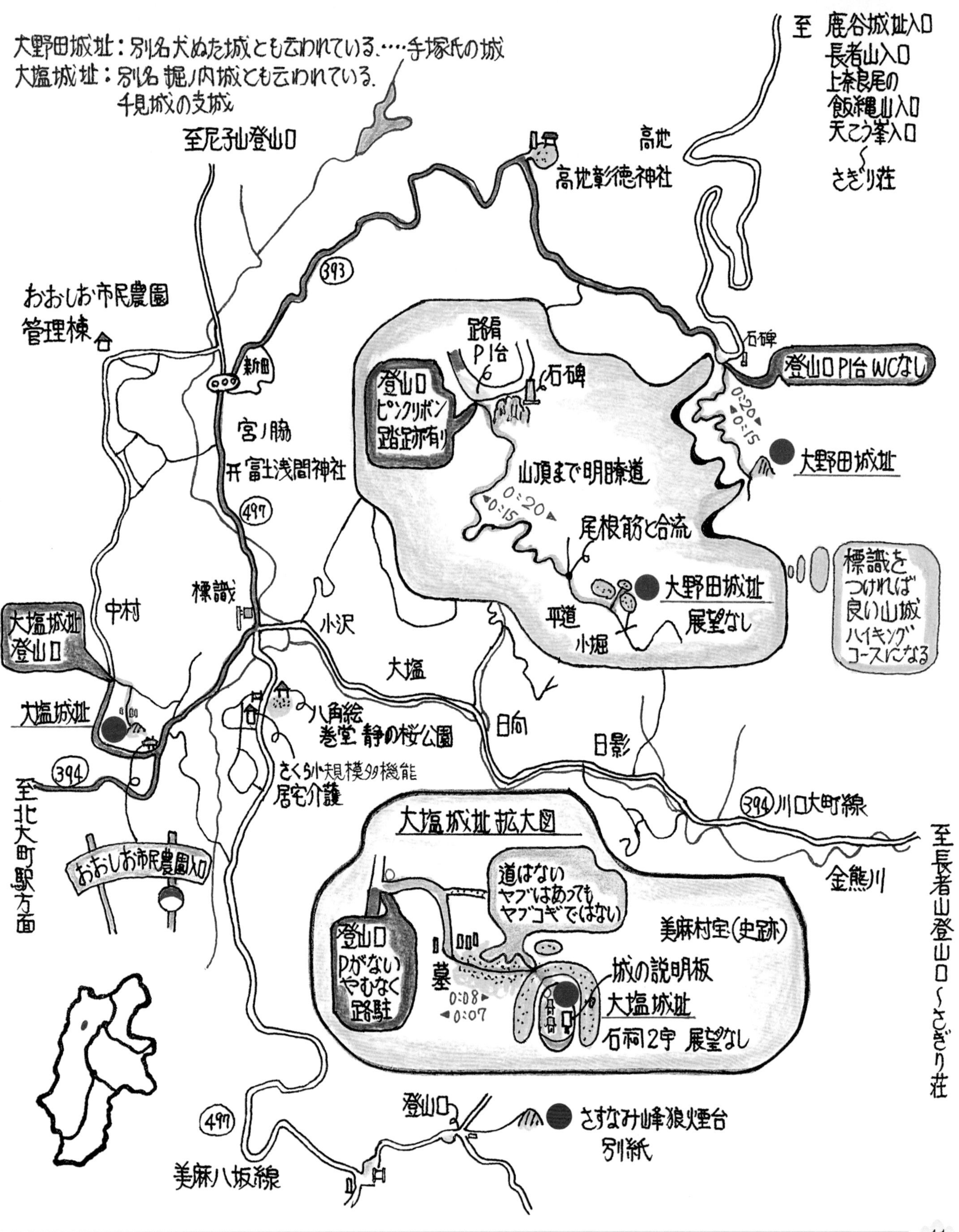

69 西の窪　にしのくぼ／860m／往復1時間25分

別名：医王谷飯縄山城（いおうだにいいづなやまじょう）

70 さすなみ峰狼煙台　さすなみほうのろしだい／1031m／往復20分

以上は、大町市に有る山

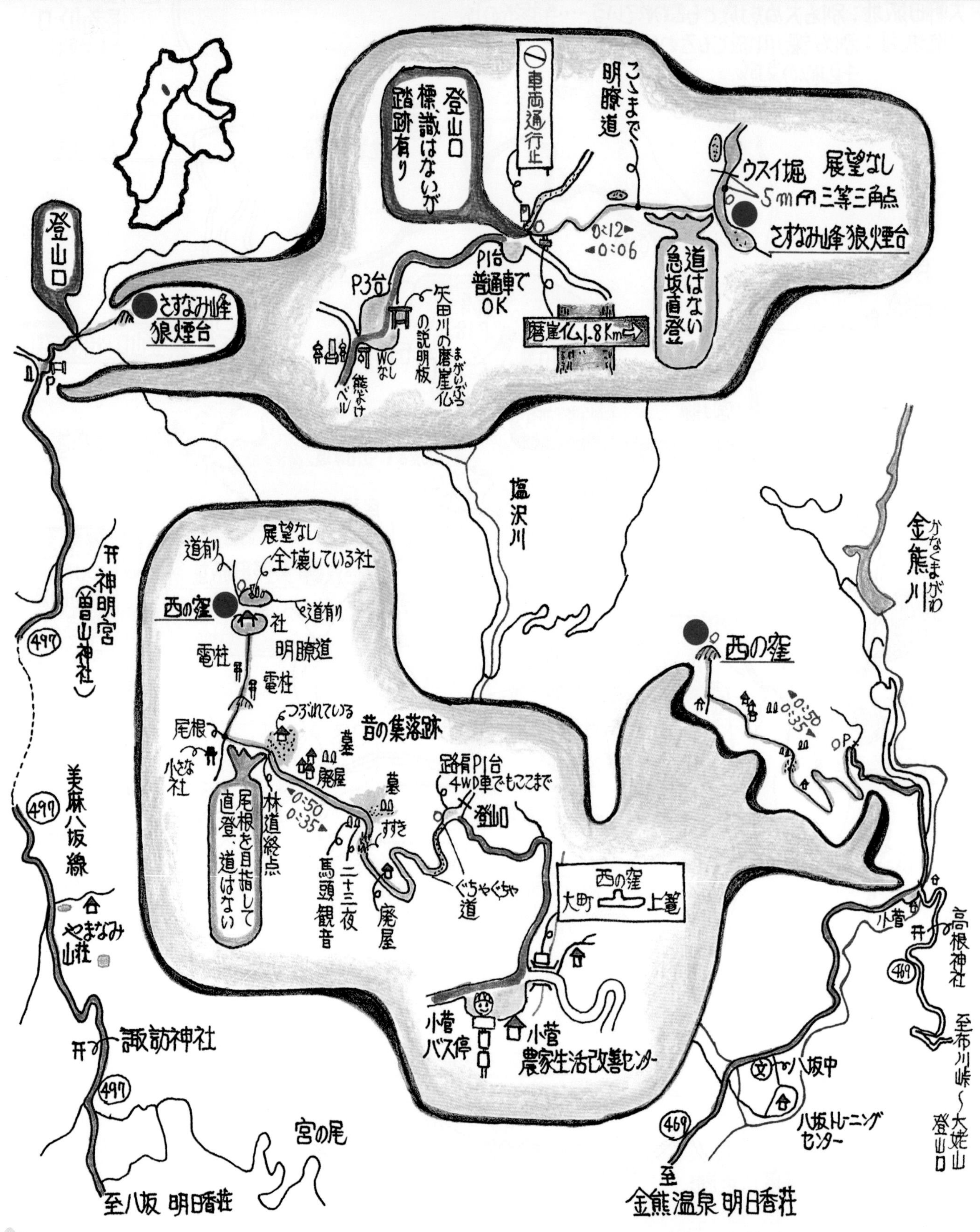

71 大町市の城山　じょうやま／952m／往復1時間20分

別名：雷電城

72 城峰山城址　じょうみねやまじょうし／767m／往復30分

以上は、大町市に有る山

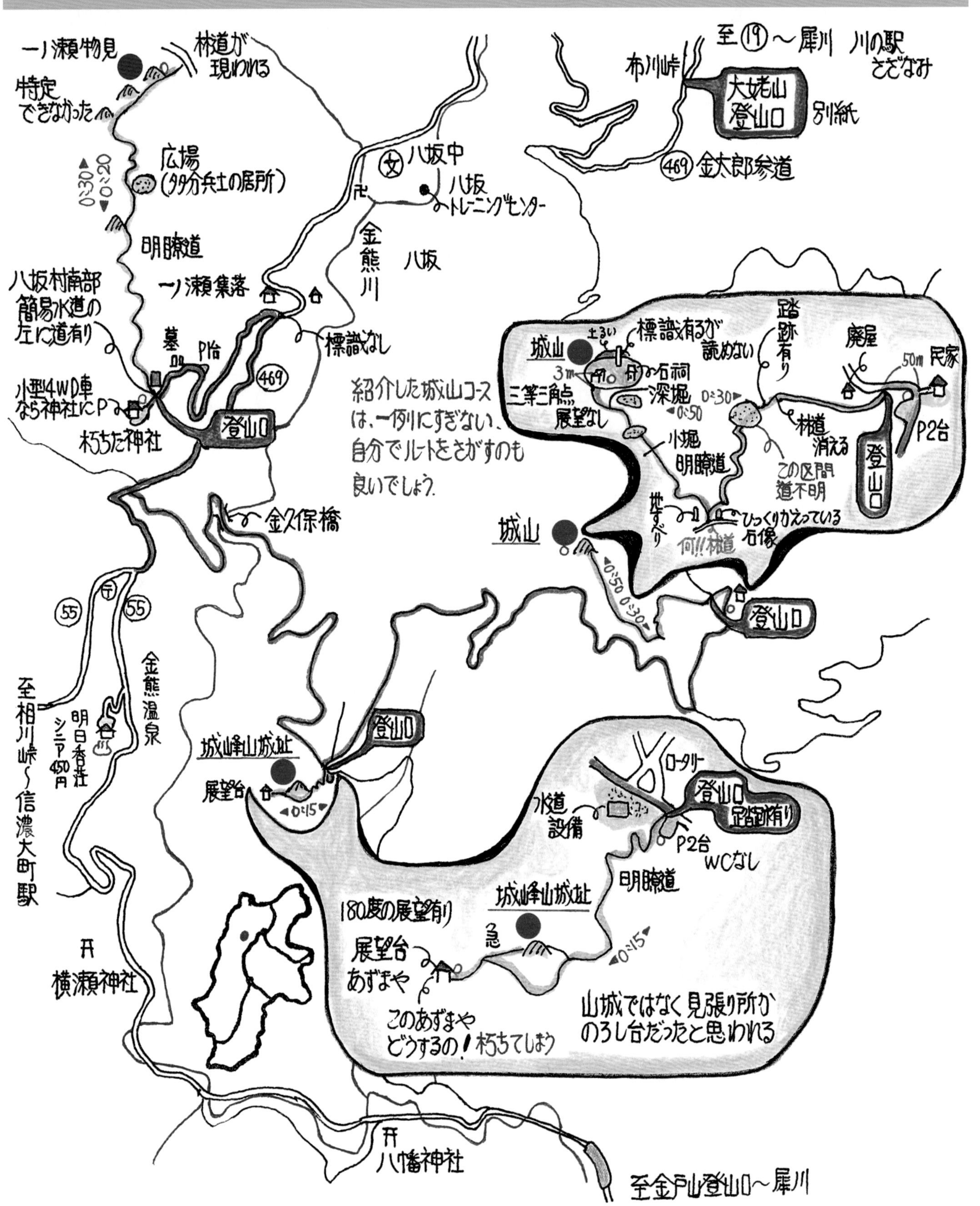

73 木舟城址　きぶねじょうし／926m／往復50分

74 丹生子城址　にゅうのみじょうし／848m／往復35分

以上は、大町市に有る山

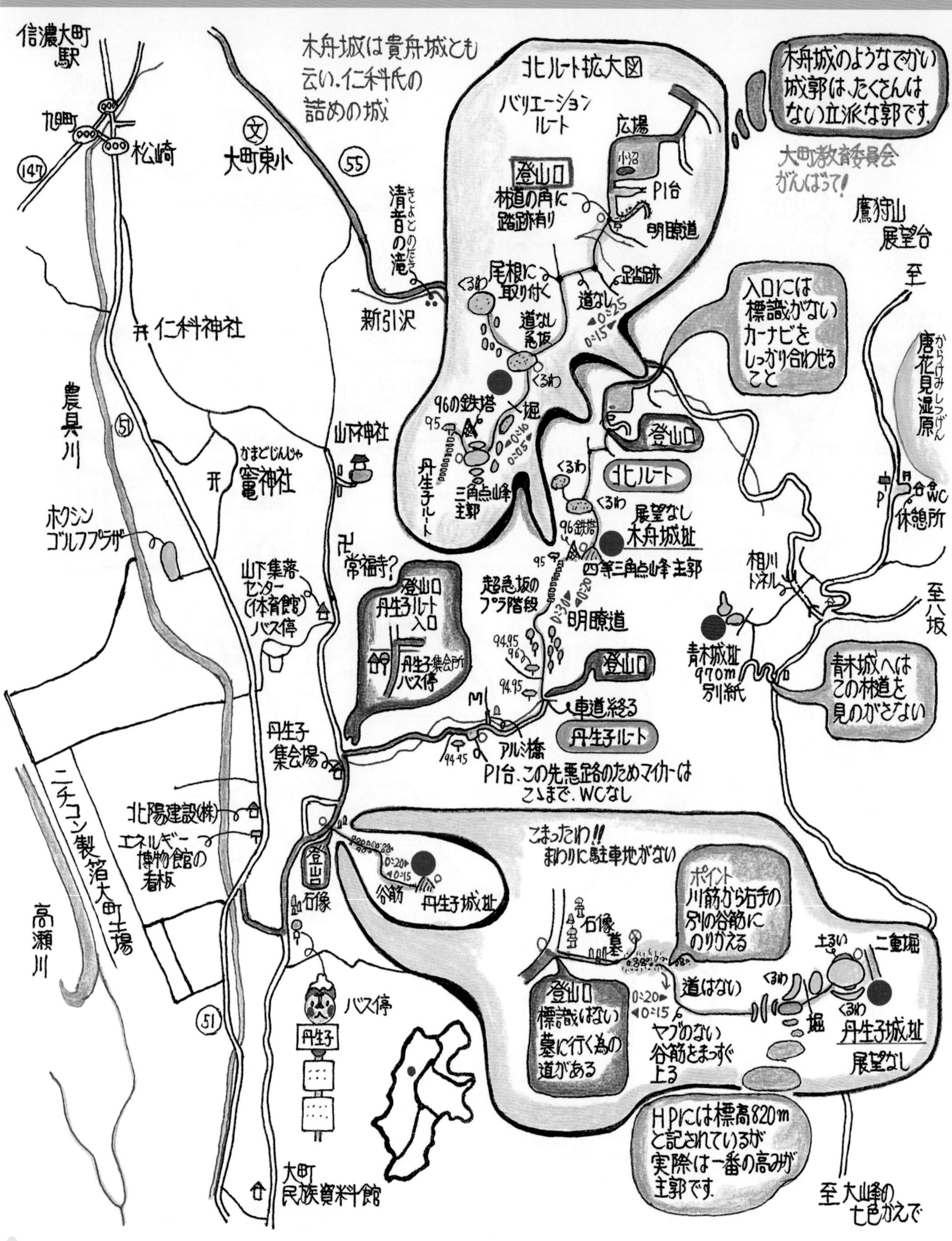

75 青木城址 あおきじょうし／970m／往復20分

76 城の峰城址 しろのみねじょうし／841m／往復1時間5分

以上は、大町市に有る山

77 大峰 おおみね／1018m／往復0分

大町市と池田町の境の高原

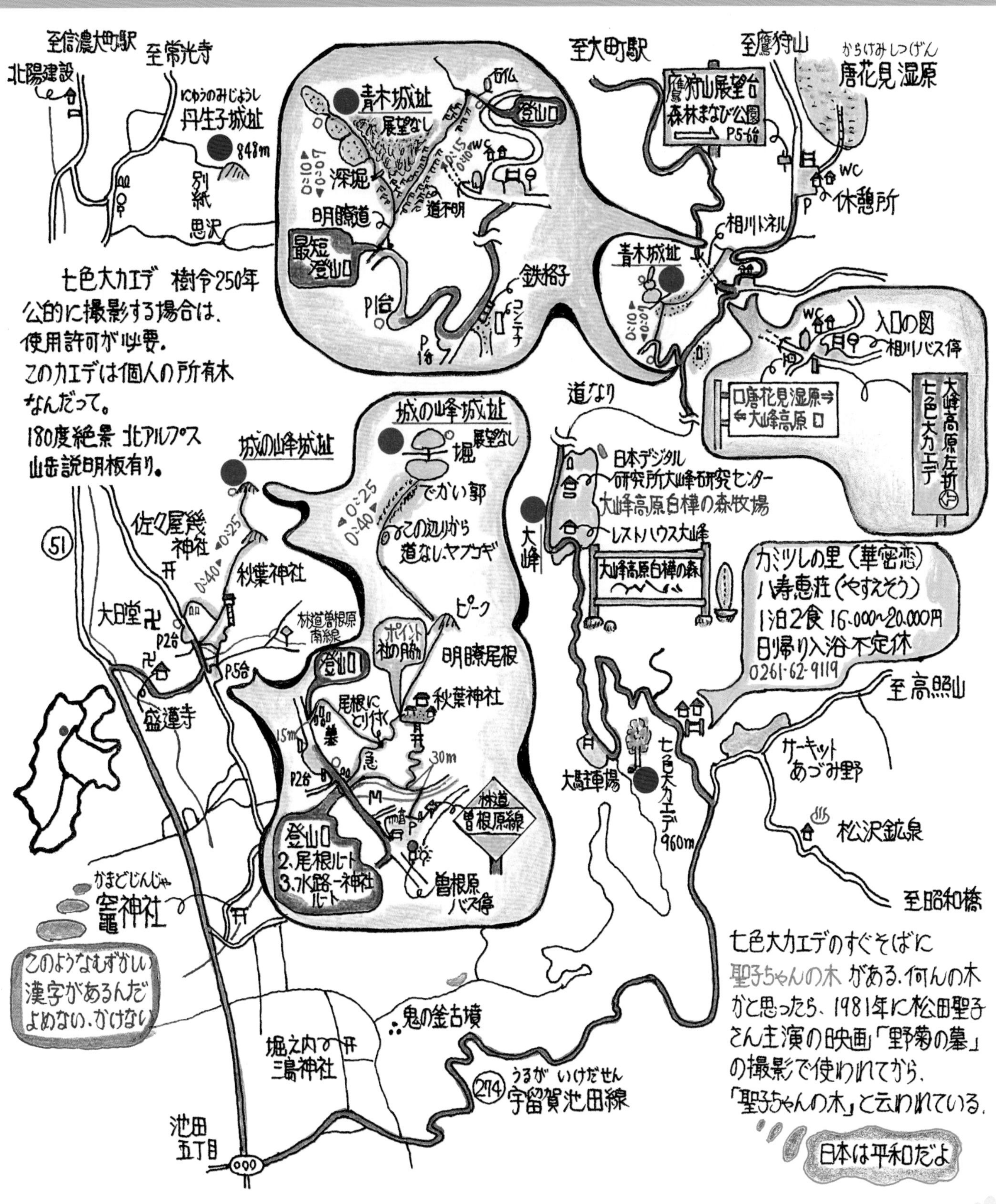

78 霊松寺山 れいしょうじやま／1128m／往復45分

79 鷹狩山 たかがりやま／1167m／往復10分

80 南鷹狩山 みなみたかがりやま／1147m／往復45分

以上は、大町市に有る山

霊松寺山と南鷹狩山はマニアックな山、鷹狩山は山頂近くまで普通車で行ける山。

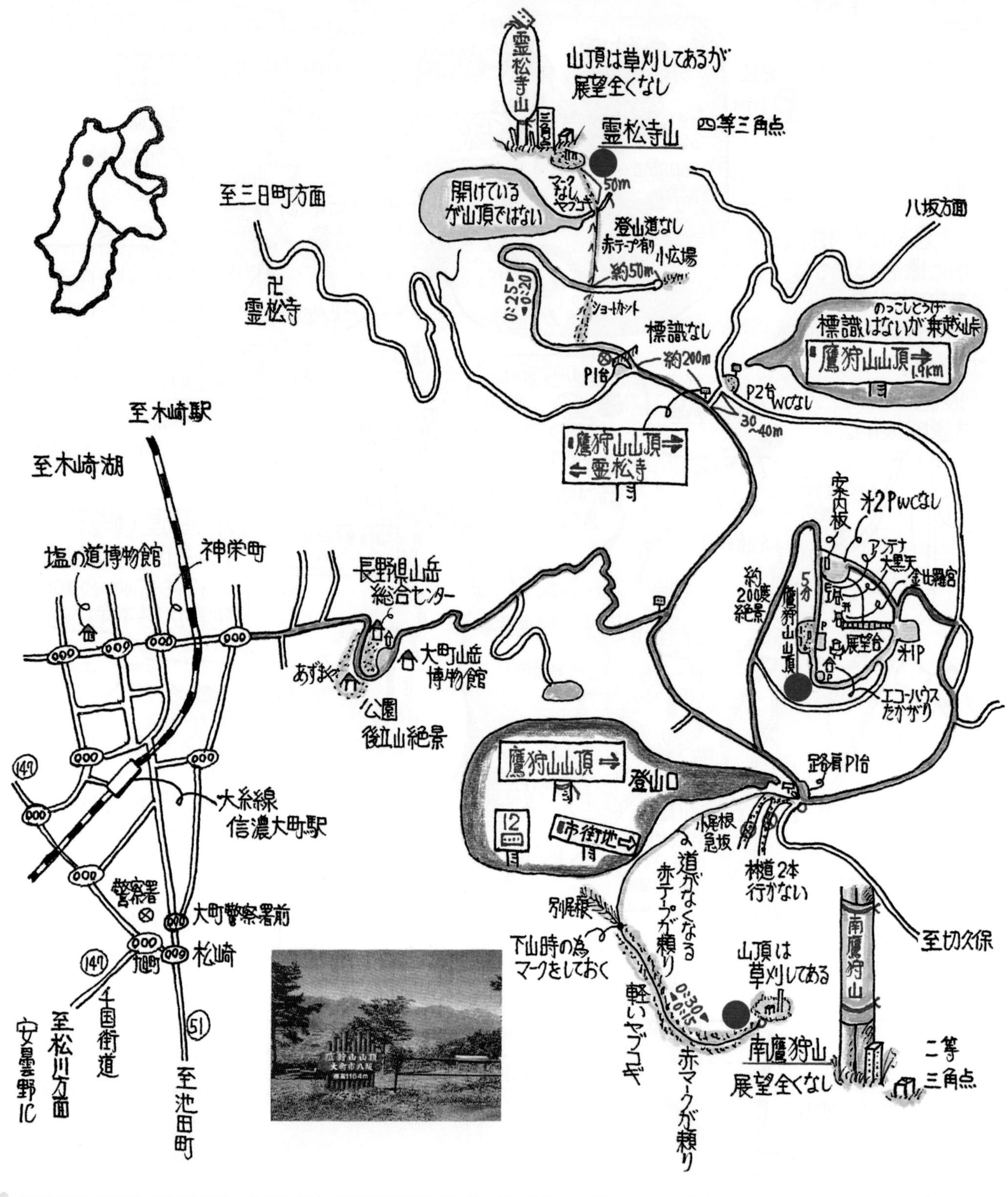

84 鍬ノ峰 くわのみね／1623m／往復2時間30分

大町市に有る山

アプローチは餓鬼岳・唐沢岳・剣ズリの登山口でも有ります。

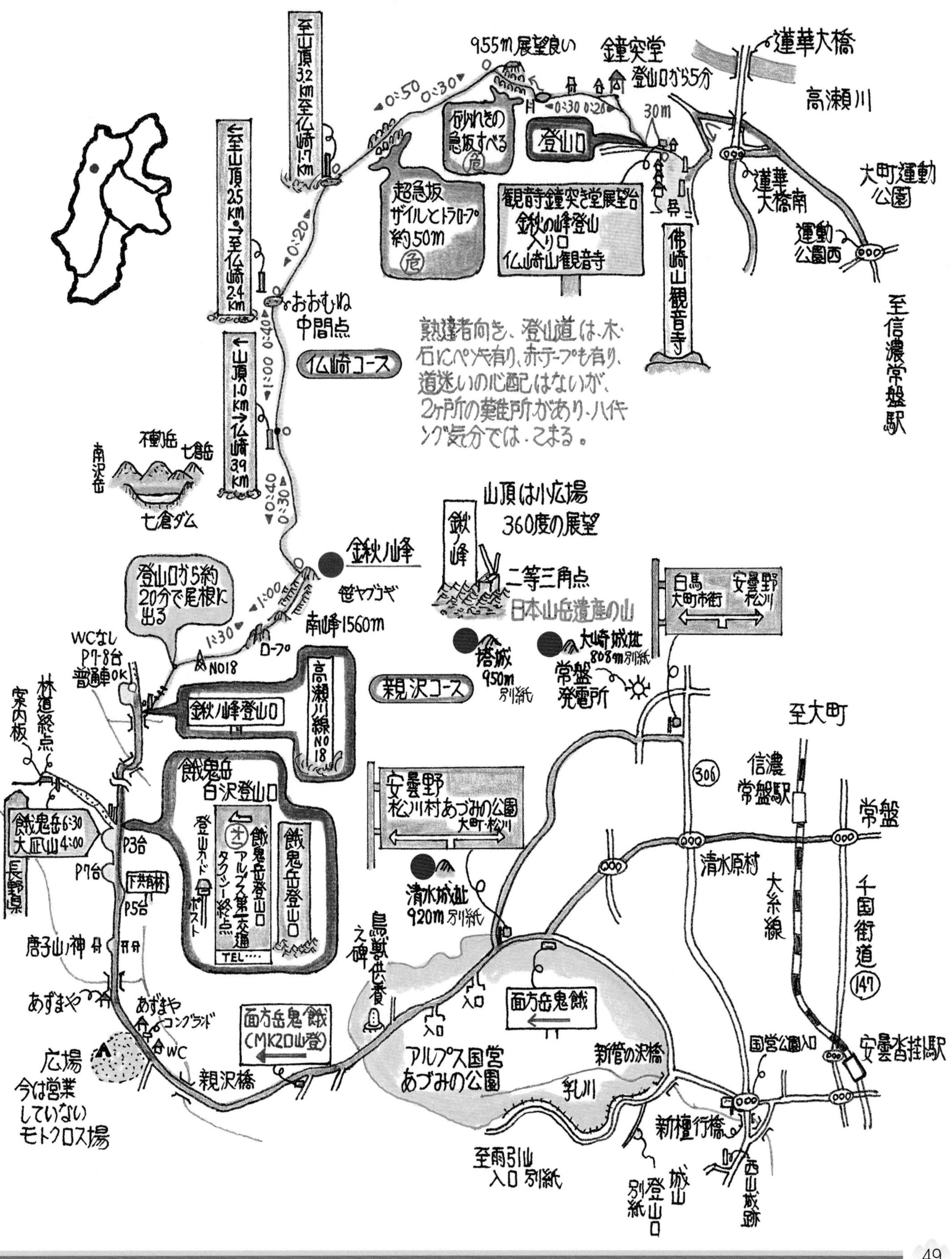

85 大町市の日向山 ひなたやま／1260m／往復2時間

大町市に有る山

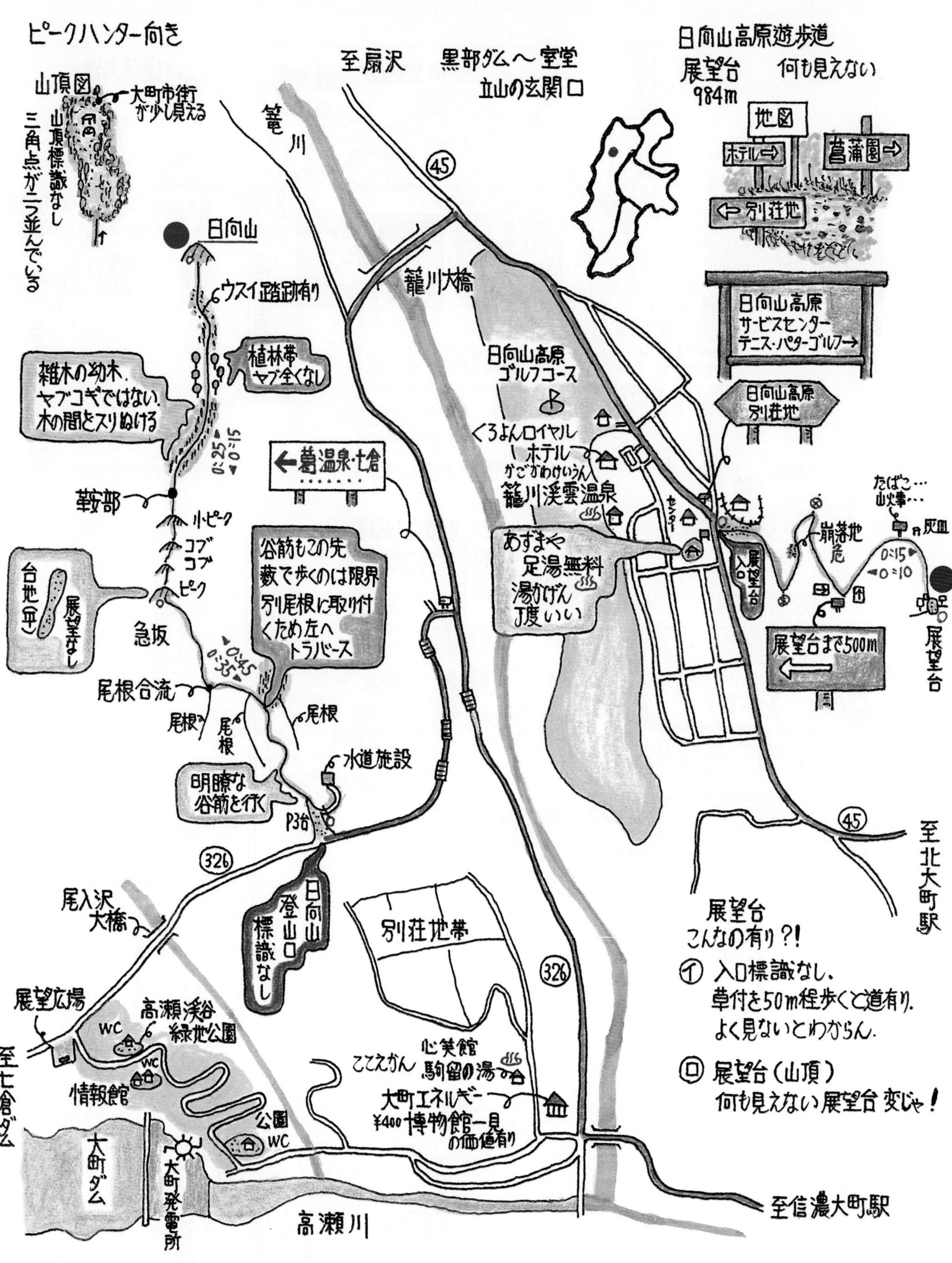

86 大町市の駒沢城址 こまざわじょうし／934m／往復30分

大町市に有る山

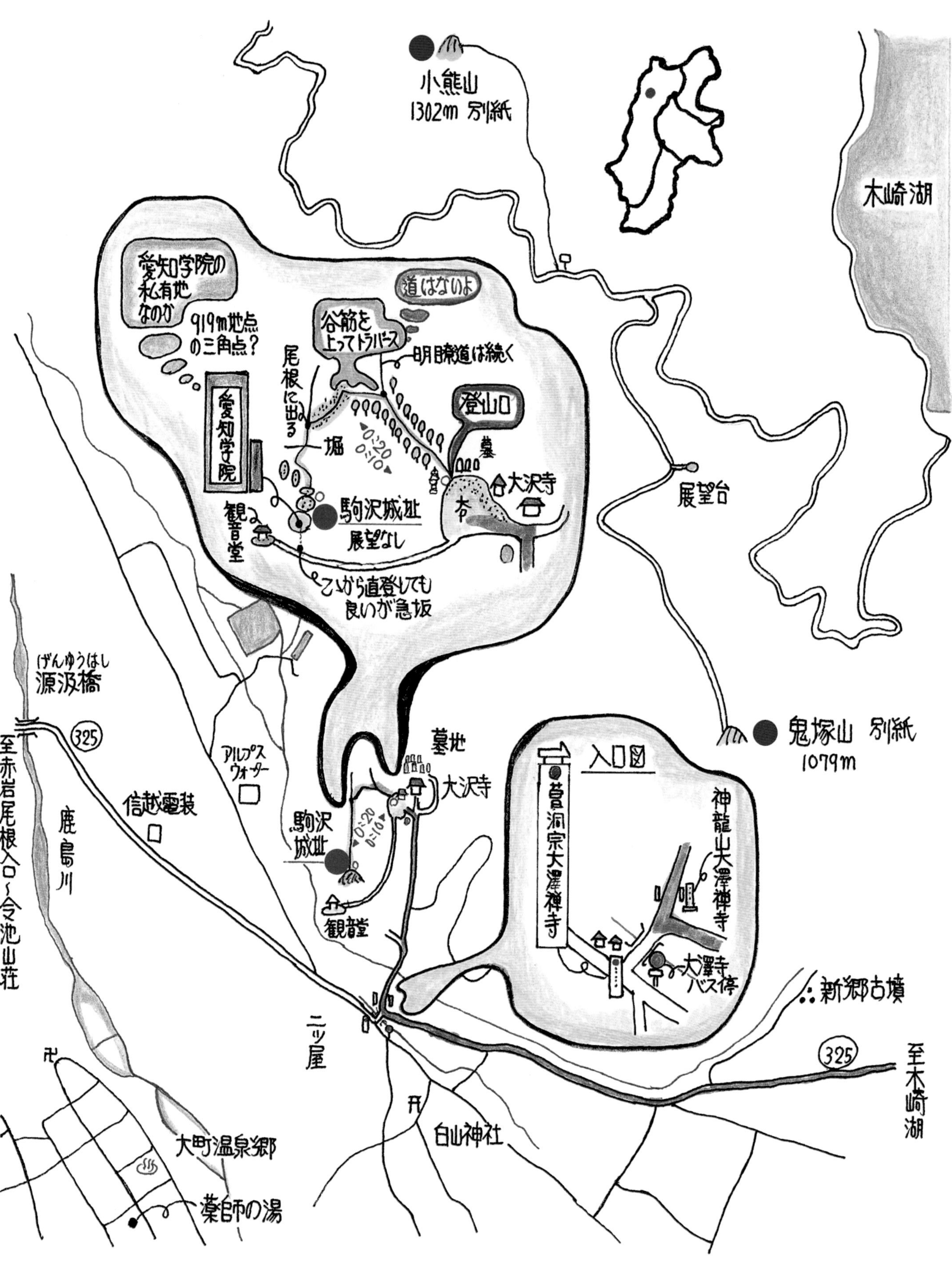

87 矢櫃山 やびつやま／1343m／往復3時間40分

大町市に有る山

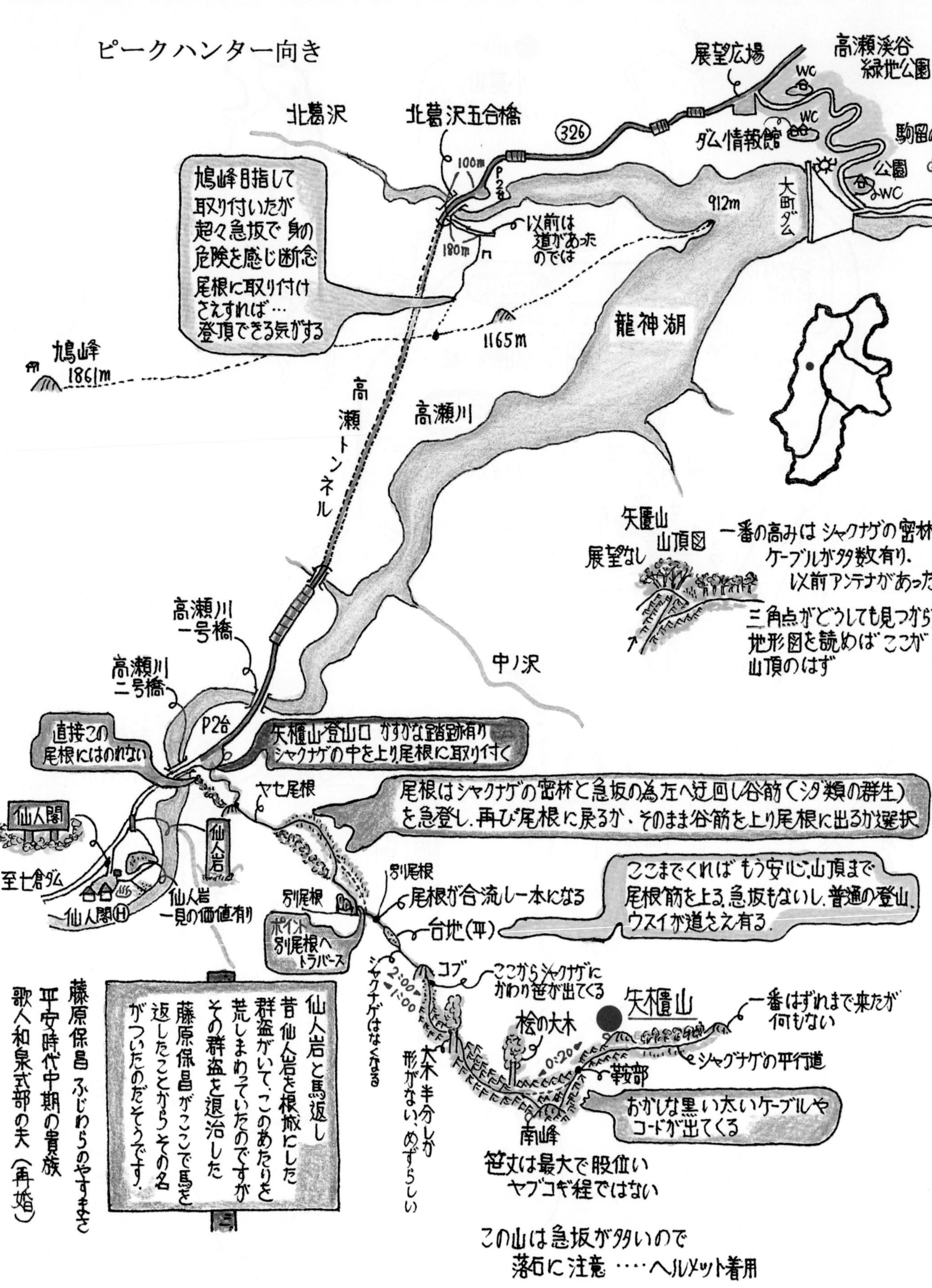

88 **北葛岳** きたくずだけ／2551m／往復14時間

89 **七倉岳** ななくらだけ／2509m／往復11時間

90 **船窪岳** ふなくぼだけ／2459m／往復13時間20分

91 **不動岳** ふどうだけ／2595m／往復15時間50分

92 **南沢岳** みなみさわだけ／2625m／往復12時間50分

93 大町市の**烏帽子岳** えぼしだけ／2628m／往復11時間20分

94 **三ッ岳** みつだけ／2844m／往復12時間30分

以上は、大町市と富山市の境の山

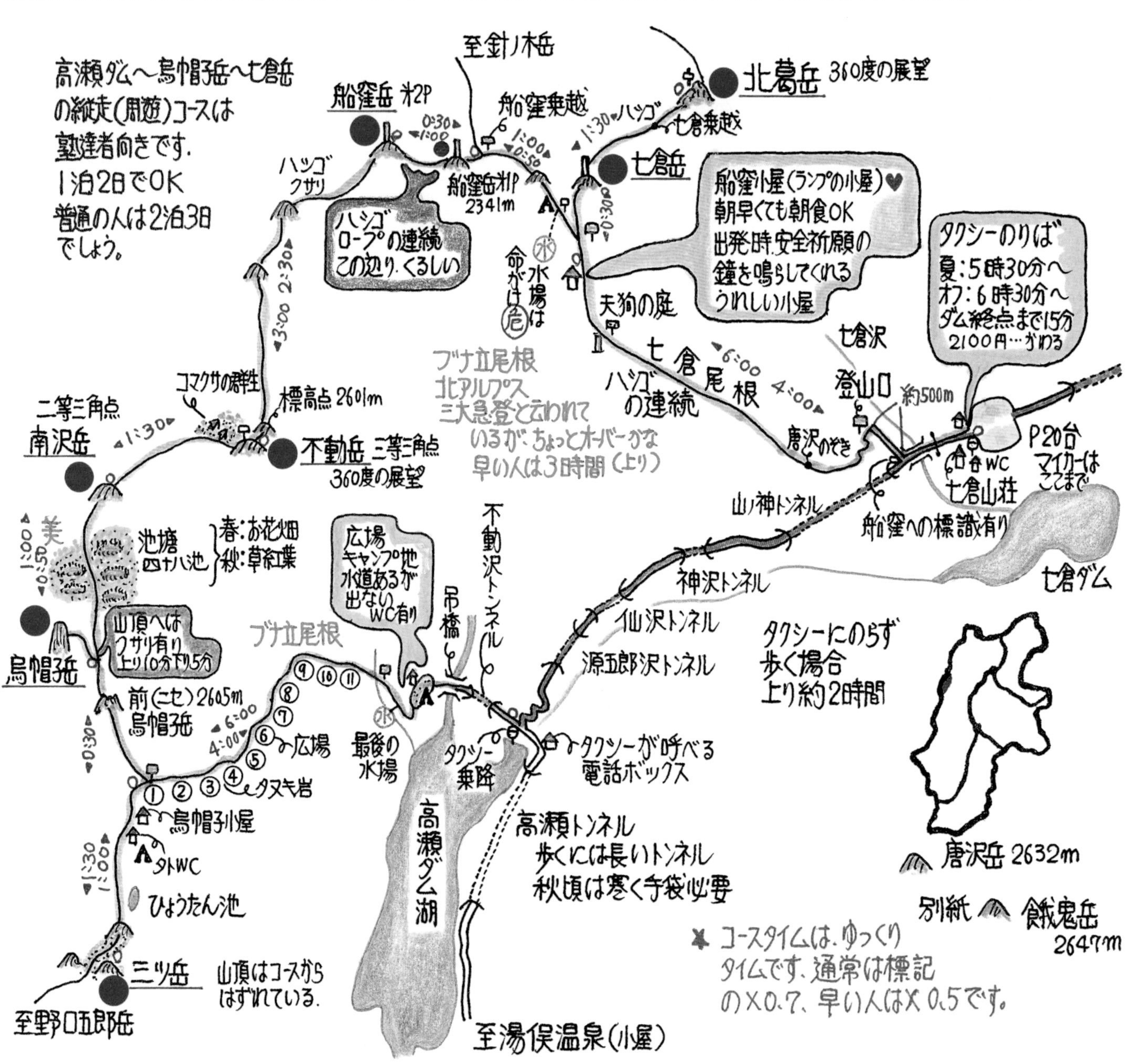

95 野口五郎岳 のぐちごろうだけ／2924m／往復19時間30分

96 真砂岳 まさごだけ／2862m／往復18時間30分

97 鷲羽岳 わしばだけ／2924m／往復25時間50分

以上は、大町市と富山県富山市の境の山

98 三俣蓮華岳 みつまたれんげだけ／2841m／往復29時間40分

大町市と岐阜県高山市と富山県富山市の境の山

99 双六岳 すごろくだけ／2860m／往復31時間40分

大町市と岐阜県高山市の境の山

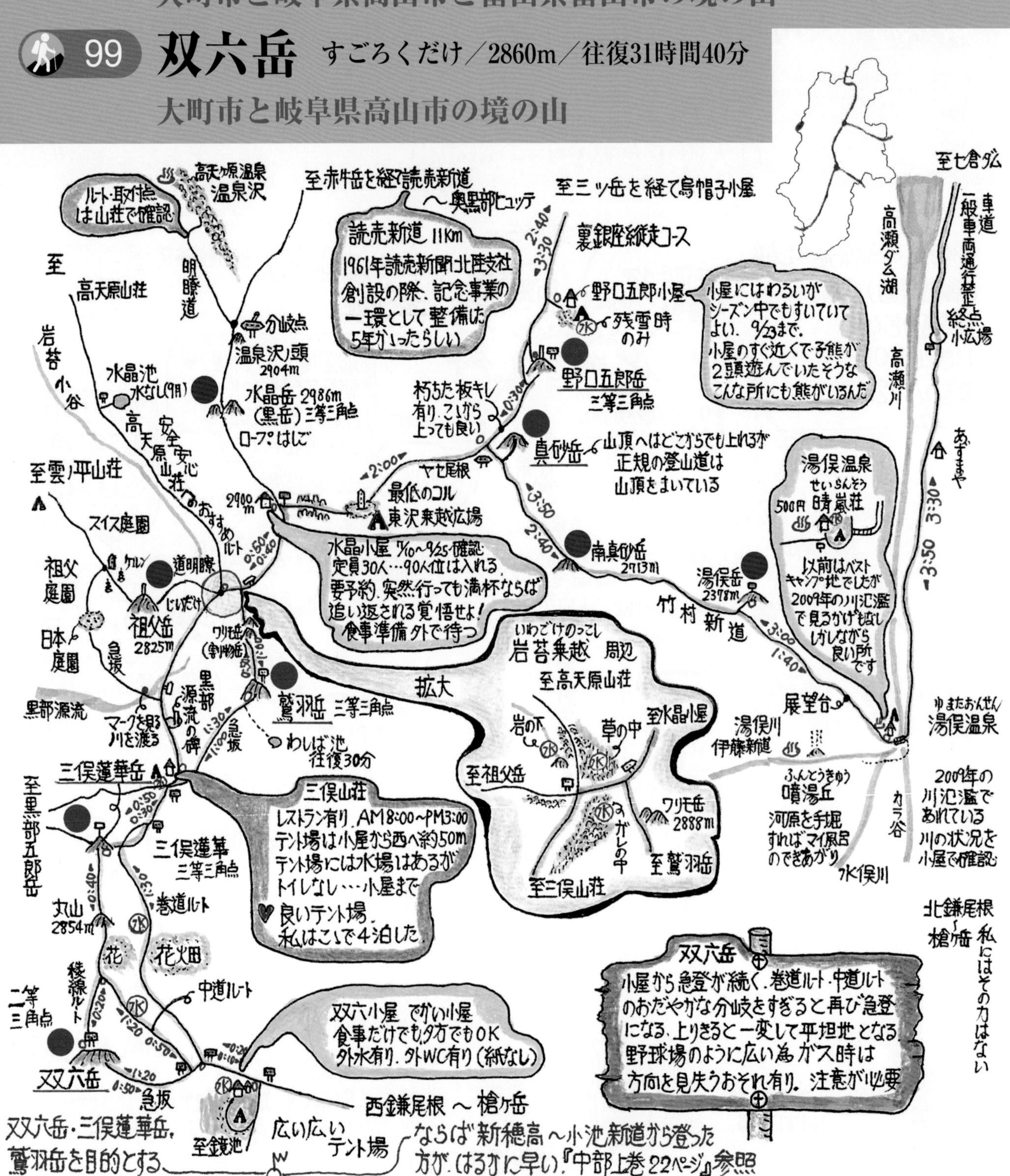

100 槍ヶ岳北鎌尾根（独標）きたかまおね（どっぴょう）／2899m／往復11時間40分

大町市に有る山

ルートは大別して３通り有る。
①高瀬ダム～湯俣温泉～水俣川～千天出合～北鎌のコルのクラッシックルート。
②槍沢～水俣乗越～天上沢～北鎌のコル（極一般的ルート）。
③大天井～貧乏沢～天上沢～北鎌のコル（一般的ルート）。
筆者は自信がないので①はさけ③のルートをとった。

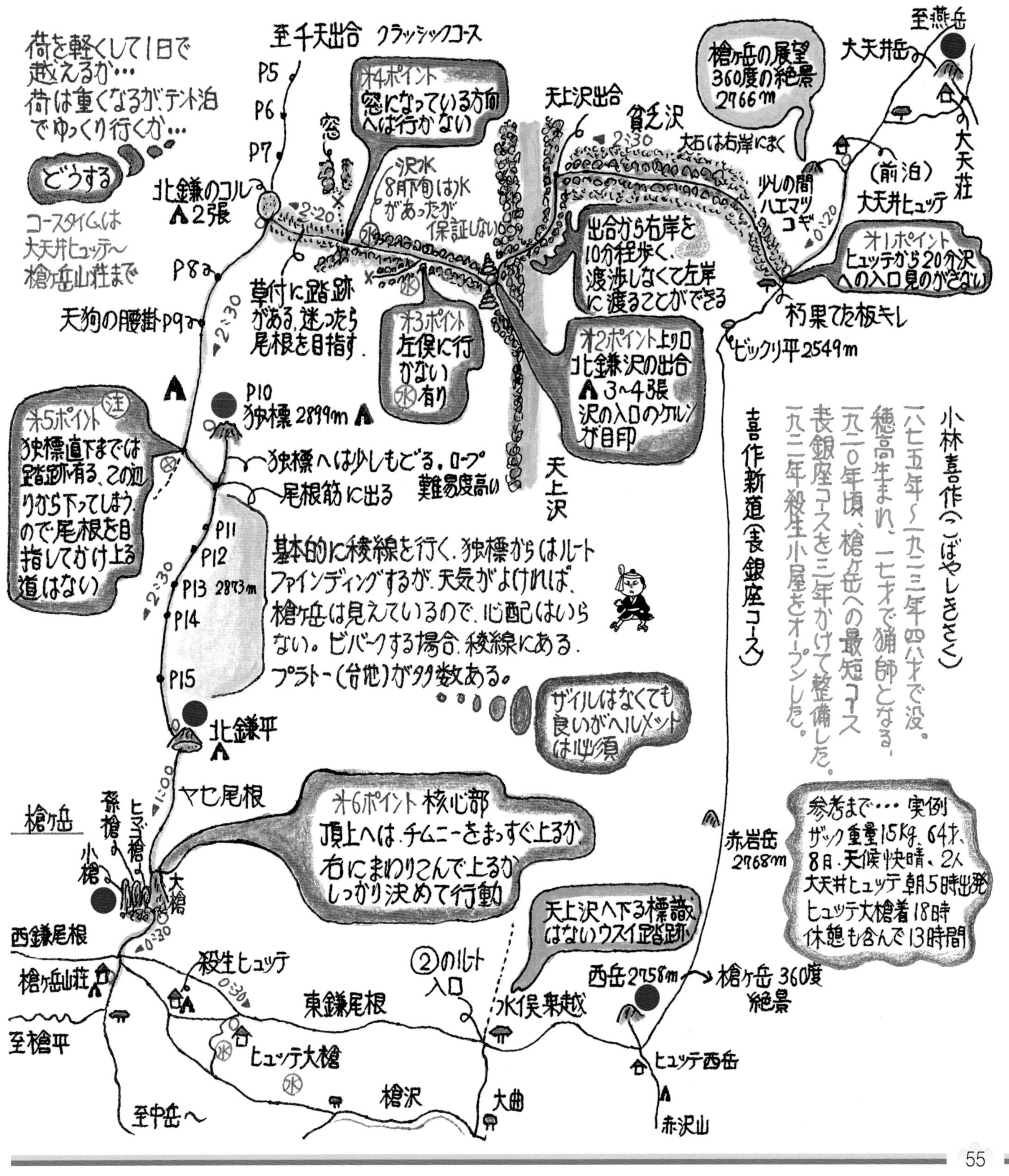

101 大町市の唐沢岳　からさわだけ／2632m／往復15時間10分

102 餓鬼岳　がきだけ／2647m／往復10時間50分

103 剣ズリ　けんずり／2644m／往復10時間50分

以上は、大町市に有る山

104 燕岳　つばくろだけ／2763m／往復8時間45分

105 東沢岳　とうざわだけ／2497m／往復9時間5分

106 東餓鬼岳　ひがしがきだけ／2490m／往復13時間5分

以上は、大町市と安曇野市の境の山

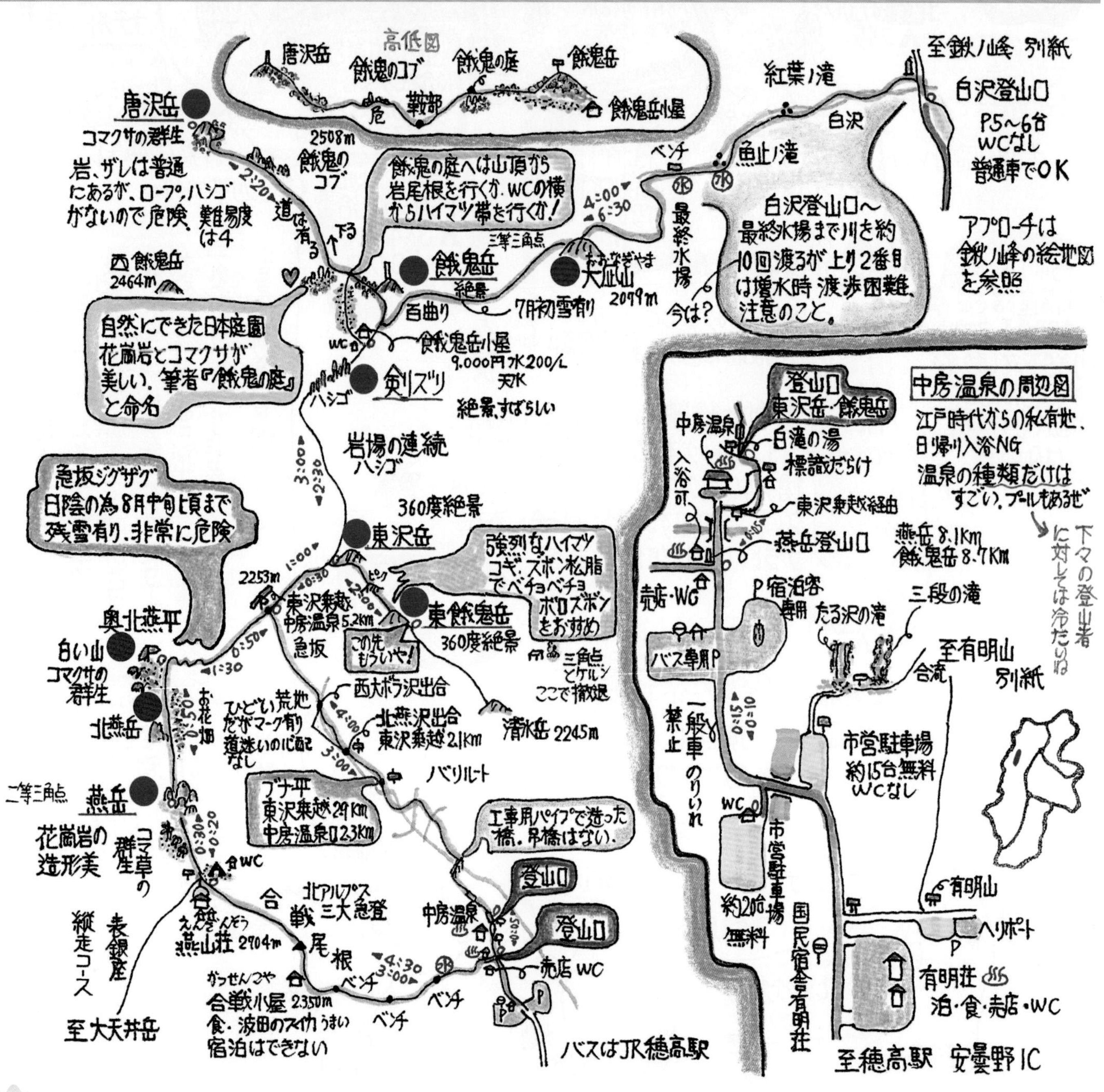

107 松川村の唐沢山　からさわやま／1575m／往復4時間

松川村と大町市の境の山

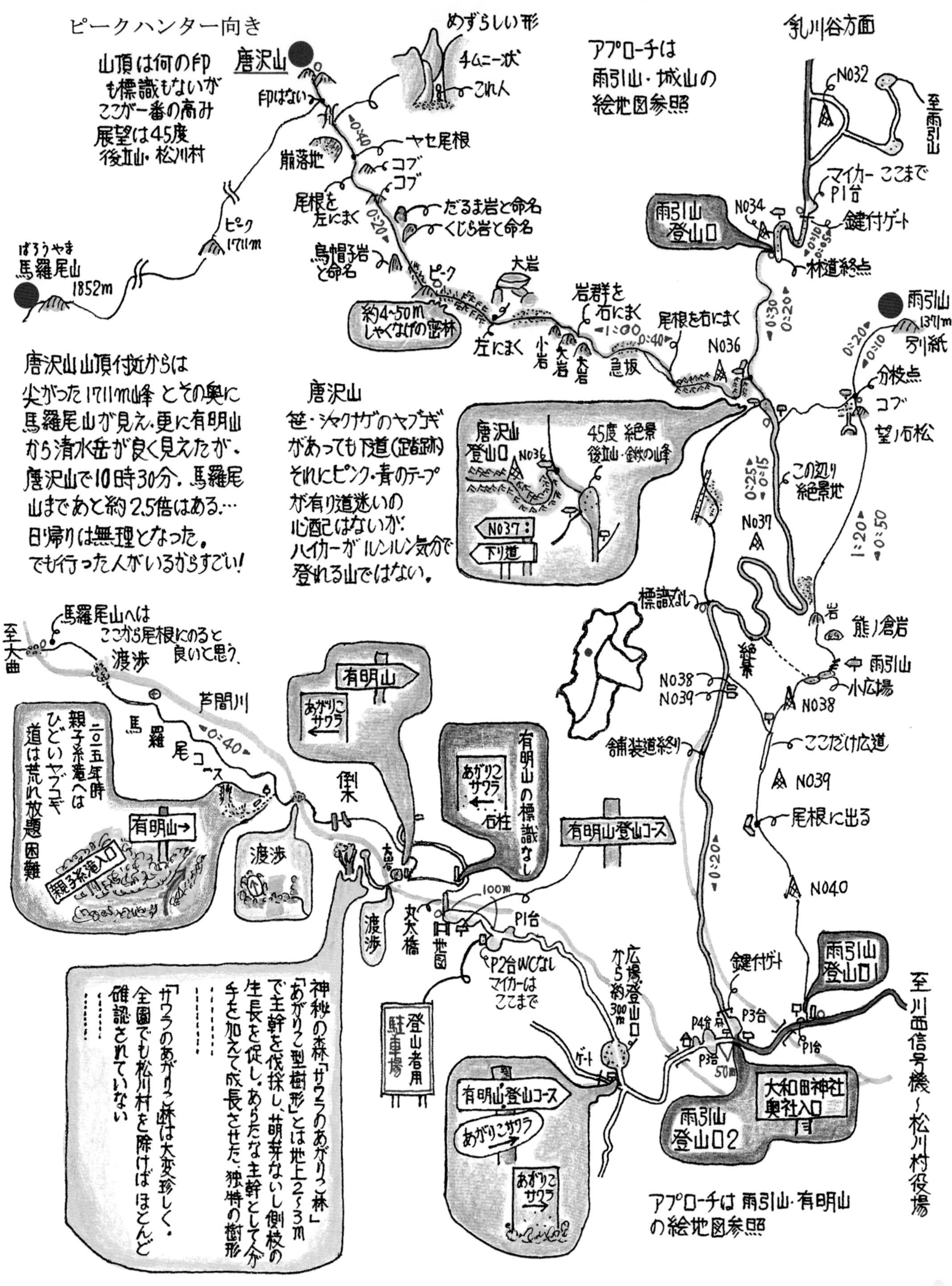

108 雨引山 あまびきやま／1371m／往復2時間10分

別名：天の吹山

109 松川村の城山 じょうやま／870m／往復1時間10分

別名：地元では西山城跡

以上は、大町市と松川村の境の山

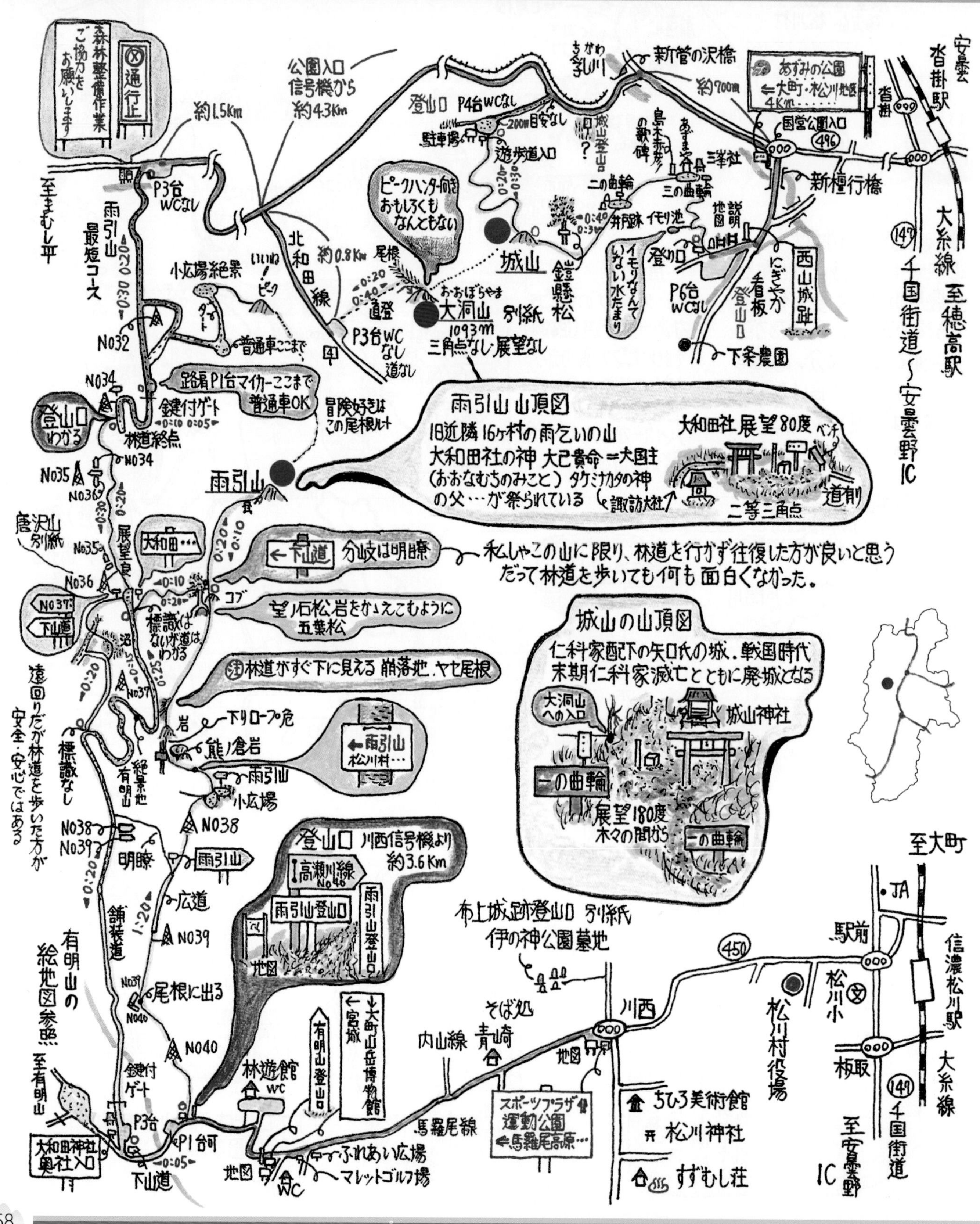

110 松川村の大洞山 おおぼらやま／1093m／往復1時間

大町市と松川村の境の山

111 観勝院山城跡 かんしょういんさんじょうせき／820m／往復1時間15分

別名：大和田山城

112 布上山城跡 ぬのかみやまじょうせき／993m／往復2時間

以上は、松川村に有る山

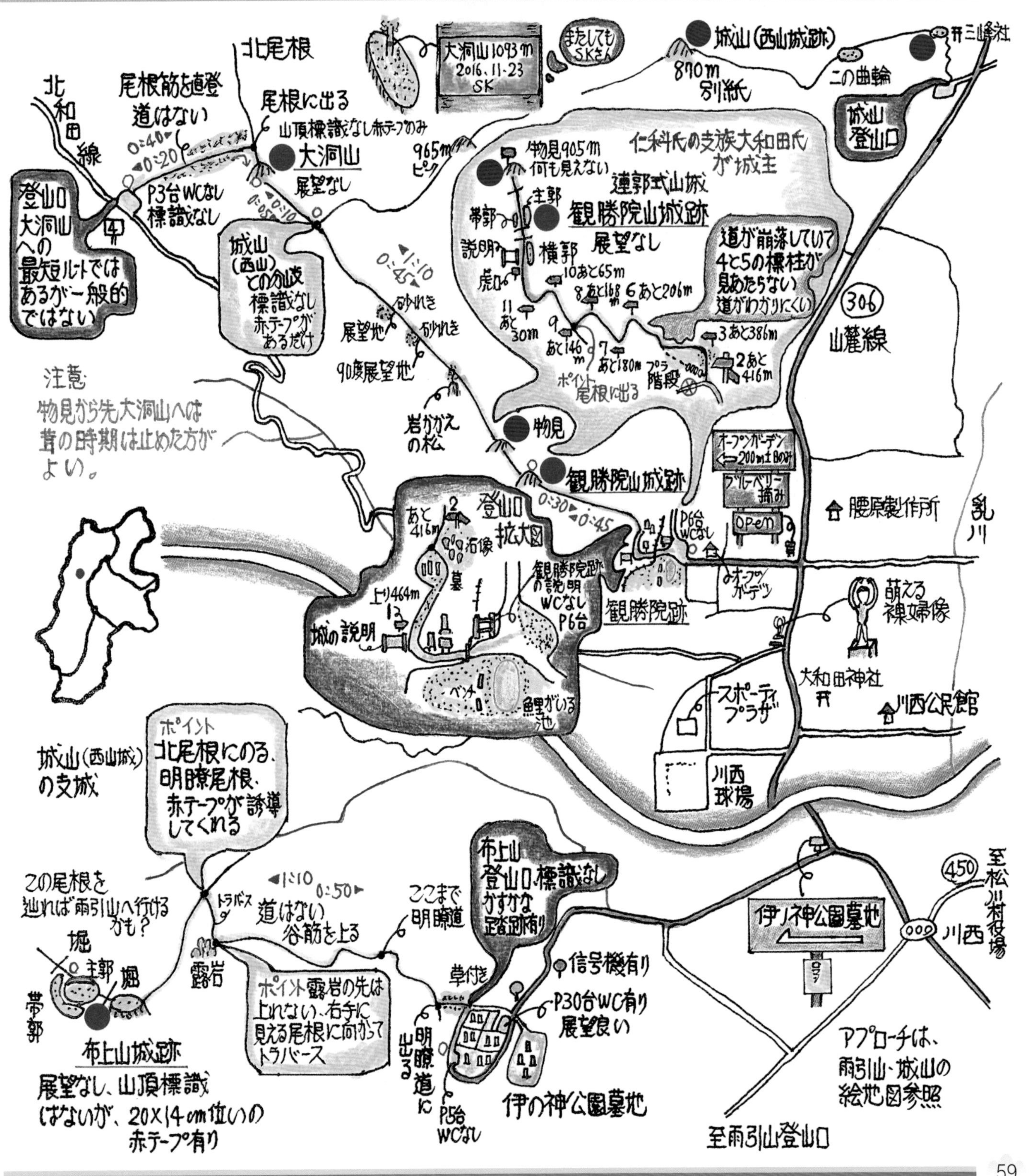

113 花岡城址　はなおかじょうし／788m／往復50分

114 中島城址　なかじまじょうし／768m／往復10分

115 白駒城址　しろこまじょうし／801m／往復5分

以上は、池田町に有る山

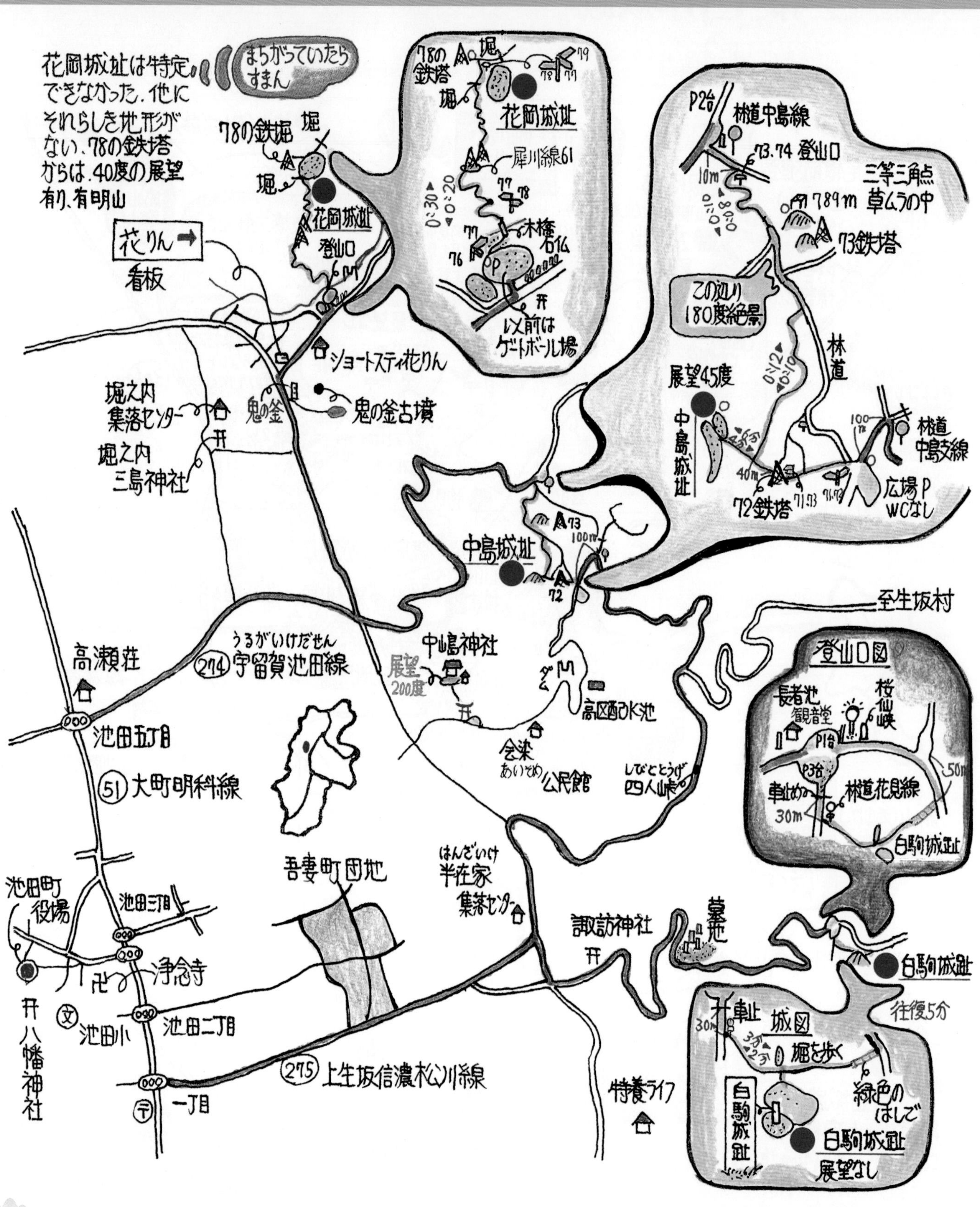

116 大穴山 おおあなやま／849m／往復25分

池田町と安曇野市の境の山

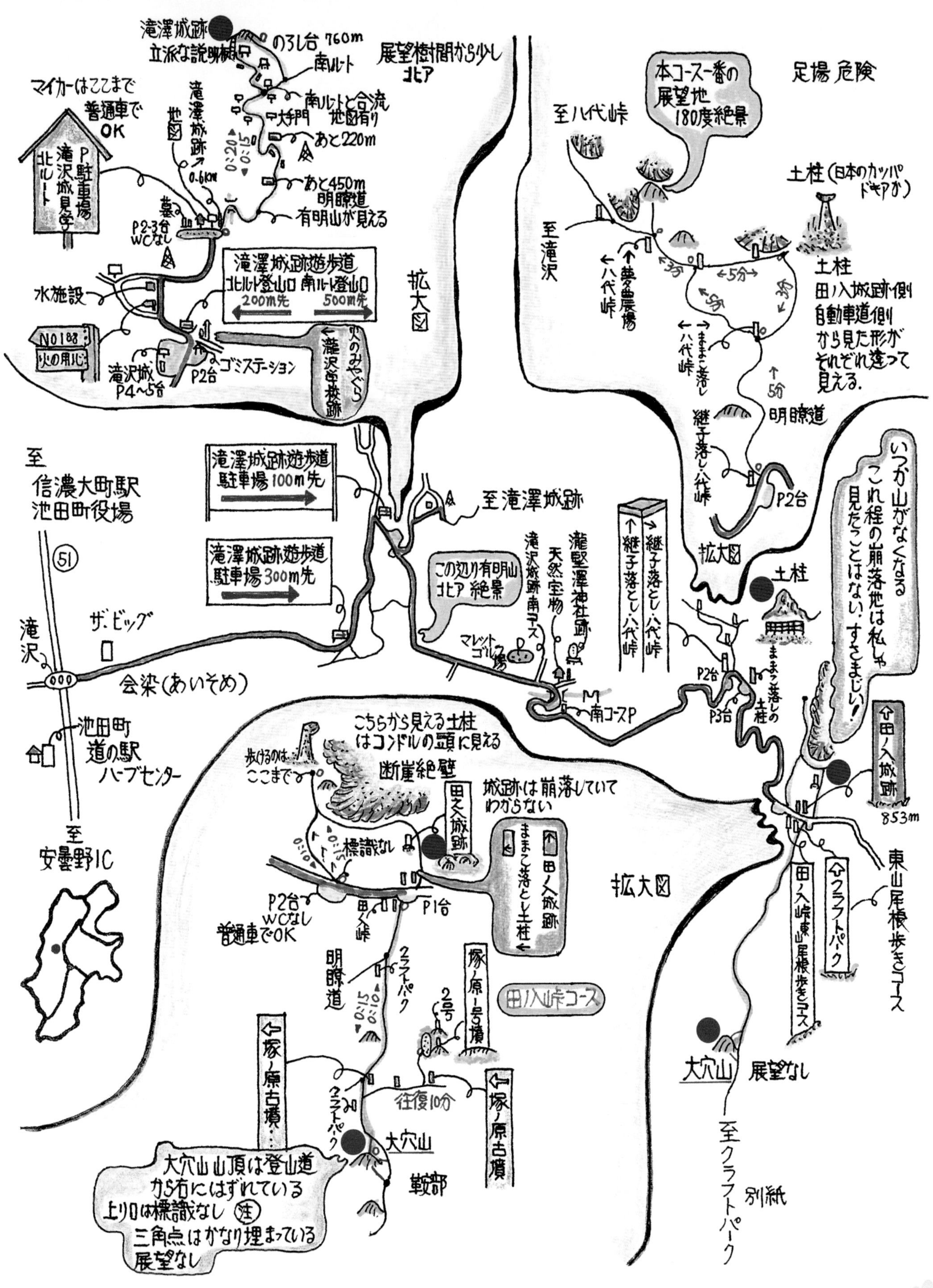

116 大穴山　おおあなやま／849m／往復2時間10分

117 鵜山城跡　うやまじょうせき／808m／往復1時間25分

以上は、池田町と安曇野市の境の山

118 渋田見城跡　しぶたみじょうせき／755m／往復55分

池田町に有る山

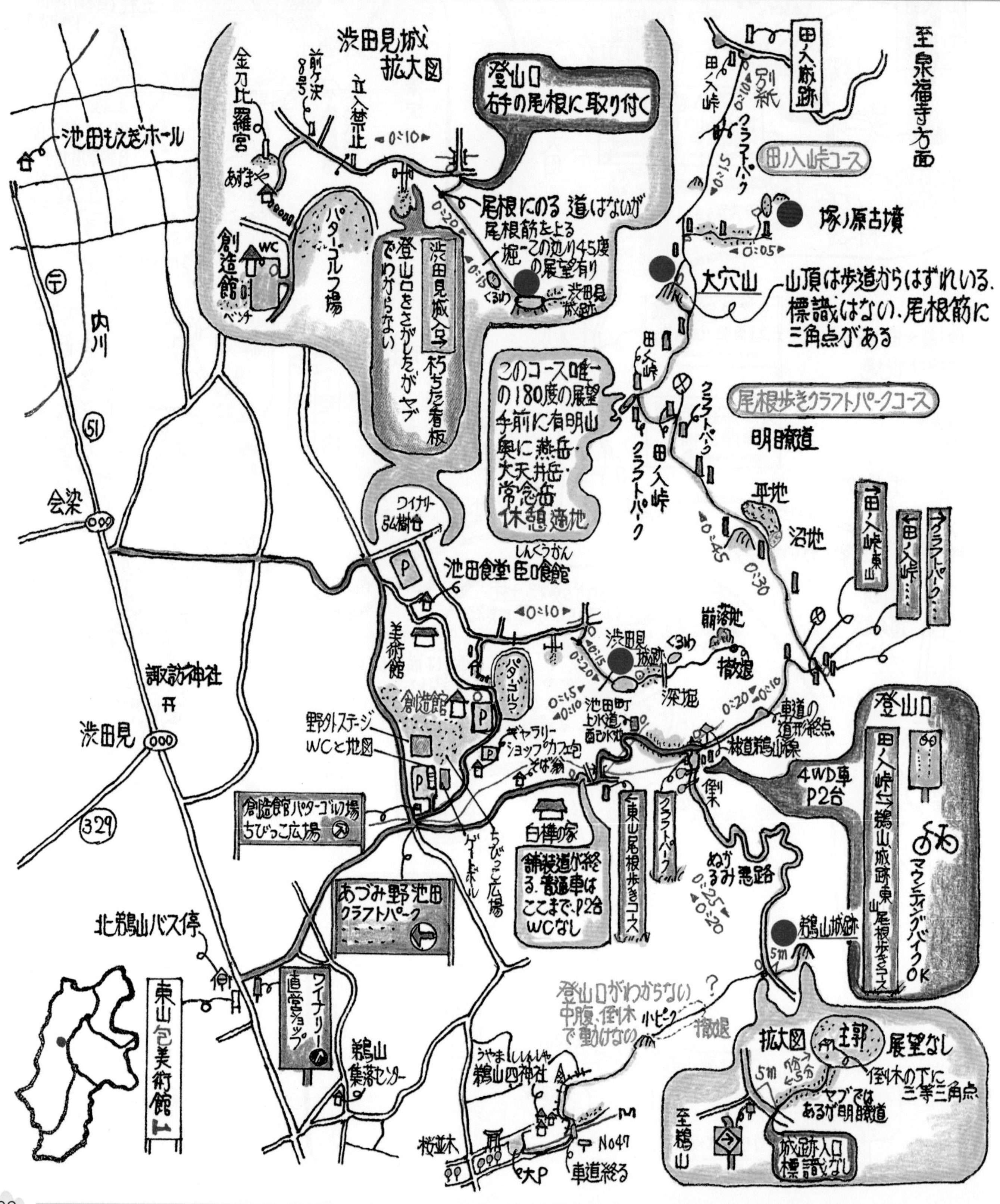

119 高照山 たかてるやま／919m／往復20分

池田町に有る山

桜・白根葵（シラネアオイ）・歌碑100基で有名、見所は５月連休前後、最盛期は駐車場が不足する…手前の公衆トイレ・路肩等駐車して歩く方が無難。

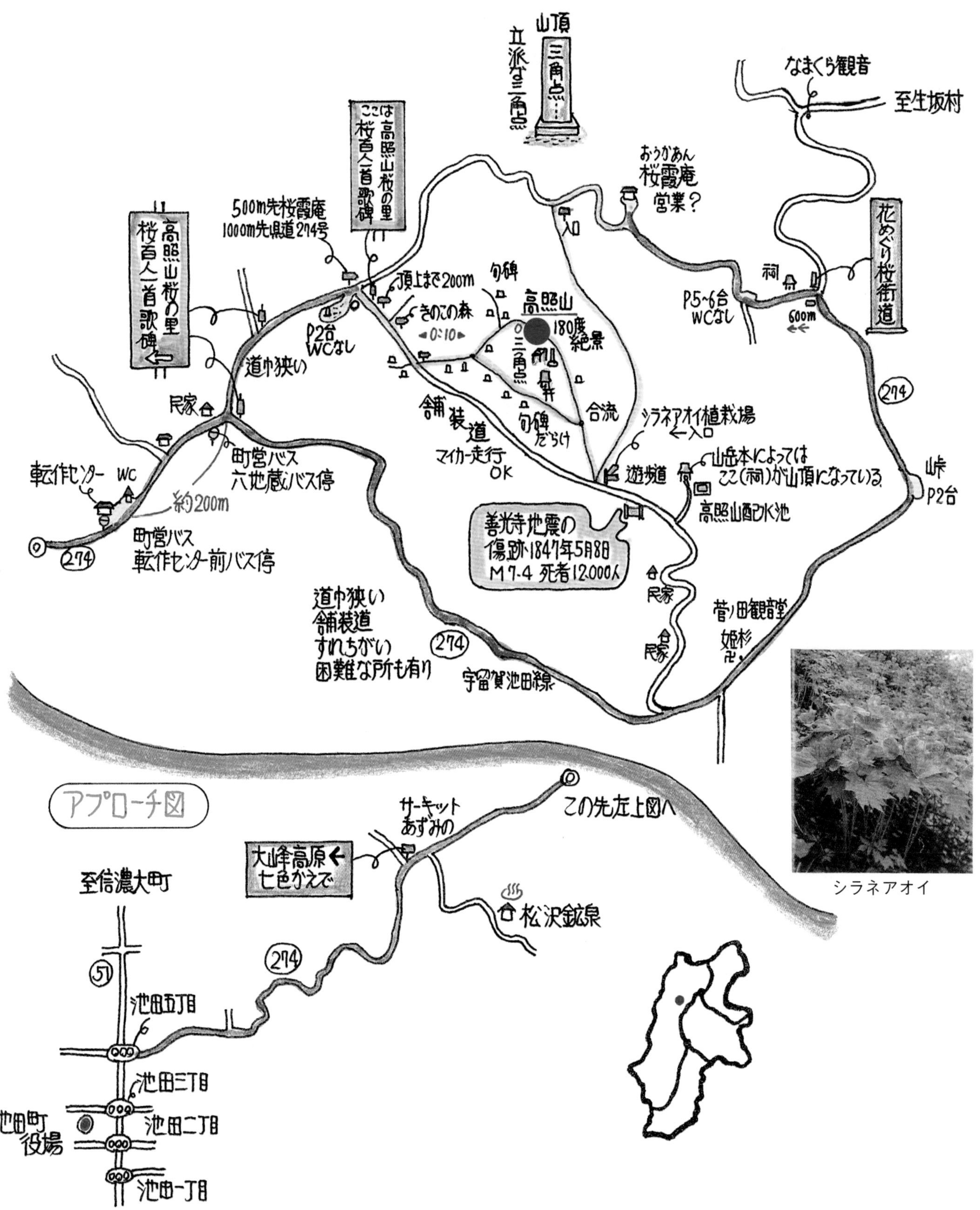

シラネアオイ

120 佐野山城址　さのやまじょうし／708m／往復40分

121 龍王城跡　りゅうおうじょうせき／720m／往復0分

以上は、千曲市に有る山

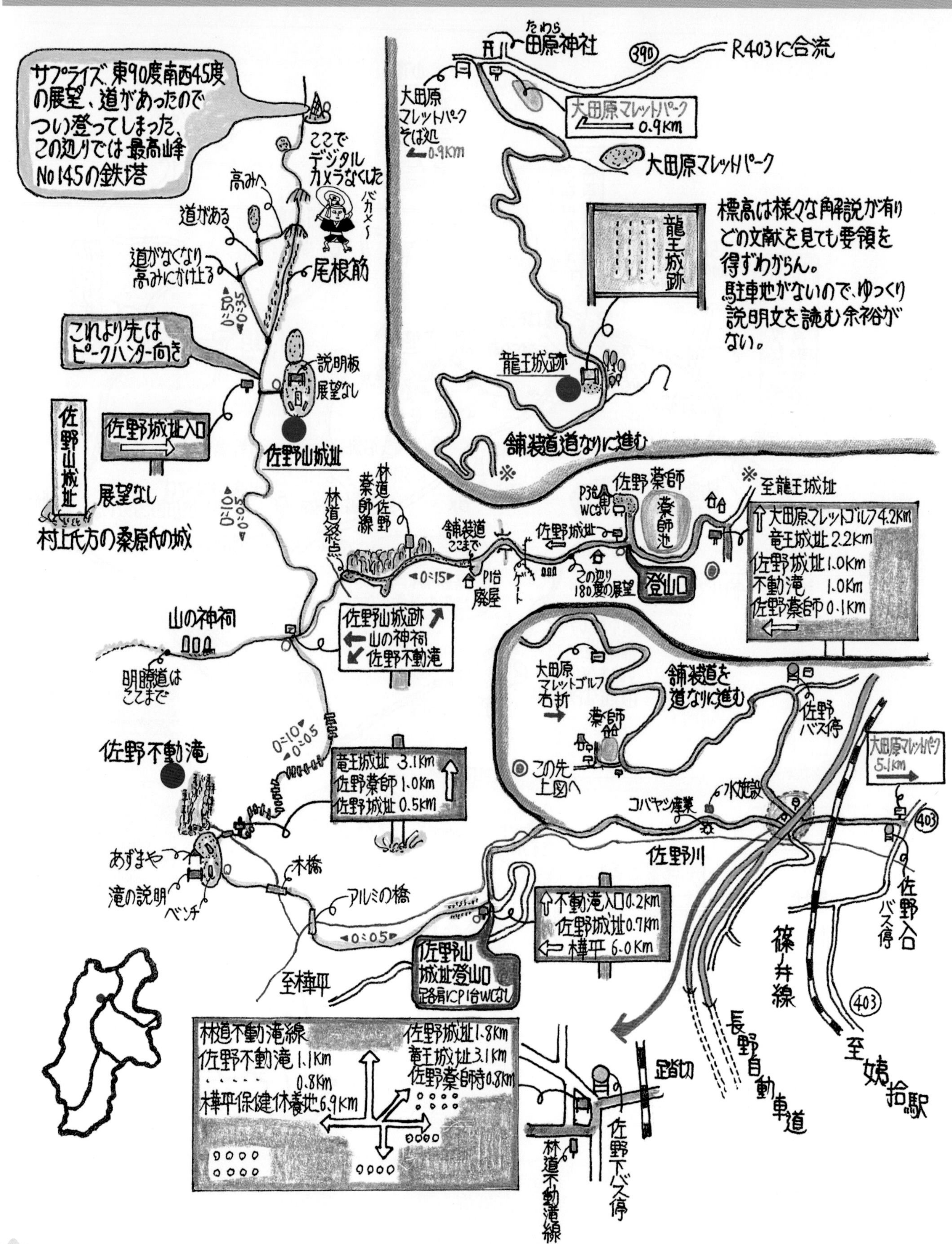

122 小坂山　こさかやま／660m／往復50分

千曲市と長野市の境の山

123 小坂城址　こさかじょうし／573m／往復30分

千曲市に有る山

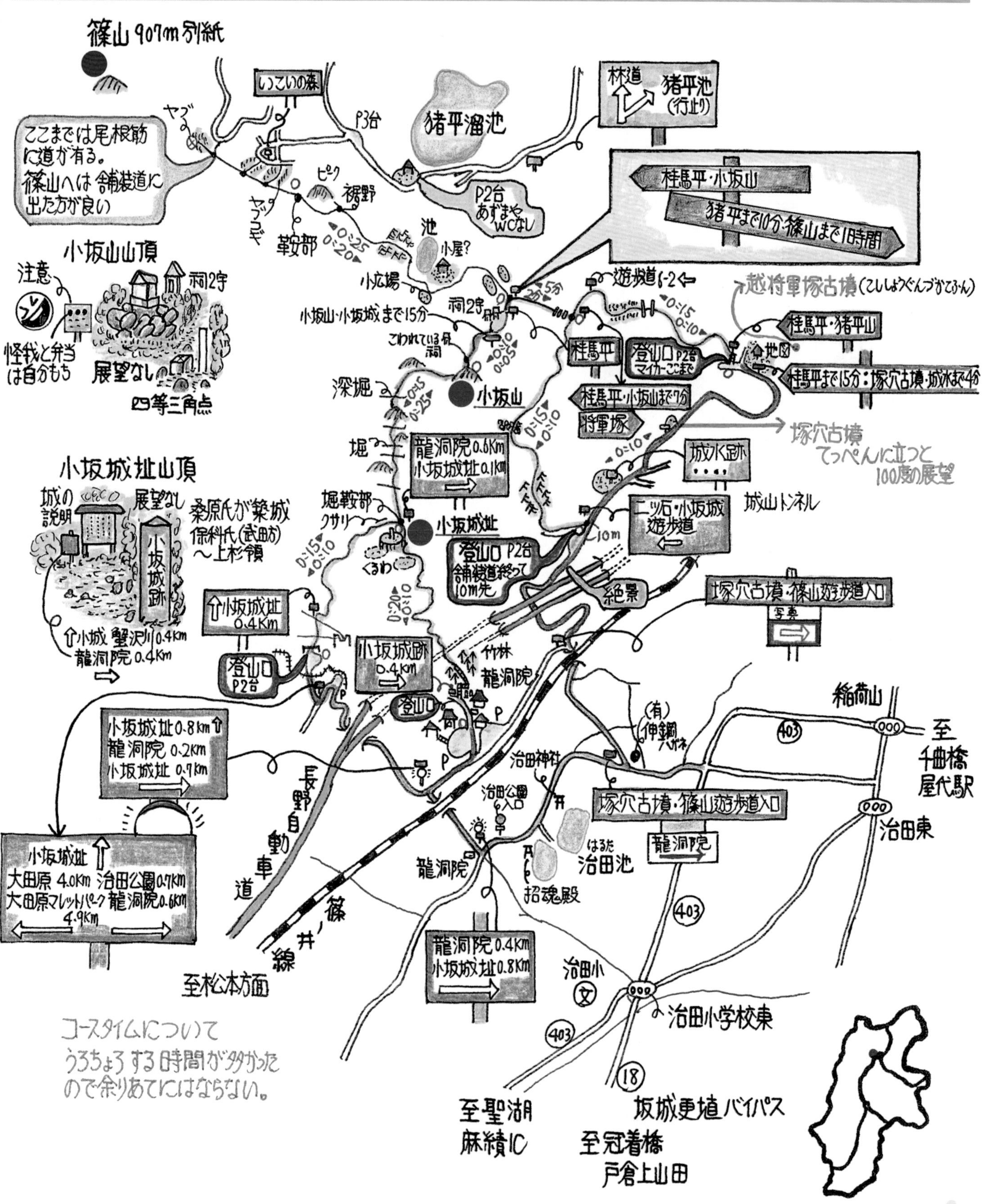

124 一重山　ひとえやま／458m／往復25分

別名：一重山城又は屋代城跡（やしろじょうせき）

125 千曲市の有明山　ありあけやま／651m／往復1時間

以上は、千曲市に有る山

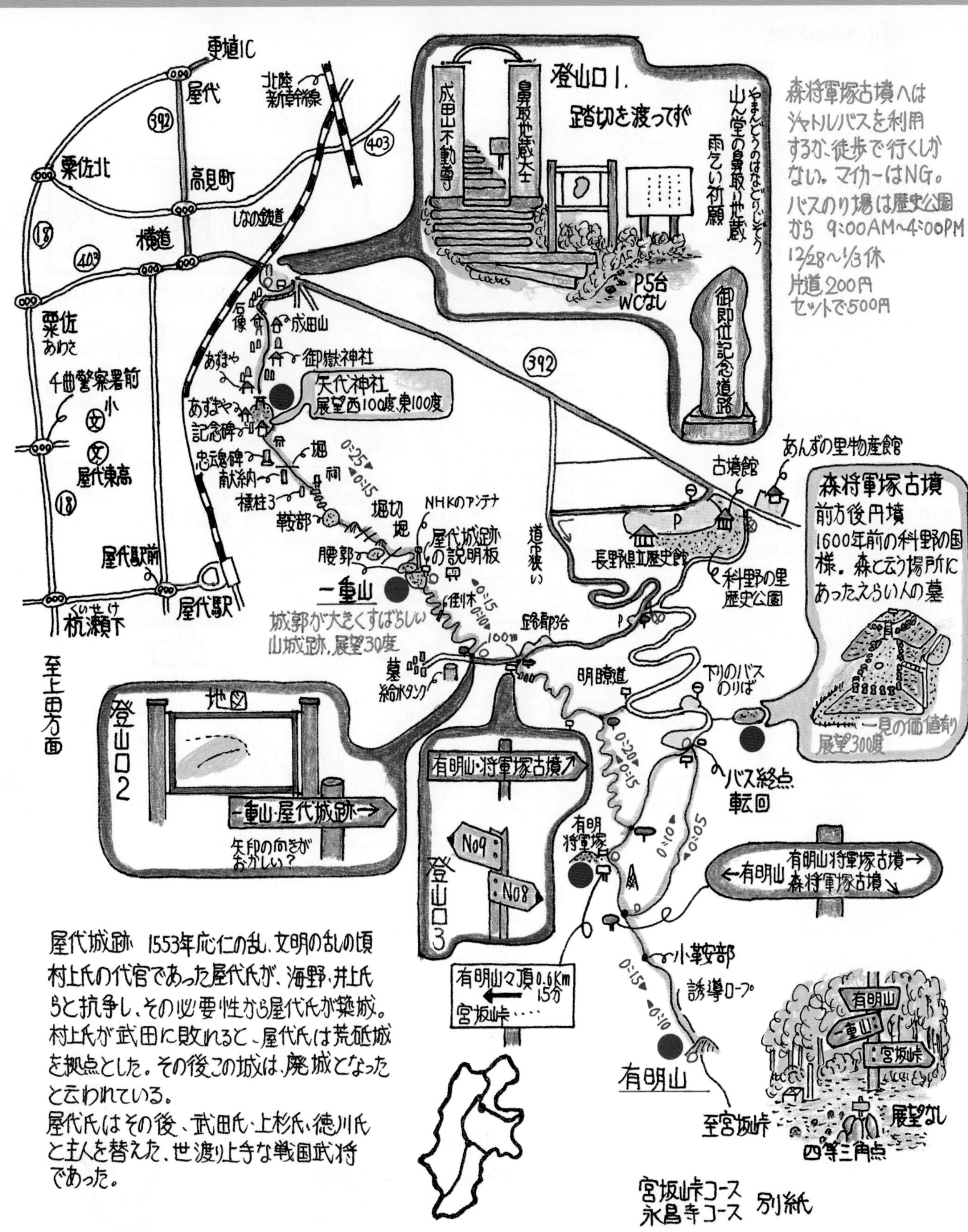

屋代城跡　1553年応仁の乱、文明の乱の頃村上氏の代官であった屋代氏が、海野、井上氏らと抗争し、その必要性から屋代氏が築城。村上氏が武田に敗れると、屋代氏は荒砥城を拠点とした。その後この城は、廃城となったと云われている。
屋代氏はその後、武田氏、上杉氏、徳川氏と主人を替えた、世渡り上手な戦国武将であった。

125 千曲市の有明山　ありあけやま／651m／往復1時間35分

千曲市に有る山

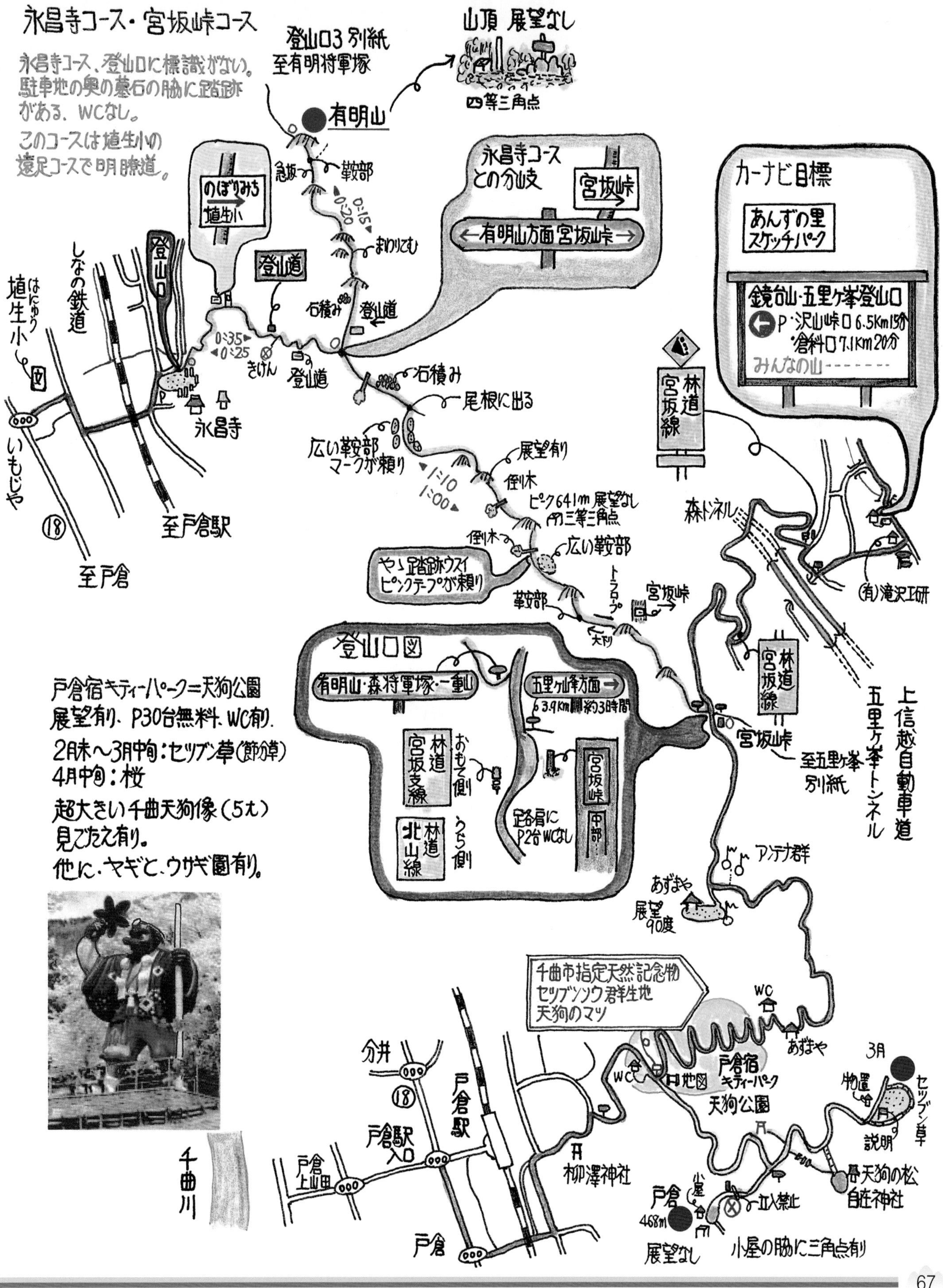

126 摺鉢山 すりばちやま／881m／往復1時間40分

別名：伊勢崎城址又は竹把城址（たけたばじょうし）

127 上田市の三ッ頭山 みつかしらやま／922m／往復50分

以上は、上田市と坂城町の境の山

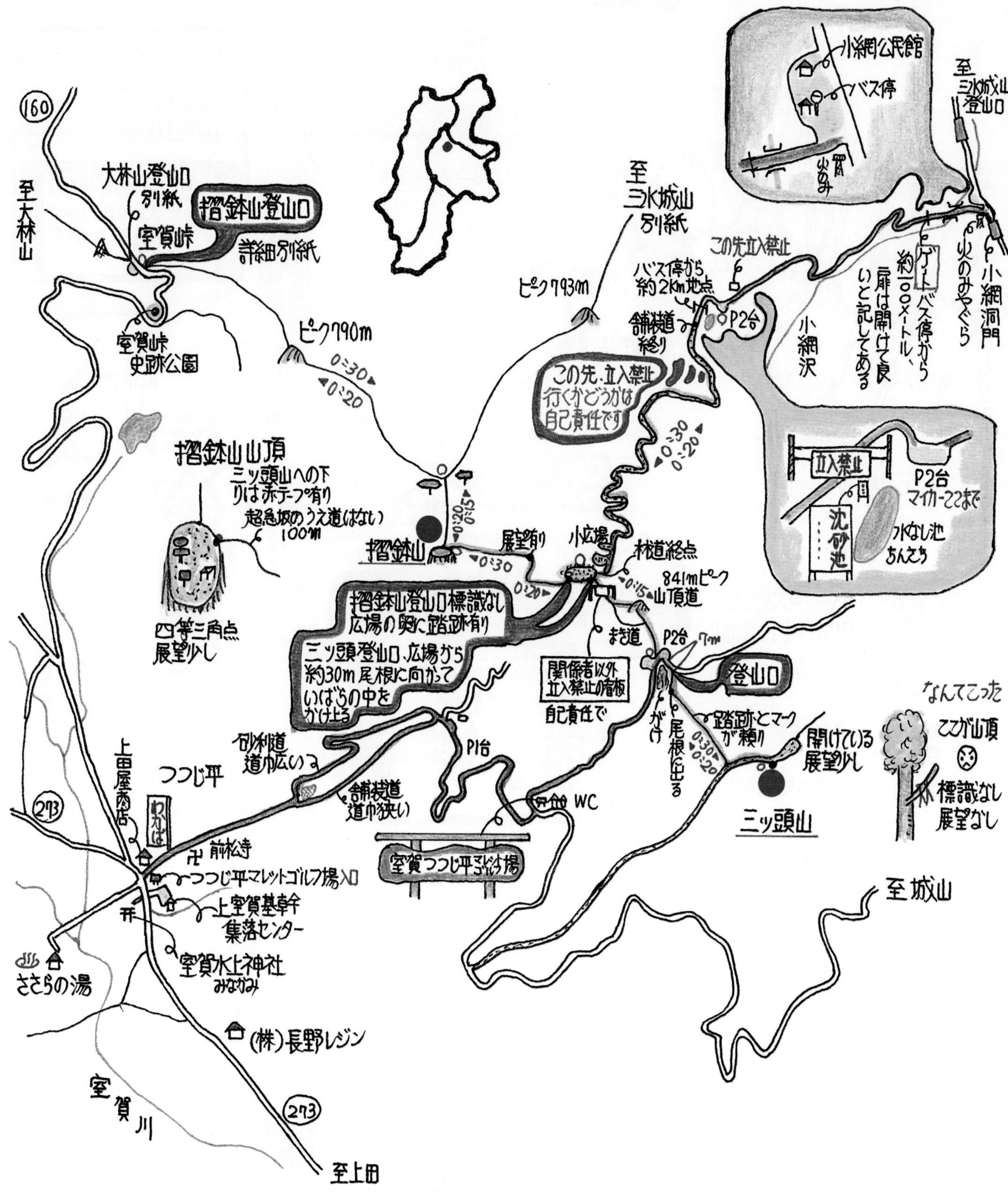

126 摺鉢山　すりばちやま／881m／往復1時間25分

上田市と坂城町の境の山

128 三水城山　さみずじょうやま／789m／往復1時間45分

坂城町に有る山

十六夜観月殿（いざよいかんげつでん）……芭蕉の句碑
平安時代1094年村上氏の祖、源盛清は配流のこの地で月を眺めて心を慰めた、1390年頃村上満清が勧月殿を建てた、現在のものは、1856年建立のもの、更級（さらしな）八景の一つである。
更級八景…葛尾の晴風・十六夜の秋月・猪落の夜雨・千曲の帰帆・福泉寺の晩鐘・鰕島（えびじま）の落雁・太郎山の夕照（せきしょう）・戸隠の暮雪

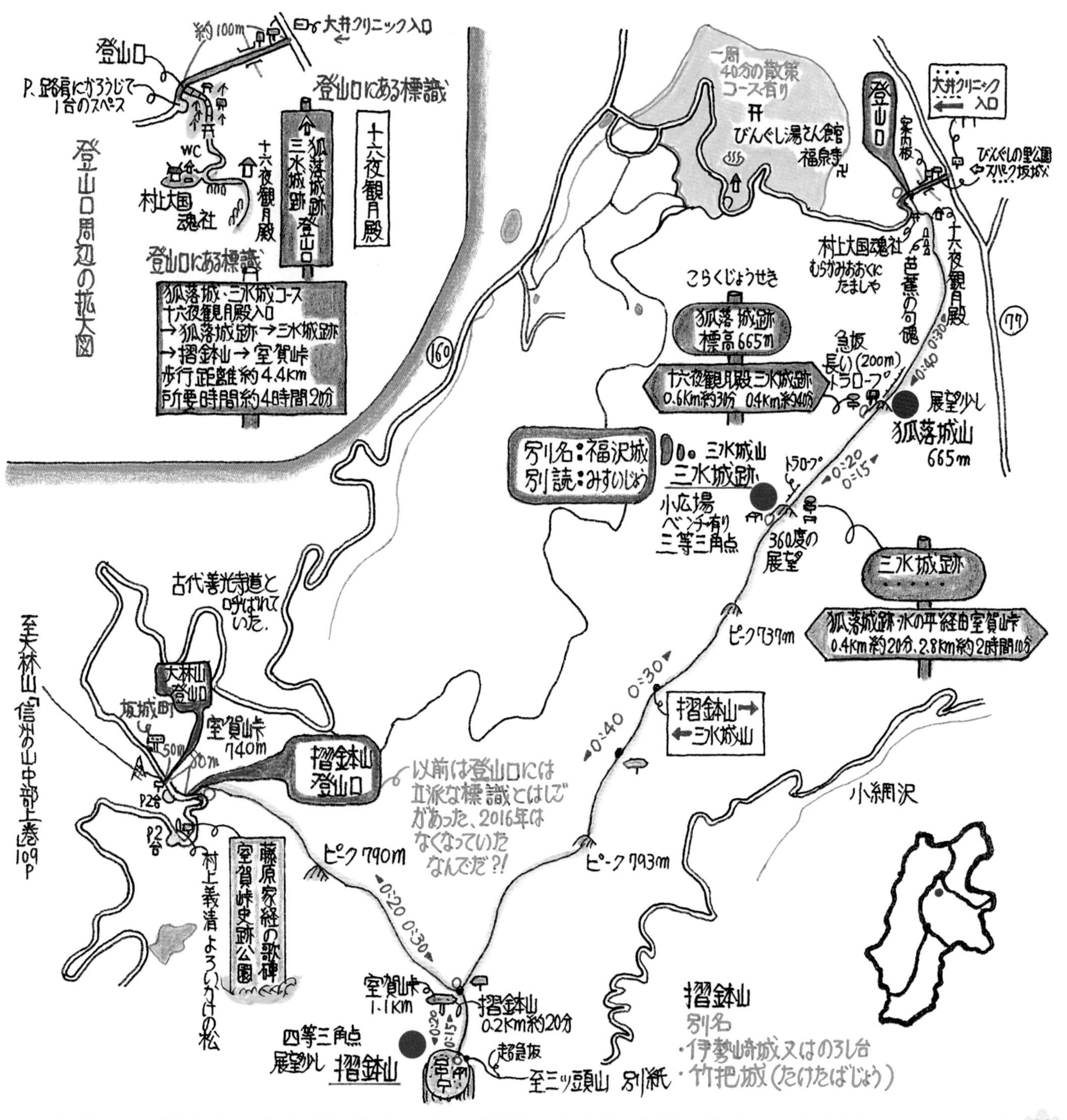

129 岩井堂山 いわいどうさん／793m／往復1時間45分

地元では、自在山（じざいさん） 別名：傘山（からかさやま）
千曲市と坂城町の境の山

出浦（いでうら）盛清の城（烽火台）：村山義清の重臣…武田に敗れ、敵であった武田に仕える…武田滅亡後織田信長の家臣森長可（もりながよし…これまた武田の敵）の配下となる…本能寺の変後…1583年真田昌幸（幸村の父）・信之（幸村の兄）に仕える…忍者と言われているが…戦国生き残りとは言え、主君を４回もかえている。

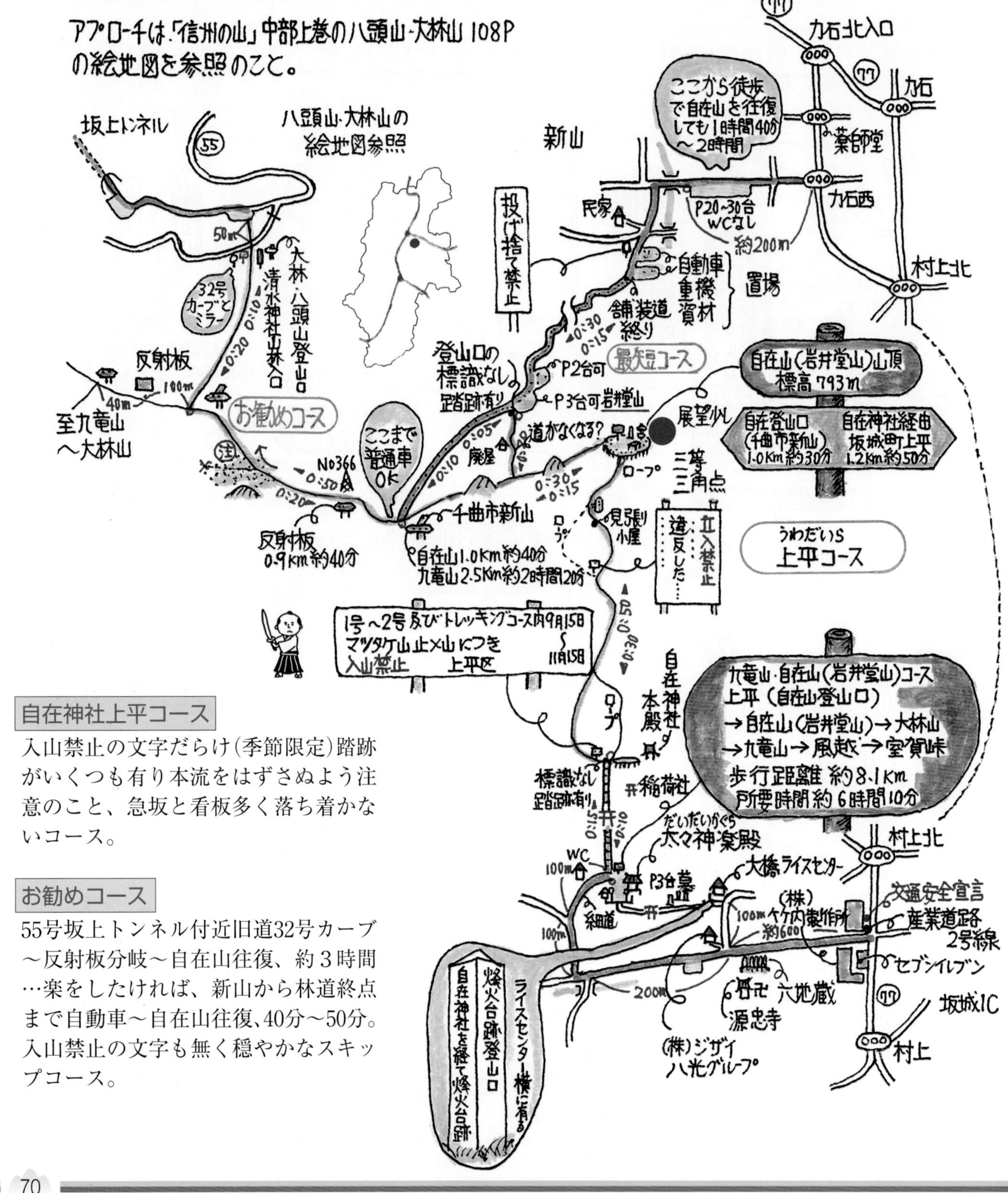

自在神社上平コース

入山禁止の文字だらけ（季節限定）踏跡がいくつも有り本流をはずさぬよう注意のこと、急坂と看板多く落ち着かないコース。

お勧めコース

55号坂上トンネル付近旧道32号カーブ～反射板分岐～自在山往復、約３時間…楽をしたければ、新山から林道終点まで自動車～自在山往復、40分～50分。入山禁止の文字も無く穏やかなスキップコース。

130 葛尾城址 かつらおじょうし／805m／往復2時間

千曲市と坂城町の境の山

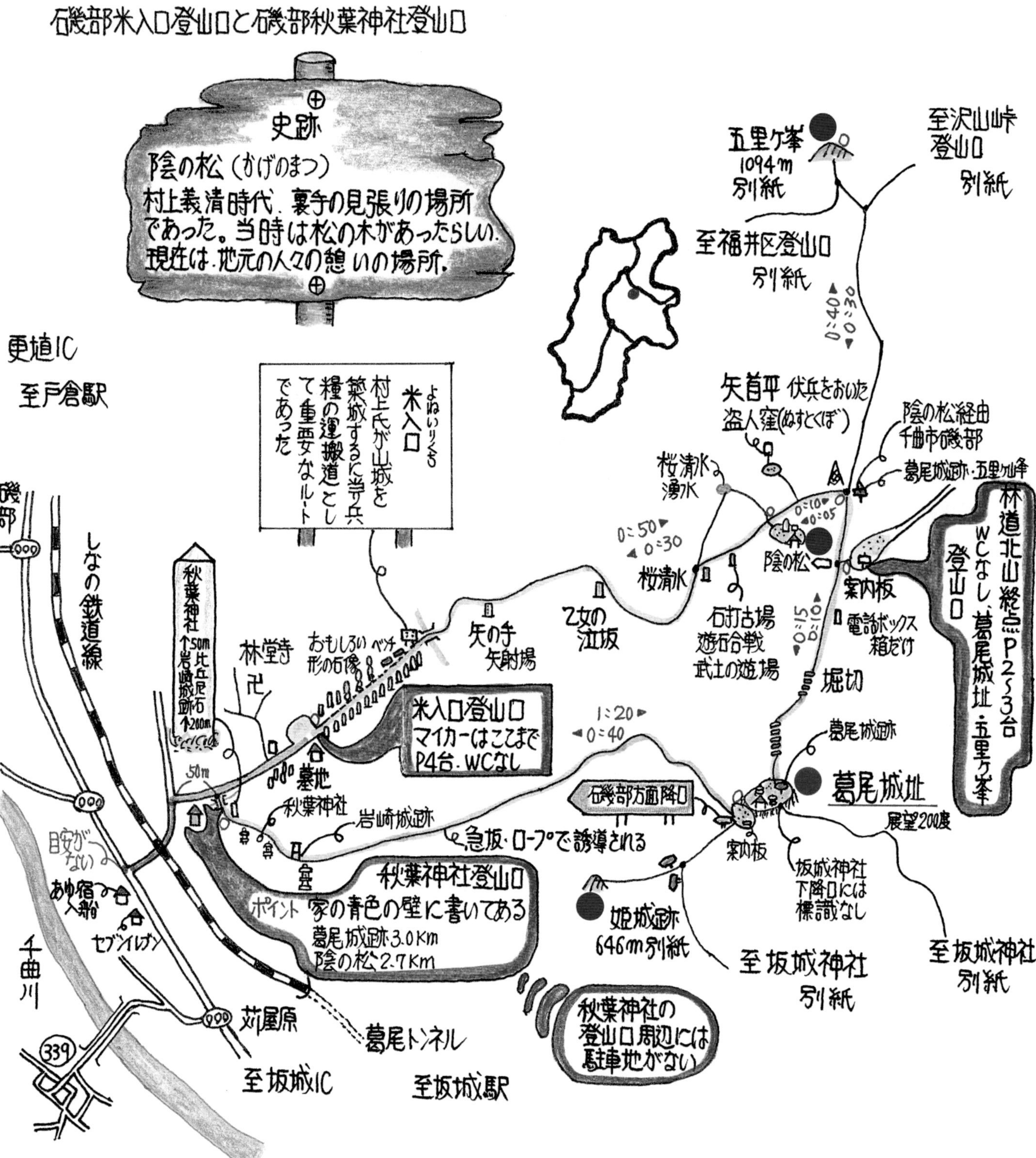

130 葛尾城址　かつらおじょうし／805m／往復25分

131 五里ヶ峯　ごりがみね／1094m／往復1時間10分

以上は、千曲市と坂城町の境の山

葛尾城：戦国時代、信濃の最強の武将…村上義清の居城、海野一族真田とは犬猿の仲、甲斐の武田を相手に戸石崩れ（武田晴信に勝、その後武田に味方した真田幸隆に敗れる）や、上田原の合戦は有名…武田に破れ越後上杉謙信を頼る。
五里ヶ峯：北国街道を通る旅人が「善光寺まであと五里」…と目安にした山でもある。

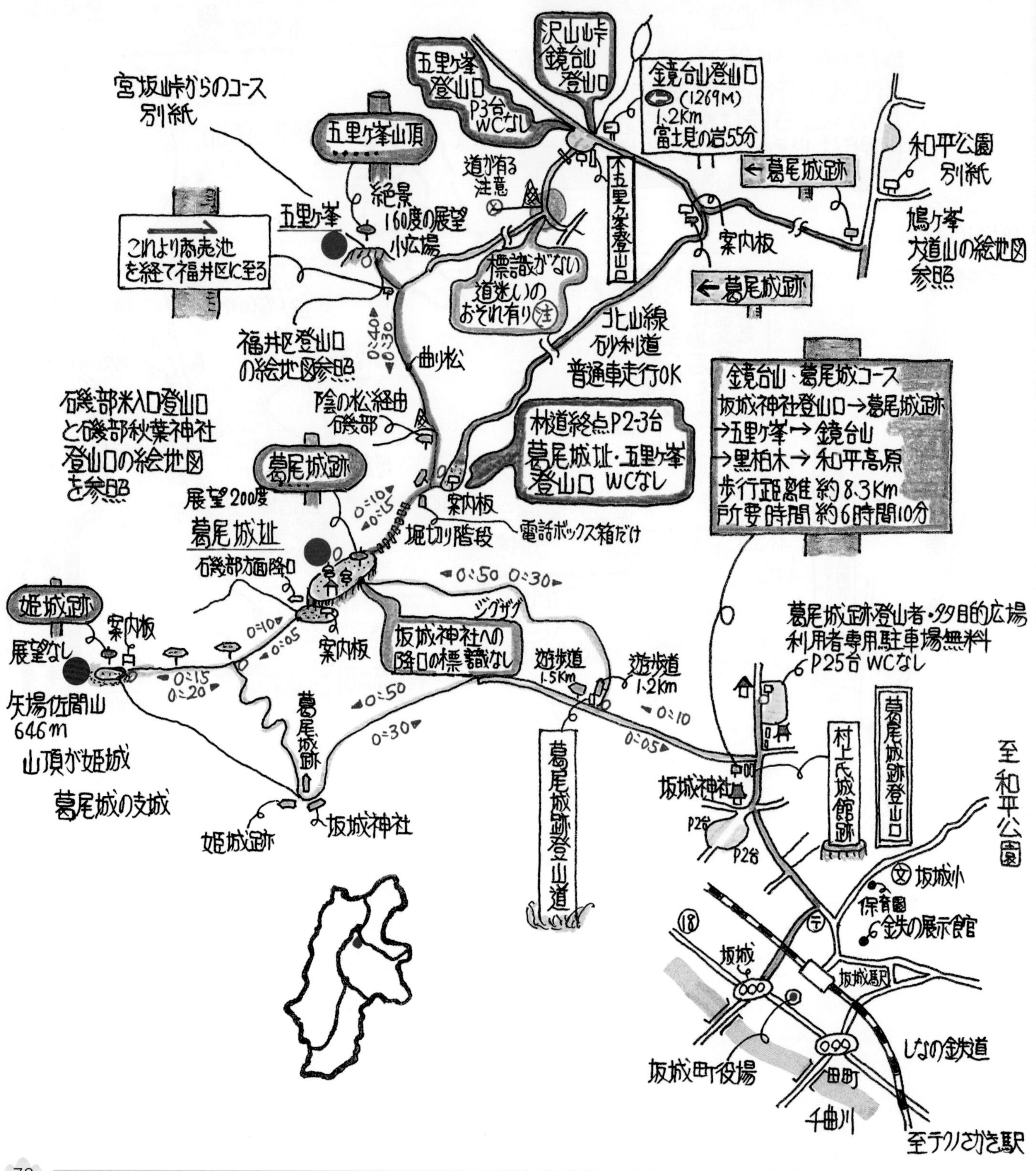

131 五里ヶ峯 ごりがみね／1094m／往復4時間

千曲市と坂城町の境の山

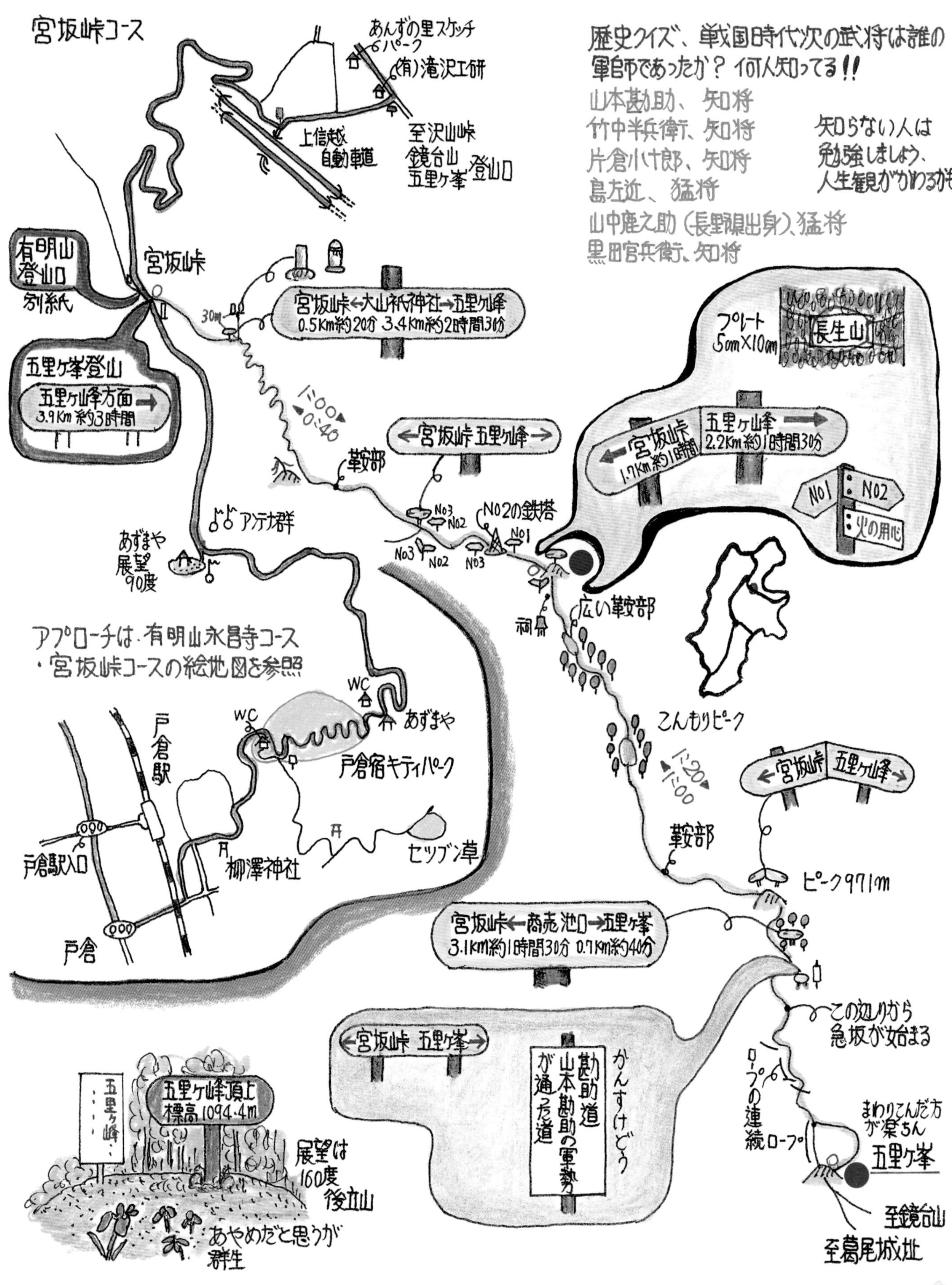

131 五里ヶ峯 ごりがみね／1094m／往復2時間50分

千曲市と坂城町の境の山

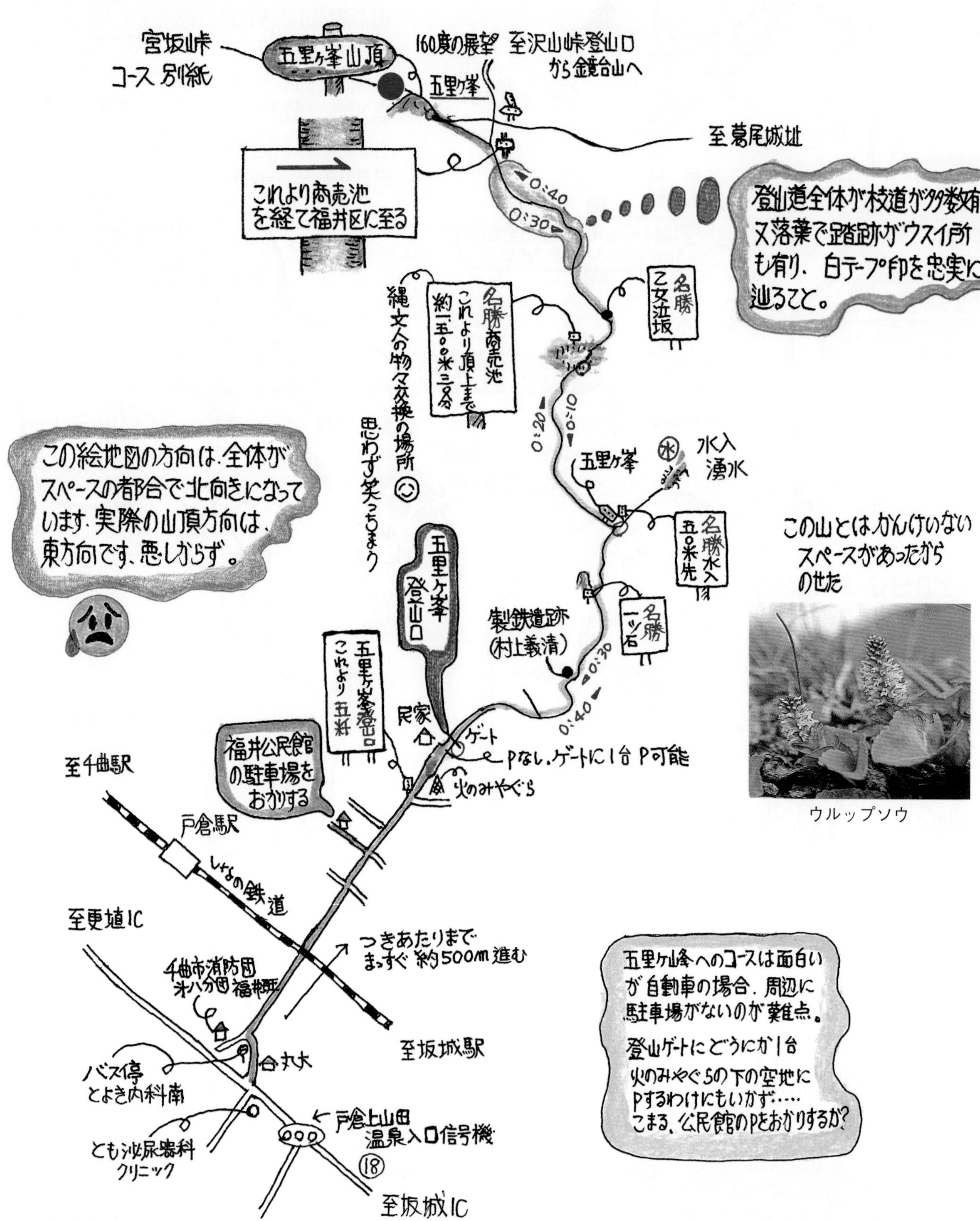

ウルップソウ

132 千曲市の大峯山　おおみねざん／841m／往復40分

千曲市に有る山

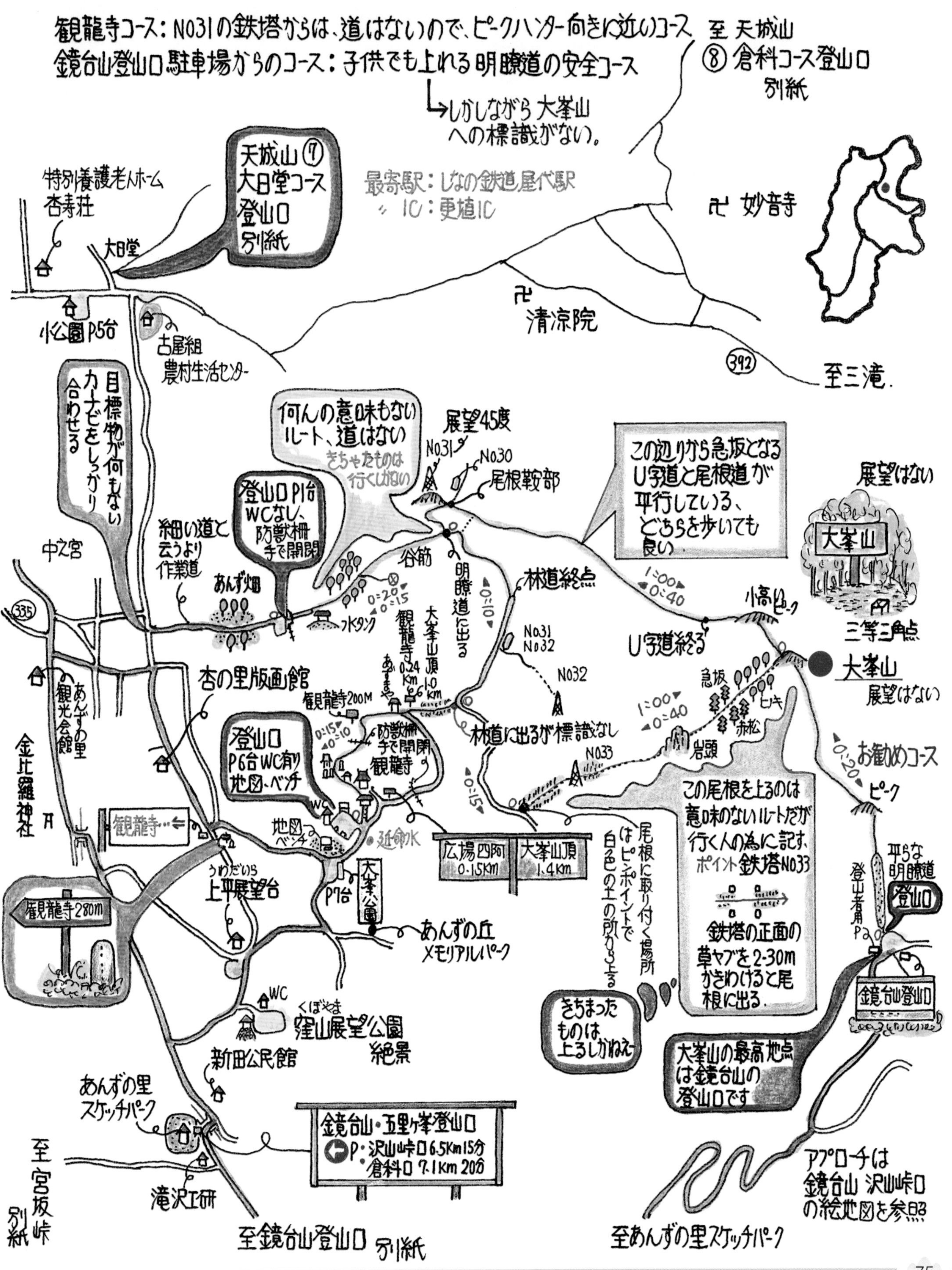

133 御姫山 おひめやま／930m／往復3時間20分

134 杉山 すぎやま／977m／往復2時間30分

別名：大嵐山(おおあらしやま)

135 戸神山 とかみやま／1042m／往復1時間45分

以上は、千曲市と長野市の境の山

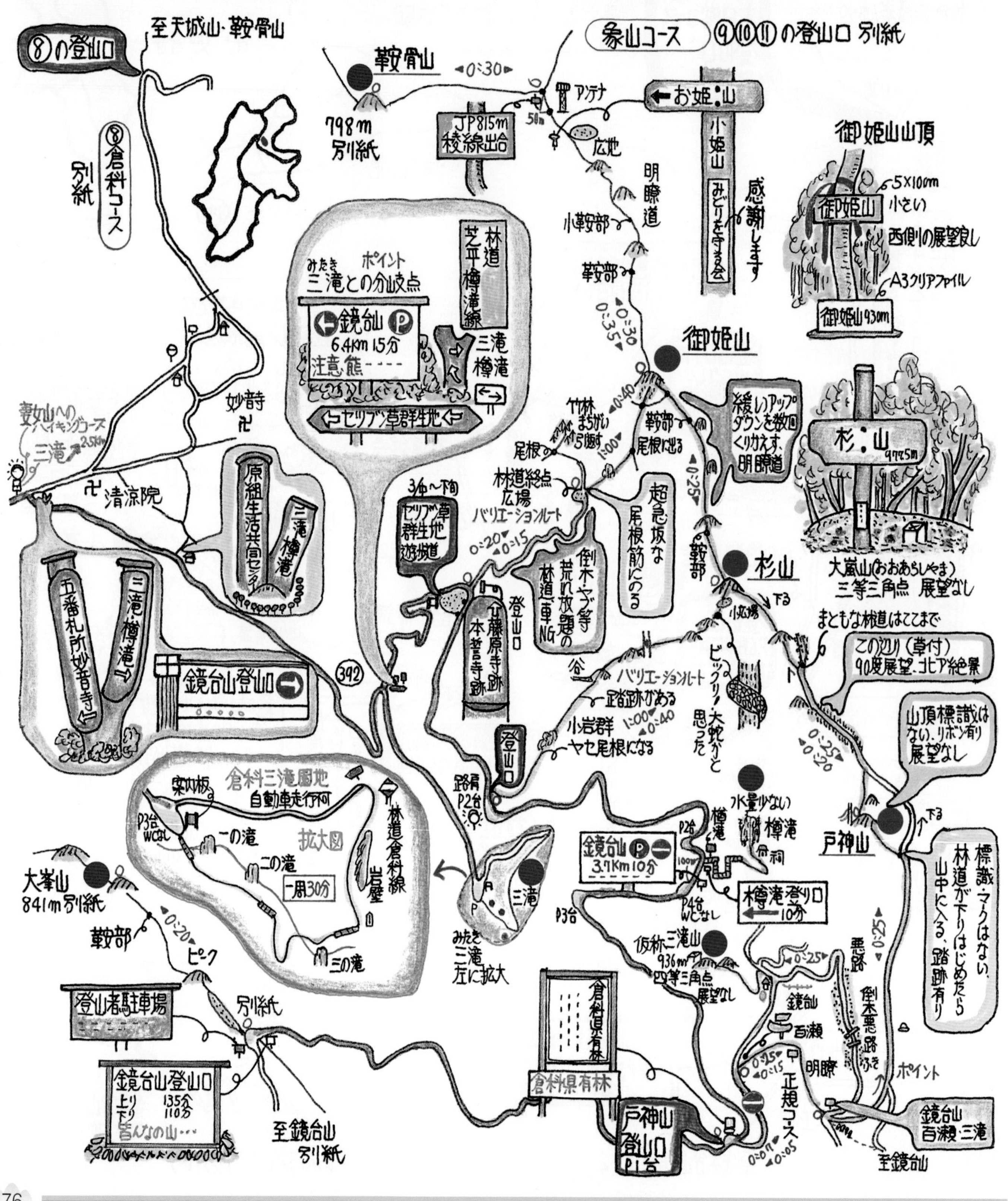

歴史・遺跡の地域 天城山・鞍骨山周辺全体図

長野市と千曲市の境の山

1、妻女山は別名：床几塚・龍眼塚・謙信塚・斎場山・西条山
2、薬師山は別名：笹崎山・地元の人は『おやくっしゃん』
3、天城山は別名：坂山古墳・手城山
4、鞍骨山は別名：鞍掛山・鞍骨城跡

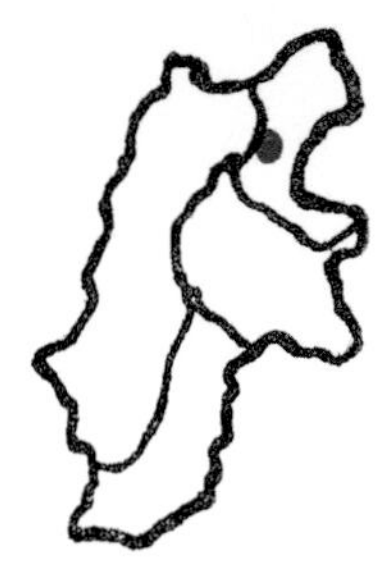

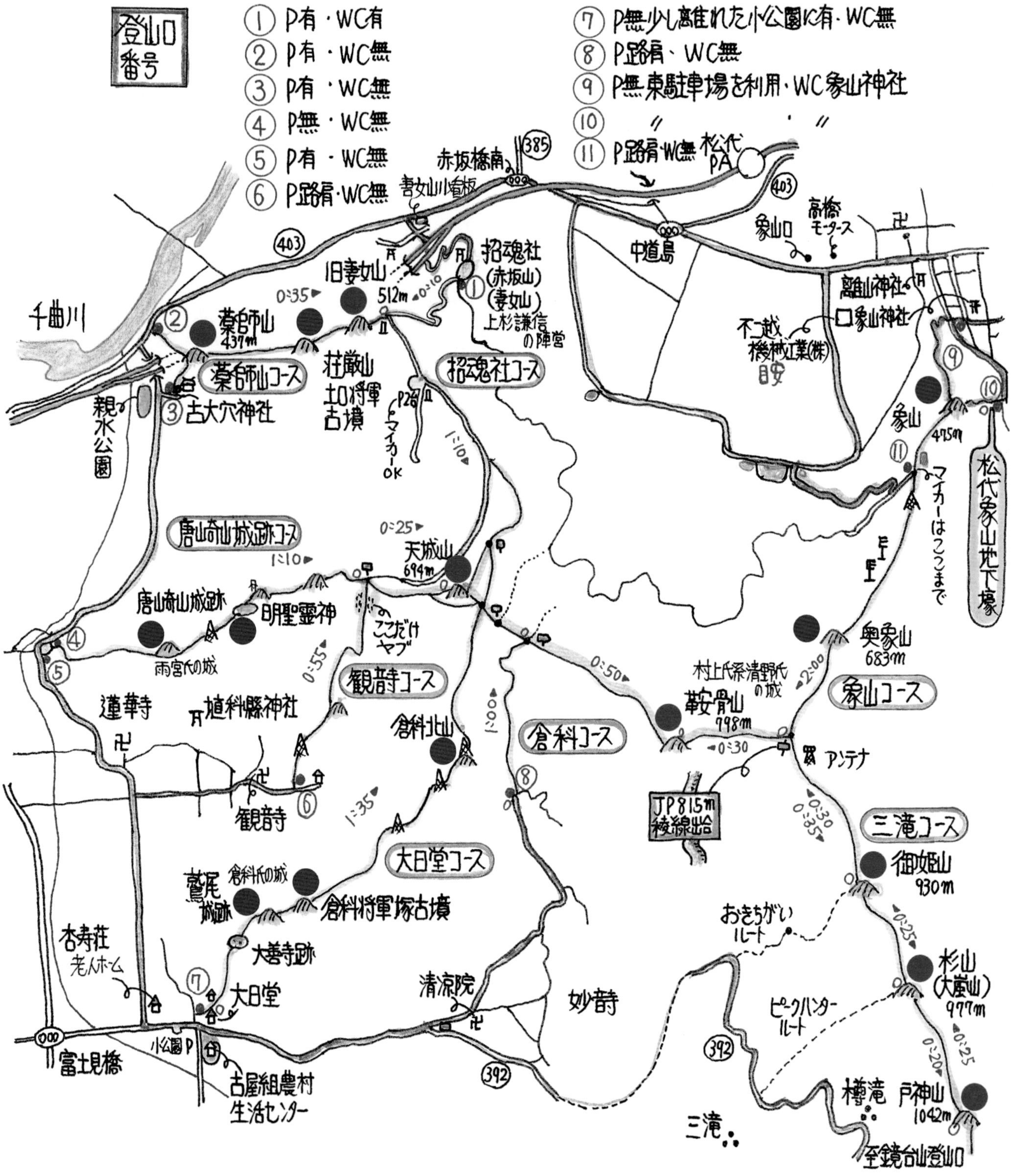

登山口番号
① P有・WC有
② P有・WC無
③ P有・WC無
④ P無・WC無
⑤ P有・WC無
⑥ P路肩・WC無
⑦ P無 少し離れた小公園に有・WC無
⑧ P路肩、WC無
⑨ P無 東駐車場を利用・WC象山神社
⑩ 〃 〃
⑪ P路肩・WC無
松代PA
赤坂橋南
385
403
妻女山看板
中道島
象山口
高橋モータース
千曲川
旧妻女山
512m
招魂社（赤坂山）（妻女山）
上杉謙信の陣営
薬師山
437m
荘厳山
土口将軍古墳
薬師山コース
招魂社コース
古大穴神社
親水公園
P2台
マイカーOK
象山神社
不二越機械工業(株)
目安
象山
475m
松代象山地下壕
マイカーはここまで
唐崎山城跡コース
天城山
694m
唐崎山城跡
明聖霊神
雨宮氏の城
ここだけヤブ
奥象山
683m
村上氏系清野氏の城
鞍骨山
798m
象山コース
蓮華寺
埴科縣神社
観音寺コース
倉科北山
倉科コース
アンテナ
JP815m
稜線出合
観音寺
大日堂コース
三滝コース
御姫山
930m
鷲尾城跡
倉科氏の城
倉科将軍塚古墳
大善寺跡
おきちがいルート
杏寿荘
老人ホーム
大日堂
清涼院
妙音寺
杉山（大嵐山）
977m
ピークハンタールート
富士見橋
小公園P
古屋組農村生活センター
392
樽滝
戸神山
1042m
三滝
至鏡台山登山口
0:35
0:10
1:10
0:25
0:55
0:50
0:30
1:35
2:00
0:20

136 鞍骨山 くらほねやま／798m／往復3時間40分

137 天城山 てしろやま／694m／往復2時間20分

以上は、長野市と千曲市の境の山

登山口①の招魂社コース

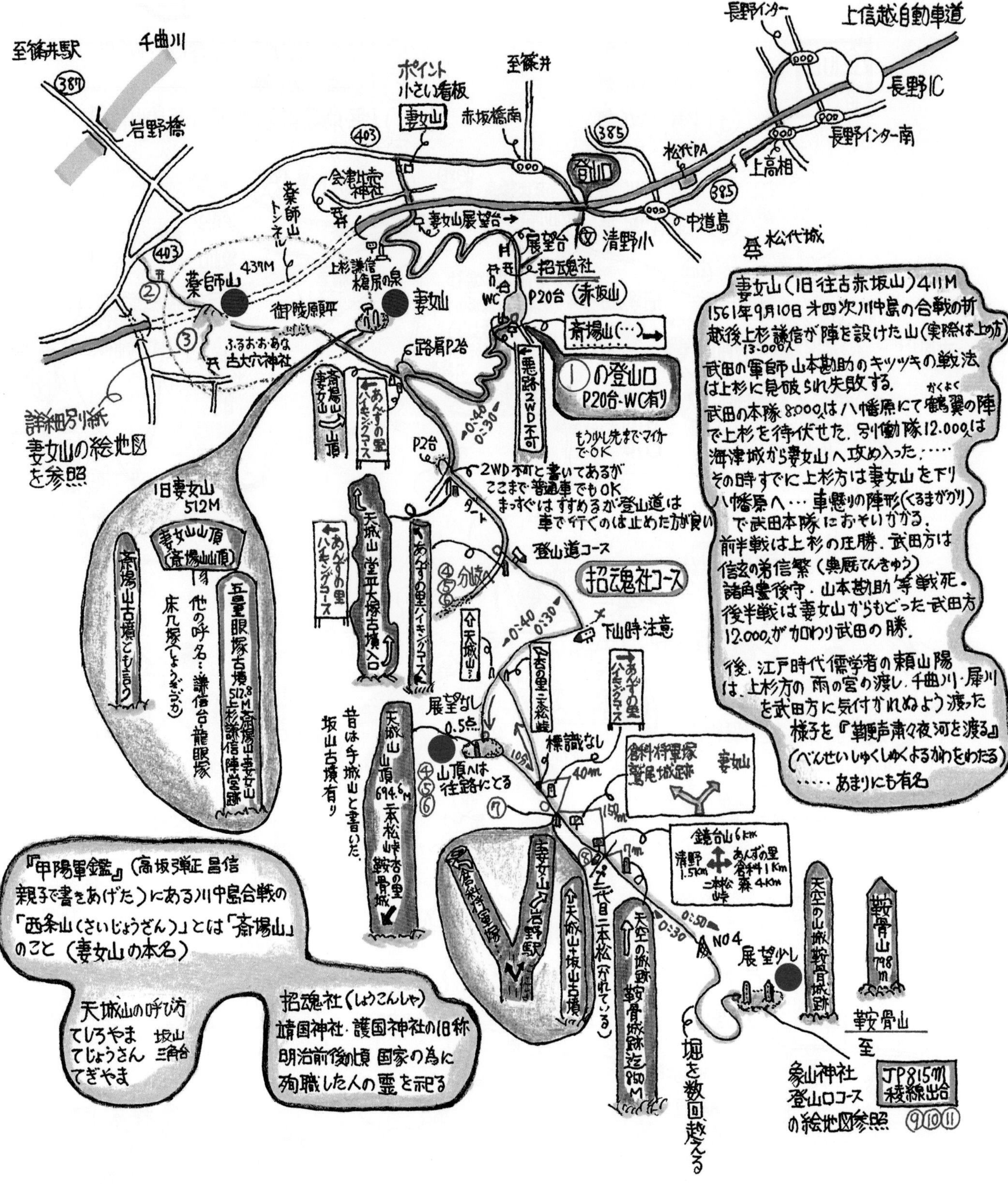

138 妻女山　さいじょざん／512m／往復1時間5分

長野市に有る山

139 薬師山　やくしやま／437m／往復25分

長野市と千曲市の境の山

登山口②③の薬師山コース

薬師堂・瑠璃殿　地元の人は「おやくっしゃん」と言うらしい。
1181年頃：木曽義仲が平家と、横田河原の合戦をした折、この地に陣をはったと言われている。
大勝の後、戦死者のために袖振先手観音を安置した。
1400年頃：信濃守護職、小笠原長秀VS有力国人領主連合軍の大文字一揆党（村上氏・仁科氏・高梨氏）との合戦…大塔合戦（おうとうがっせん）が、善光寺平南部で起きた。結果領主達の勝。以後信濃国は中小の有力国人達が、治めることになる。
第四次川中島の合戦：上杉謙信公が、寝床として使用したと言われている。

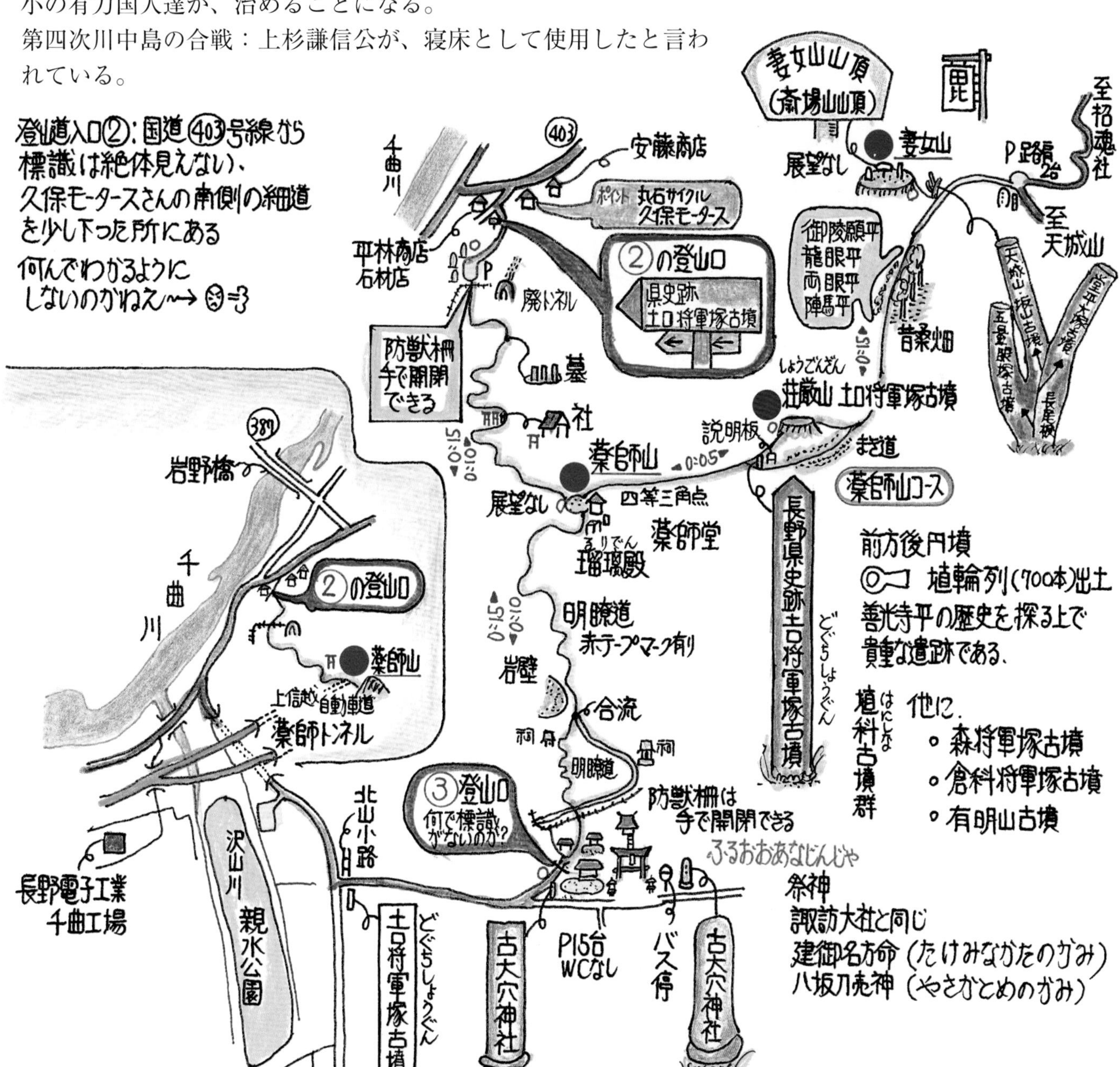

137 天城山 てしろやま／694m／往復2時間45分

長野市と千曲市の境の山

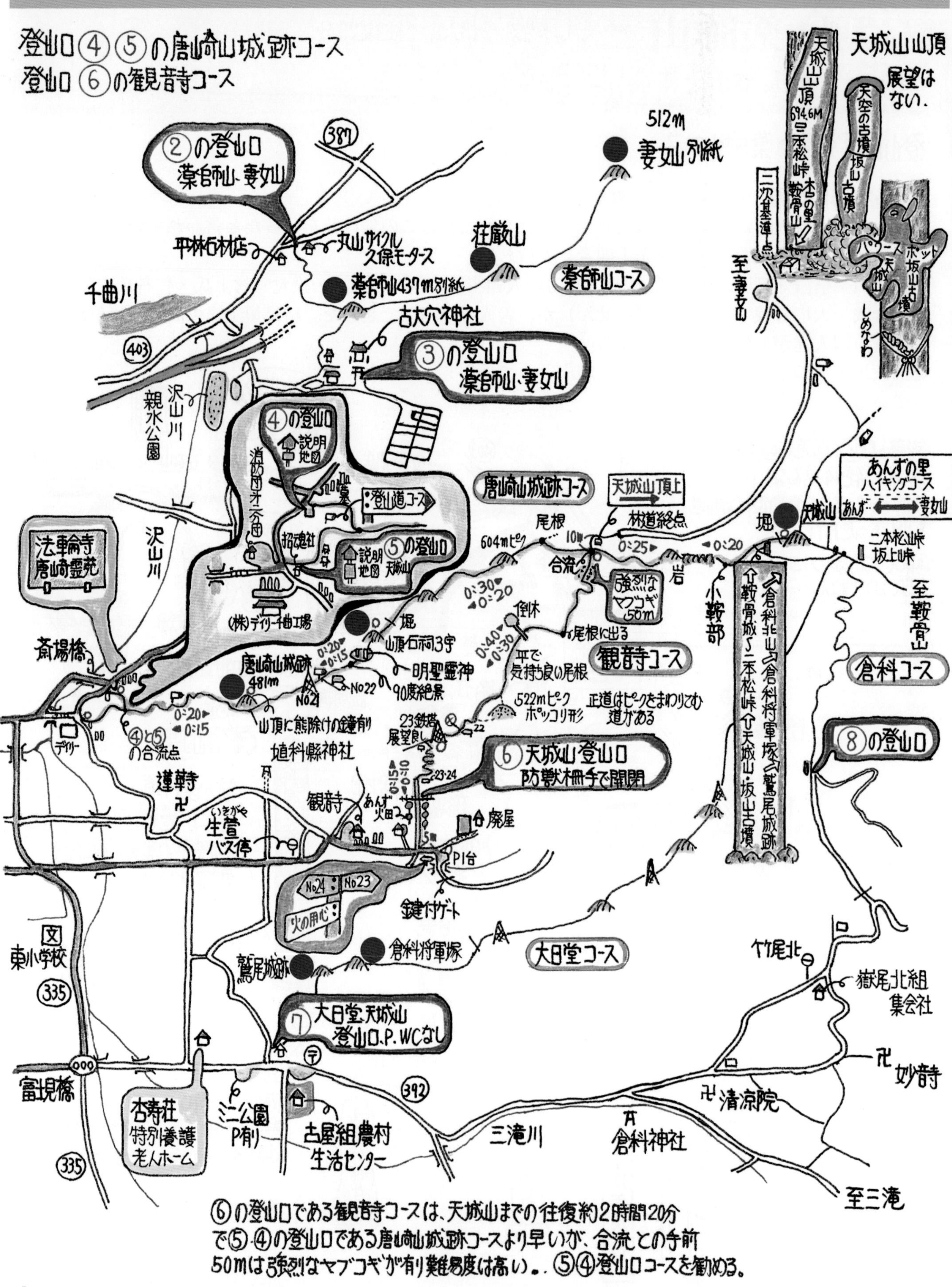

⑥の登山口である観音寺コースは、天城山までの往復約2時間20分で⑤・④の登山口である唐崎山城跡コースより早いが、合流との手前50mは強烈なヤブコギが有り難易度は高い。。⑤④登山口コースを勧める。

136 鞍骨山 くらほねやま／798m／往復2時間20分

137 天城山 てしろやま／694m／往復1時間50分

以上は、長野市と千曲市の境の山

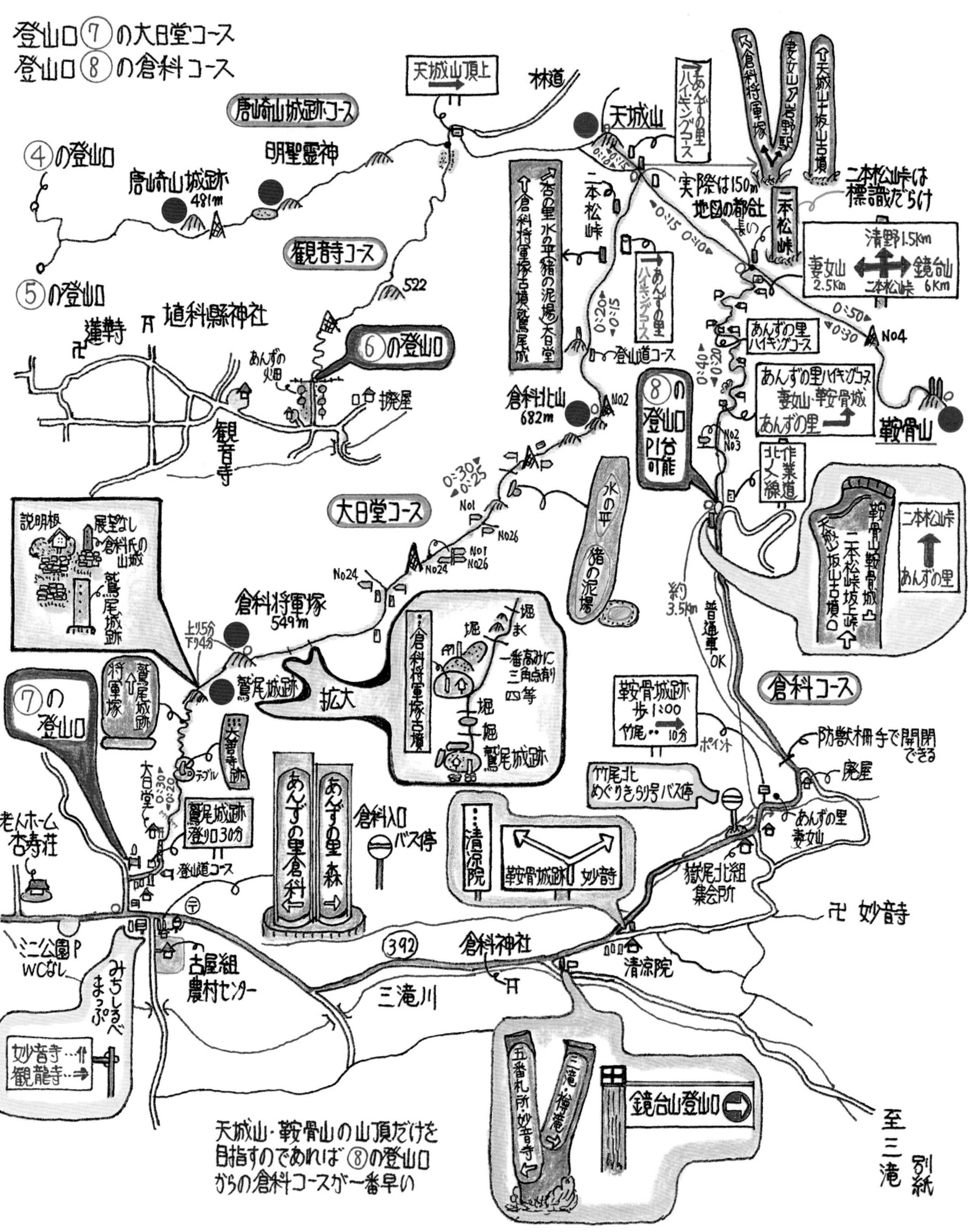

136 鞍骨山 くらほねやま／798m／往復4時間20分

長野市と千曲市の境の山

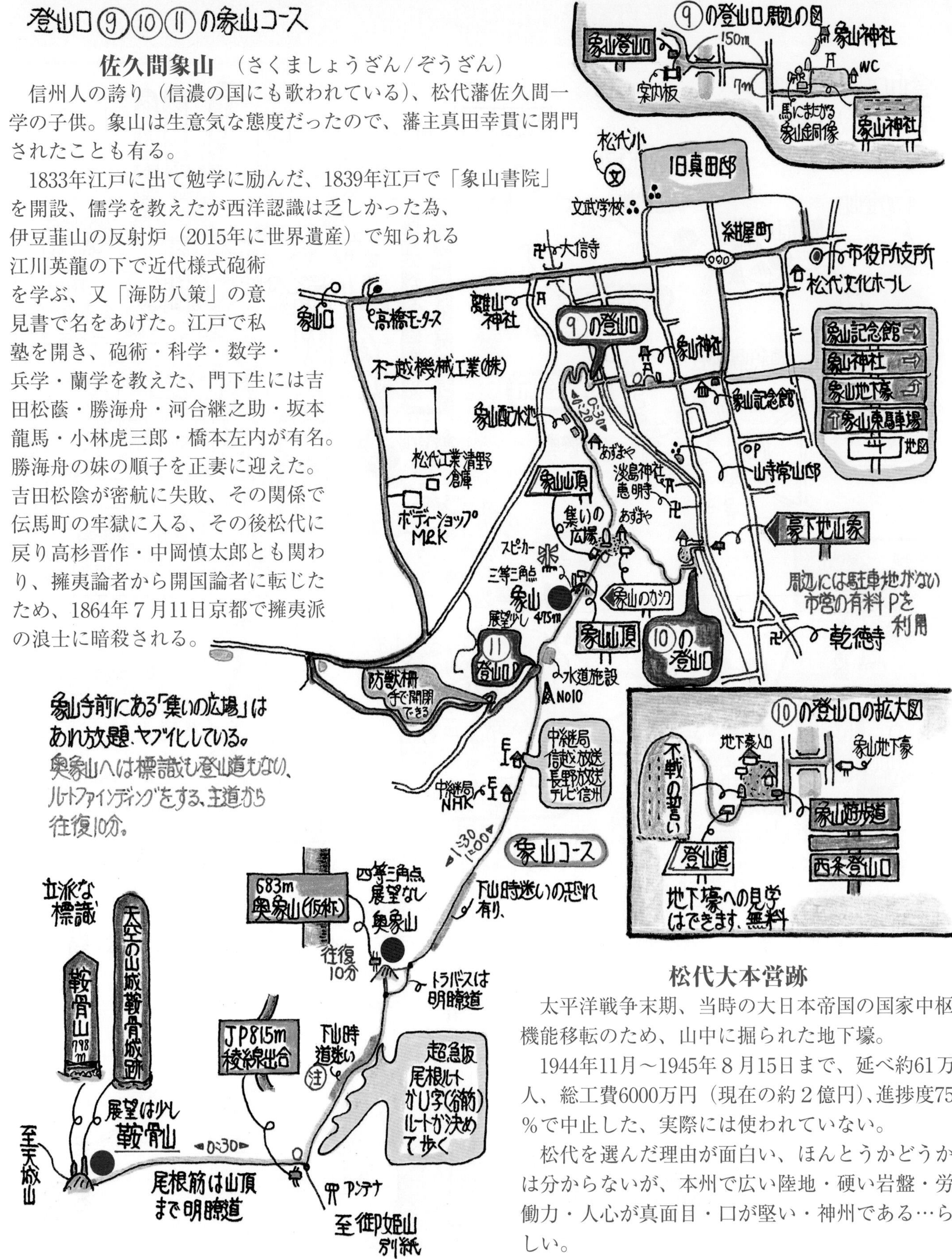

佐久間象山　（さくましょうざん/ぞうざん）

信州人の誇り（信濃の国にも歌われている）、松代藩佐久間一学の子供。象山は生意気な態度だったので、藩主真田幸貫に閉門されたことも有る。

1833年江戸に出て勉学に励んだ、1839年江戸で「象山書院」を開設、儒学を教えたが西洋認識は乏しかった為、伊豆韮山の反射炉（2015年に世界遺産）で知られる江川英龍の下で近代様式砲術を学ぶ、又「海防八策」の意見書で名をあげた。江戸で私塾を開き、砲術・科学・数学・兵学・蘭学を教えた、門下生には吉田松蔭・勝海舟・河合継之助・坂本龍馬・小林虎三郎・橋本左内が有名。勝海舟の妹の順子を正妻に迎えた。吉田松陰が密航に失敗、その関係で伝馬町の牢獄に入る、その後松代に戻り高杉晋作・中岡慎太郎とも関わり、攘夷論者から開国論者に転じたため、1864年７月11日京都で攘夷派の浪士に暗殺される。

松代大本営跡

太平洋戦争末期、当時の大日本帝国の国家中枢機能移転のため、山中に掘られた地下壕。

1944年11月～1945年８月15日まで、延べ約61万人、総工費6000万円（現在の約２億円)、進捗度75％で中止した、実際には使われていない。

松代を選んだ理由が面白い、ほんとうかどうかは分からないが、本州で広い陸地・硬い岩盤・労働力・人心が真面目・口が堅い・神州である…らしい。

140 舞鶴山 まいづるさん／559m／往復50分

141 ノロシ山 のろしやま／844m／往復2時間10分

以上は、長野市に有る山

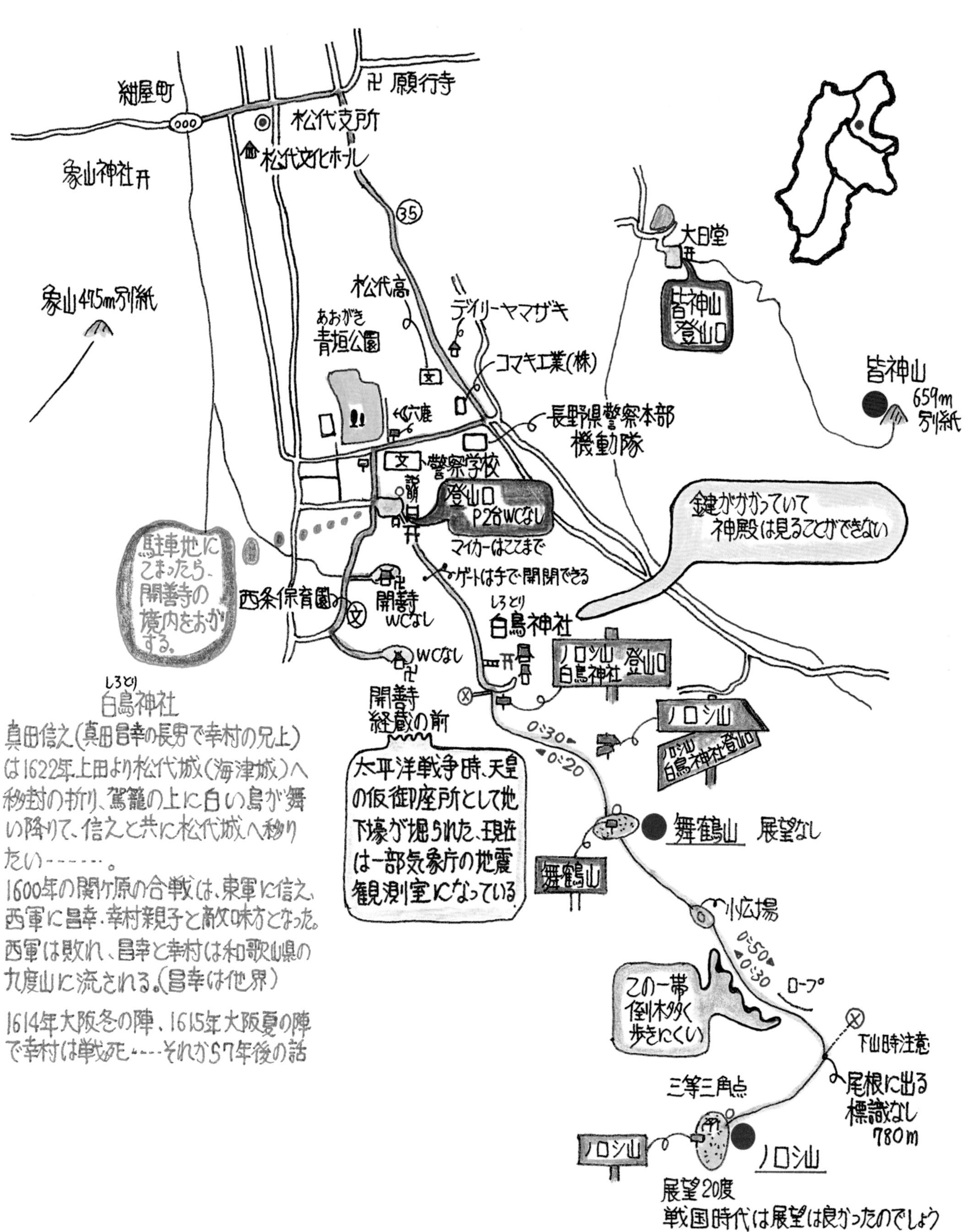

しろとり
白鳥神社

真田信之(真田昌幸の長男で幸村の兄上)は1622年上田より松代城(海津城)へ移封の折り、駕籠の上に白い鳥が舞い降りて、信之と共に松代城へ移りたい……。
1600年の関ケ原の合戦は、東軍に信之、西軍に昌幸・幸村親子と敵味方となった。西軍は敗れ、昌幸と幸村は和歌山県の九度山に流される。(昌幸は他界)
1614年大阪冬の陣、1615年大阪夏の陣で幸村は戦死……それから57年後の話

142 皆神山 みなかみやま／659m／往復10分

長野市に有る山

溶岩ドームの山容から、人工物と考えられ「太古に造られた世界最大のピラミット」と云う説が有り、一部信仰の対象となっている。毎年５月５日には、「ピラミット祭り」が、開催される。

1965年から1971年にかけて、松代群発地震が皆神山の直下で起り、約１m隆起している。地下には縦0.8km、横1.5km、深さ0.2kmの楕円形の空間が存在するらしい。第二次世界大戦には、松代大本営・政府・皇室を含む首都移転の予定地となり、皆神山と周辺の山には多数の地下壕が掘られた。また全国的にも珍しい、標高の低い土地でのクロサンショウウオの産卵池が有る。

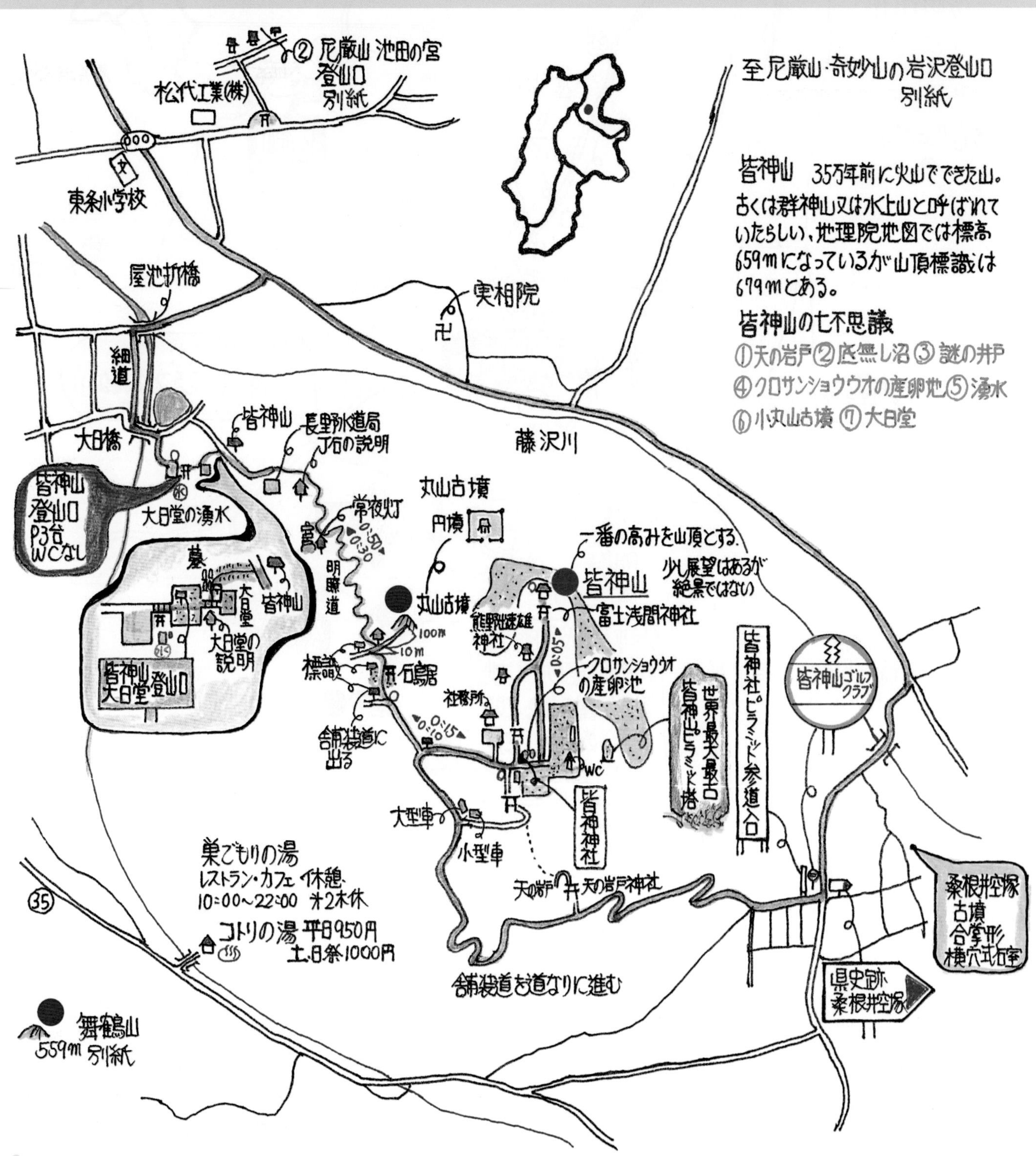

143 堀切山 ほりきりやま／1157m／往復4時間10分

別名：保科山（ほしなやま）

長野市に有る山

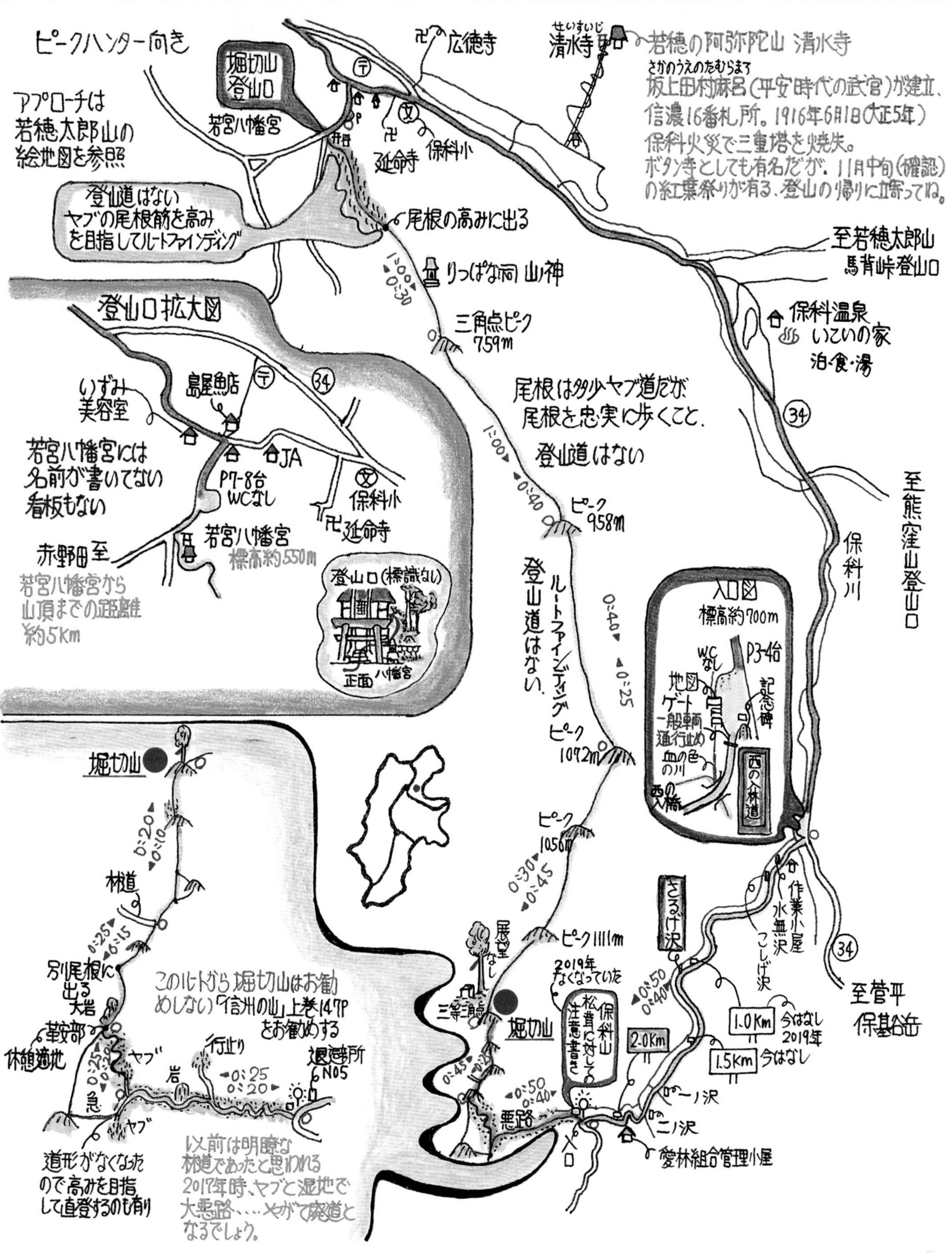

143 堀切山 ほりきりやま／1157m／往復5時間30分

長野市に有る山

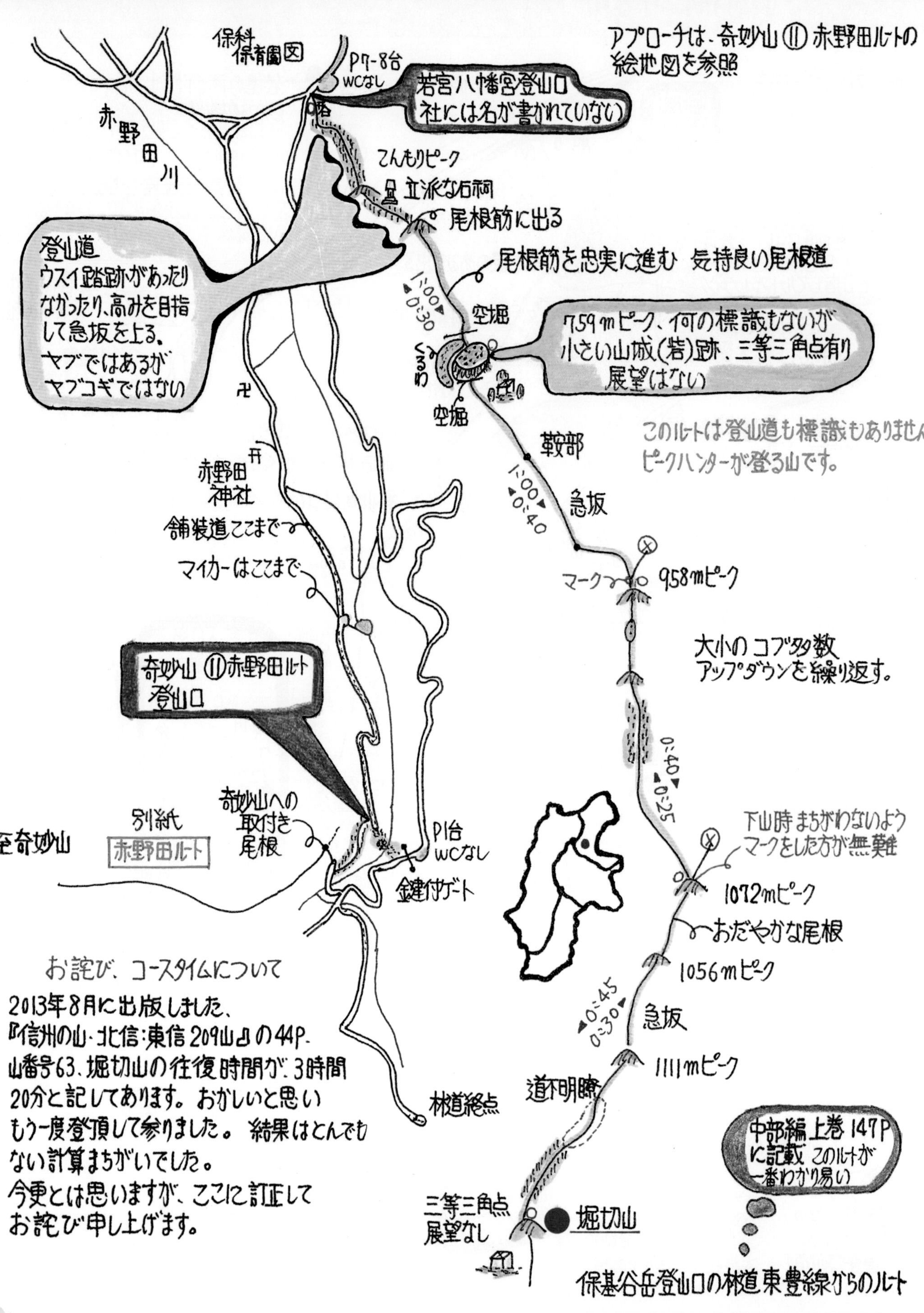

お詫び、コースタイムについて

2013年8月に出版しました、『信州の山・北信・東信 209山』の44P、山番号63、堀切山の往復時間が、3時間20分と記してあります。おかしいと思いもう一度登頂して参りました。結果はとんでもない計算まちがいでした。
今更とは思いますが、ここに訂正してお詫び申し上げます。

144 熊窪山 くまくぼやま／1254m／往復2時間55分

長野市に有る山

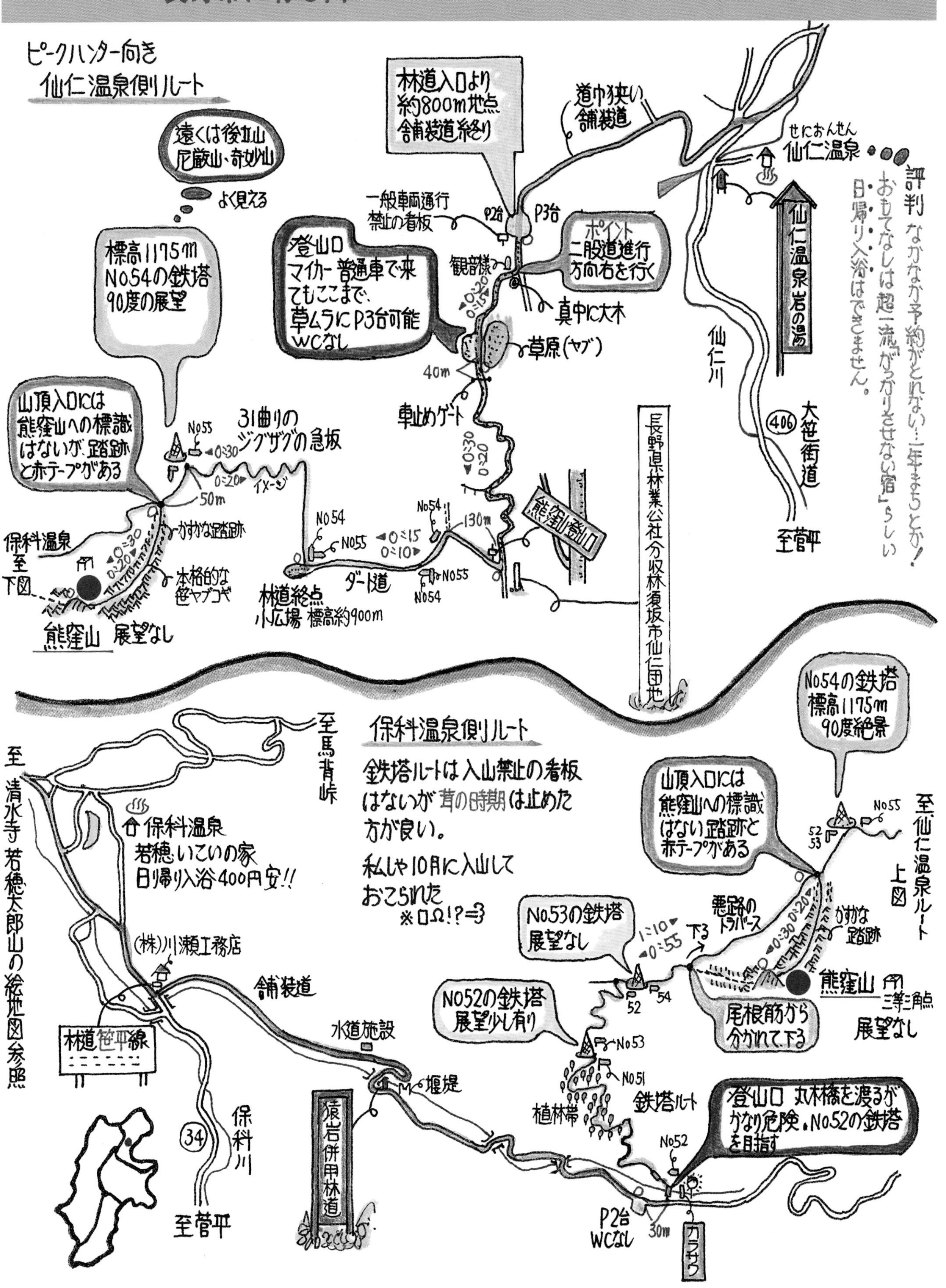

尼厳山(あまかざりやま)・長野市の奇妙山(きみょうさん)の全体図

長野市に有る山

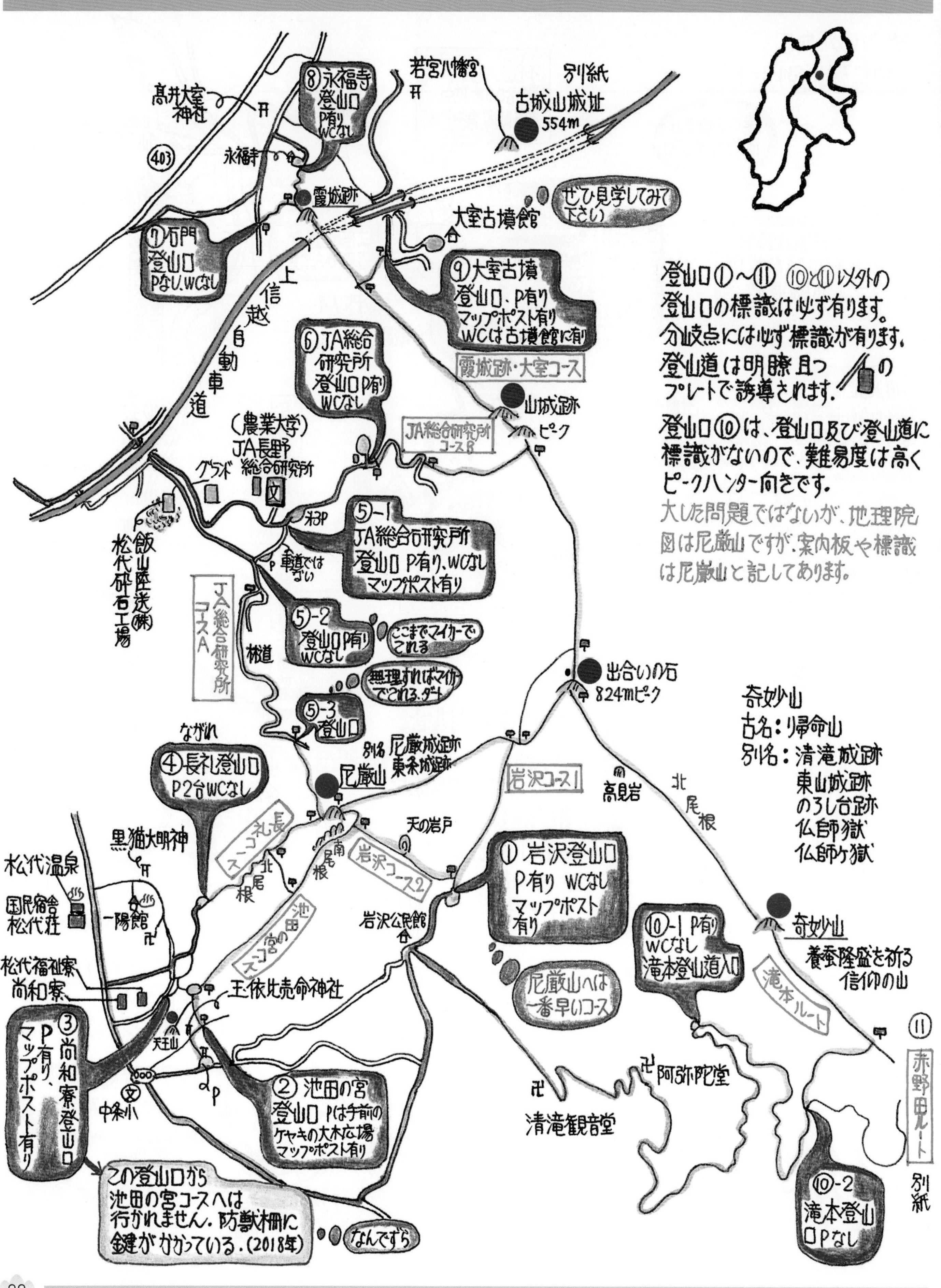

145 尼厳山　あまかざりやま／781m／往復2時間5分

146 長野市の奇妙山　きみょうさん／1099m／往復3時間15分

以上は、長野市に有る山

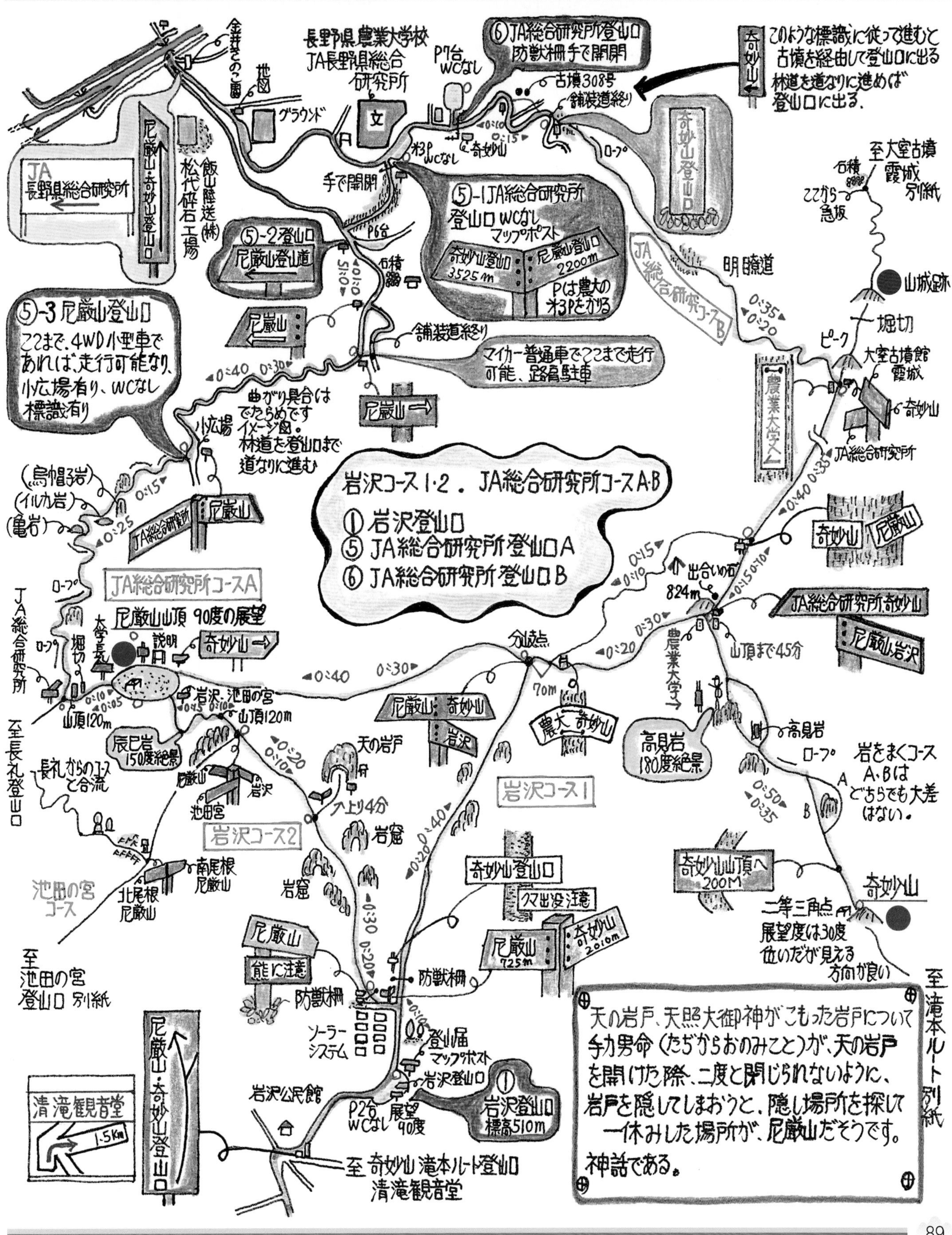

145 尼厳山 あまかざりやま／781m／往復2時間20分

長野市に有る山

池田の宮コース・長礼コース

②池田の宮登山口・③尚和寮登山口・④長礼登山口

尼厳山＝東条城

武田信玄は、真田幸隆に東条城攻略を命じた。高坂弾正らが加勢し、東条城は落城。敗れた東条氏は、越後上杉の元へ逃れた。武田家が滅亡すると、東条氏は上杉の家臣となり、東条城の城主となるが、上杉が会津へ移封すると、東条氏も会津に移る。東条城は廃城となった。

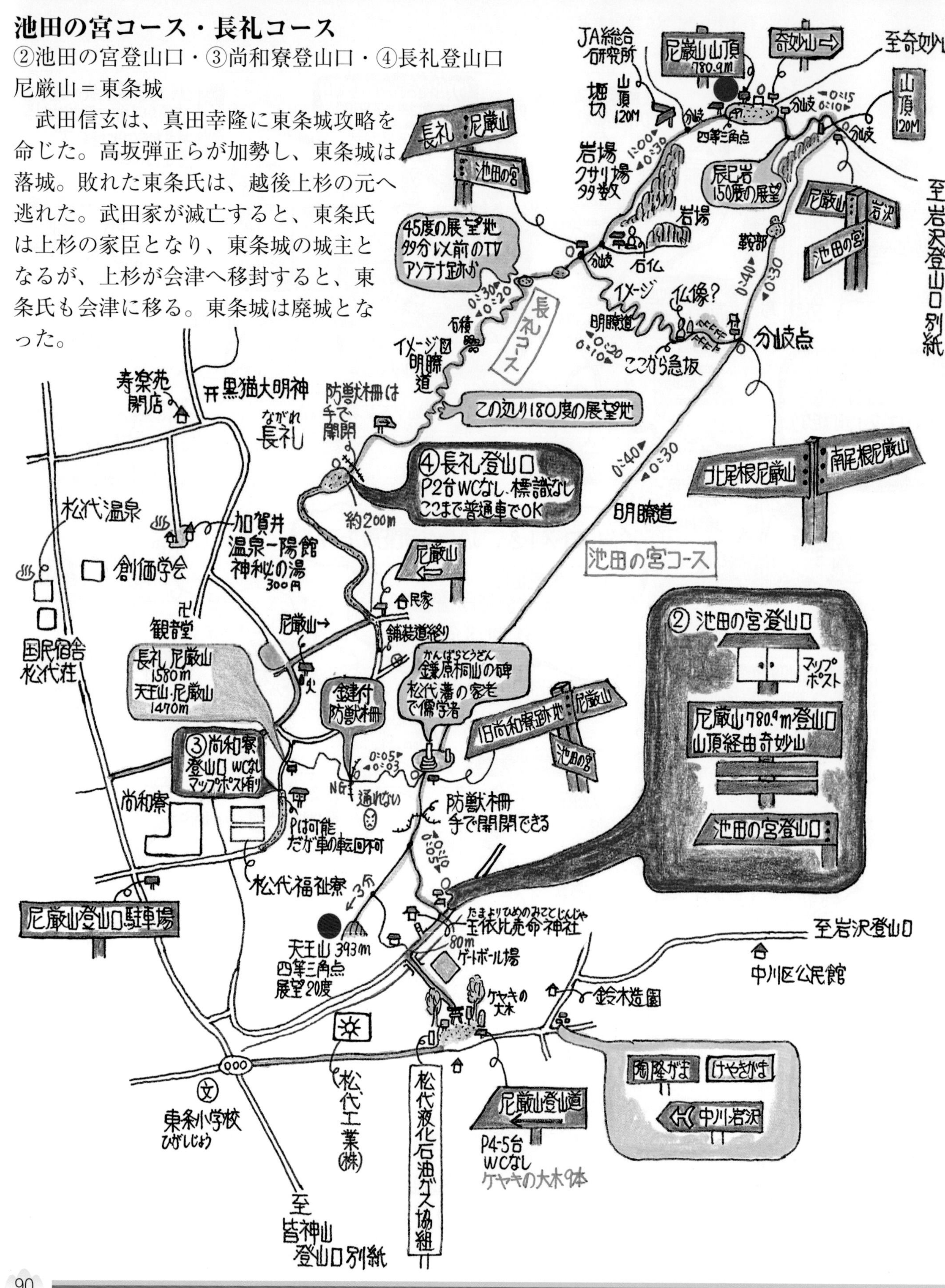

146 長野市の奇妙山　きみょうさん／1099m／往復4時間40分

147 霞城跡　かすみじょうせき／600m／往復20分

以上は、長野市に有る山

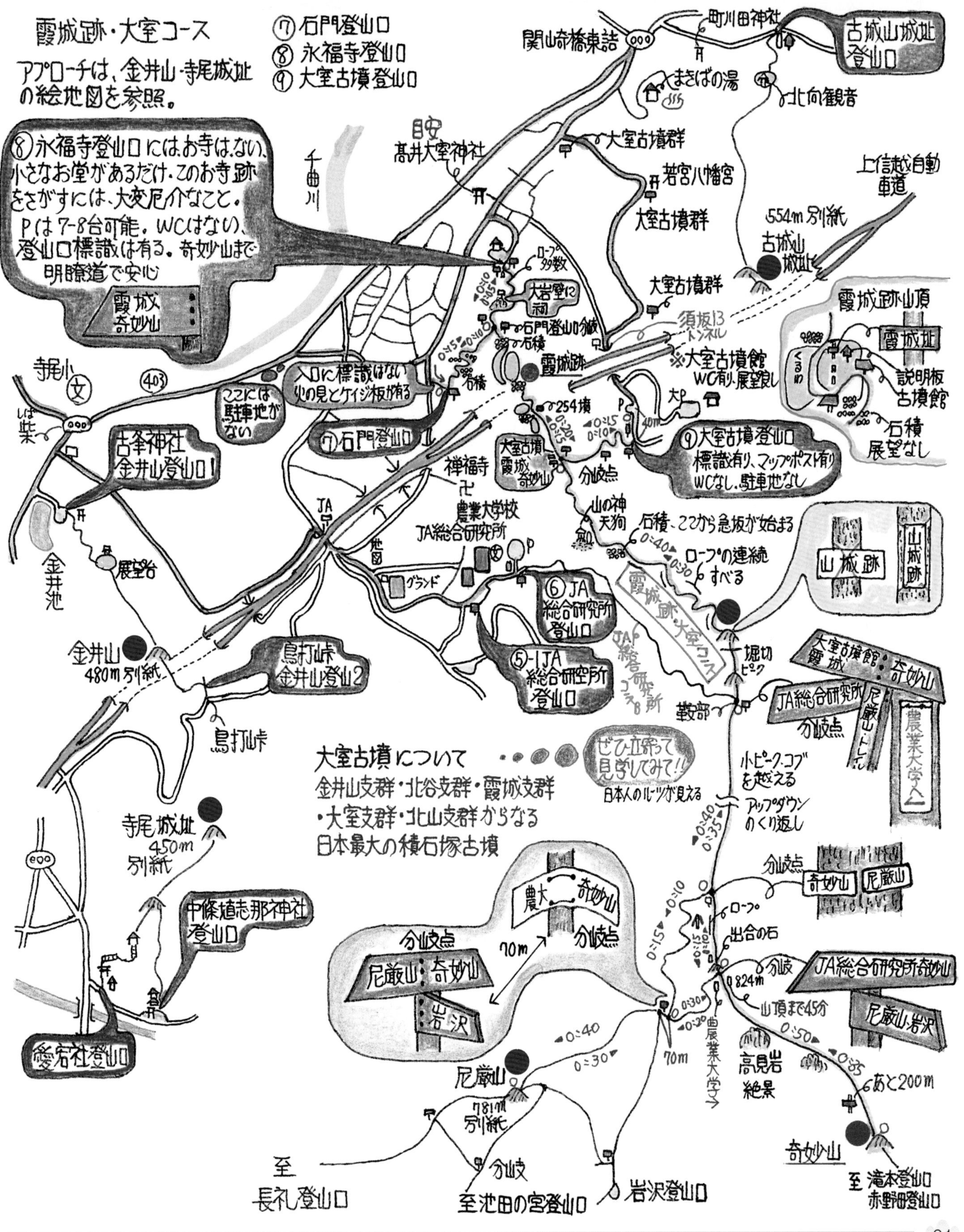

146 長野市の奇妙山 きみょうさん／1099m／往復3時間40分

長野市に有る山

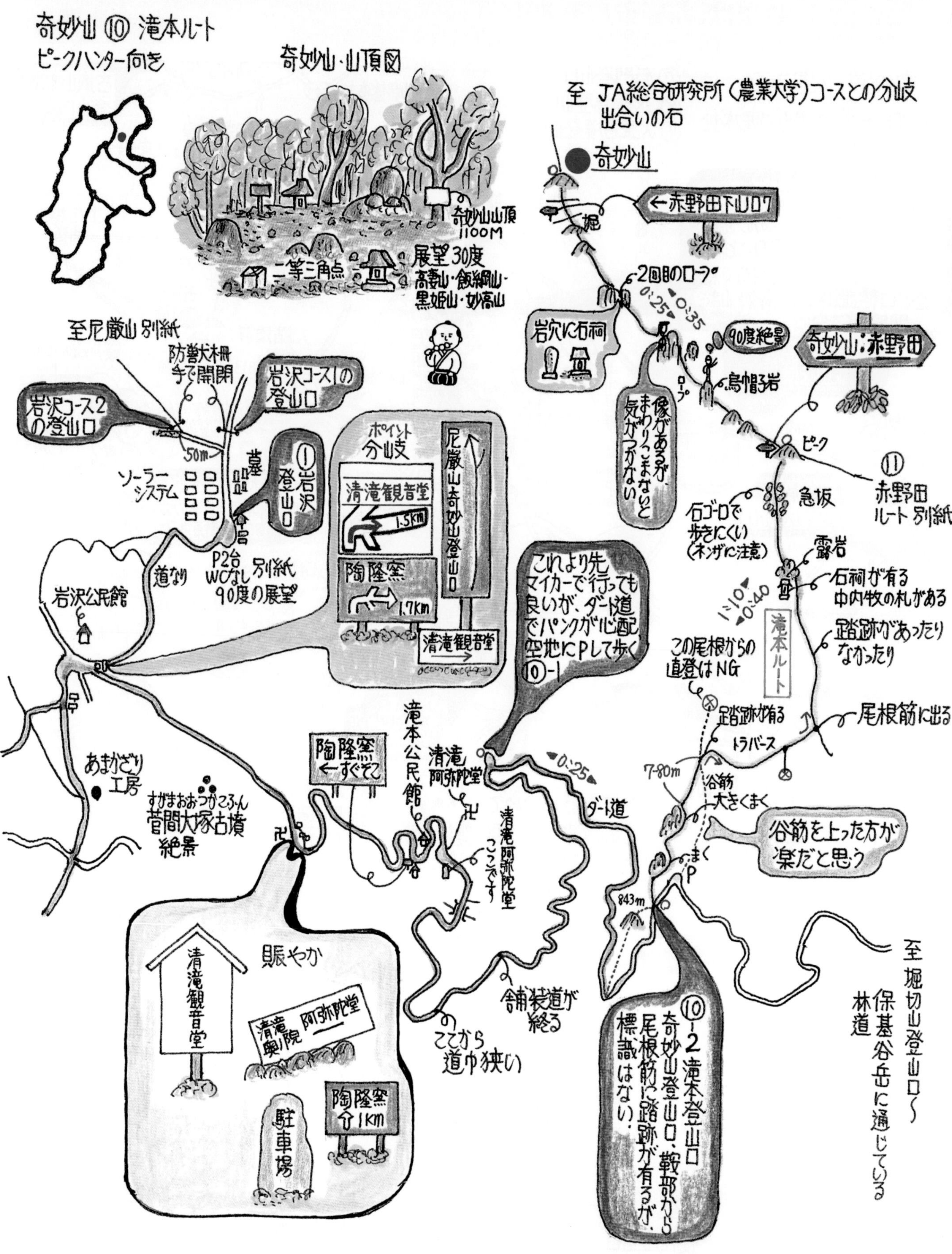

146 長野市の奇妙山 きみょうさん／1099m／往復4時間15分

長野市に有る山

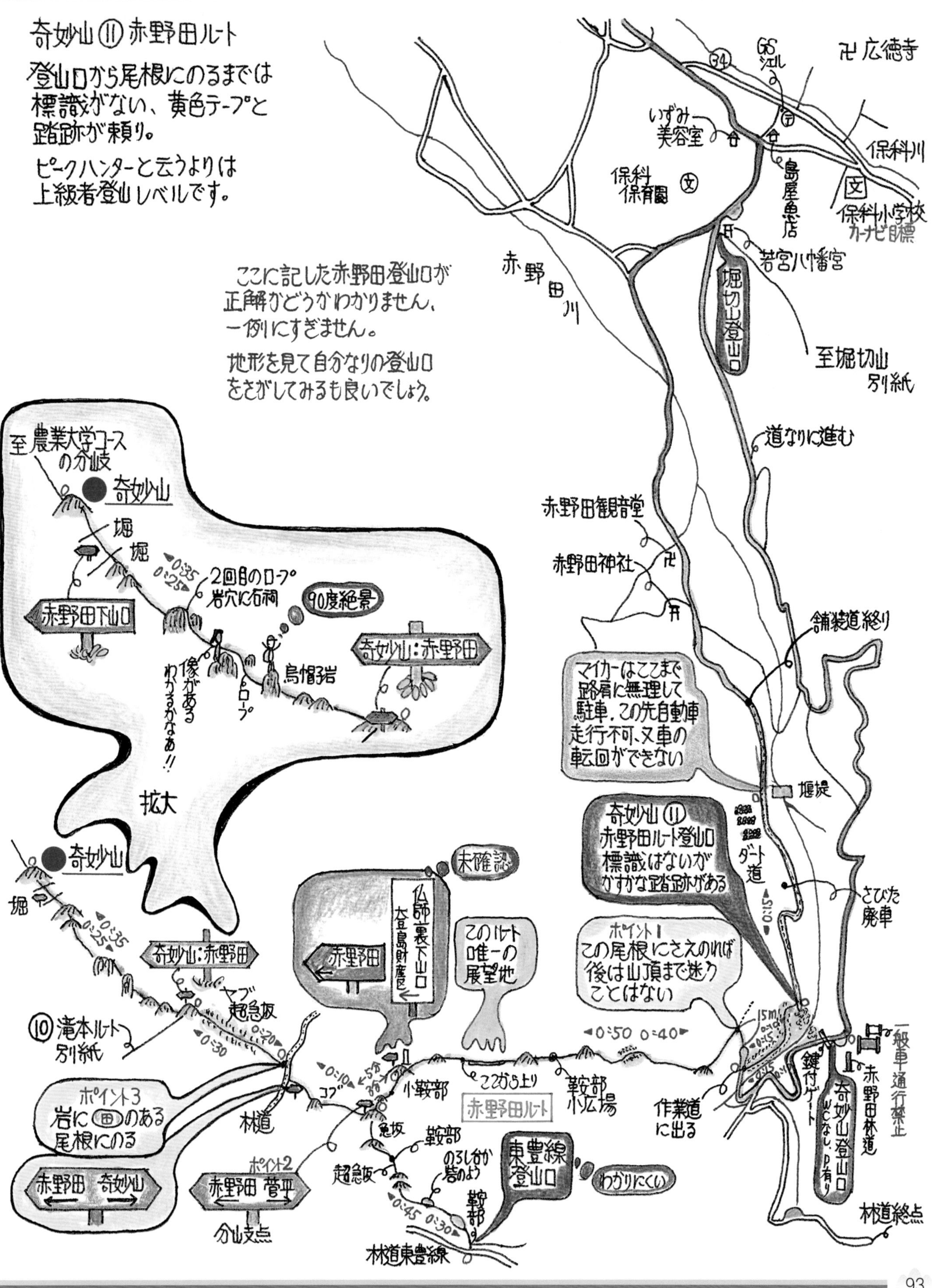

若穂太郎山 わかほたろうやま／997m 全体図

長野市に有る山

マップポストに有る若穂太郎山の地図は、周辺の概要は解るが、マイカーがどこまで入ることができるか、初めての人には解らない。登山口は、標識が有り解るが、登山者の一番欲しい情報である、主道からの入り口標識がない（②③⑤⑦の登山口）残念。更に標識名と地図が、バラバラで初めての人は、間違ったかと不安になる。

③の登山口には北尾根口とあるが、太郎山山頂の下山口標識には、山新田口と有る。②の蓮台寺コースで、山頂標識は城ノ峰で、パンフレットは春山城跡。コース名や登山口名は、統一して欲しいものだ。

148 若穂太郎山 わかほたろうやま／997m／往復3時間5分

長野市に有る山

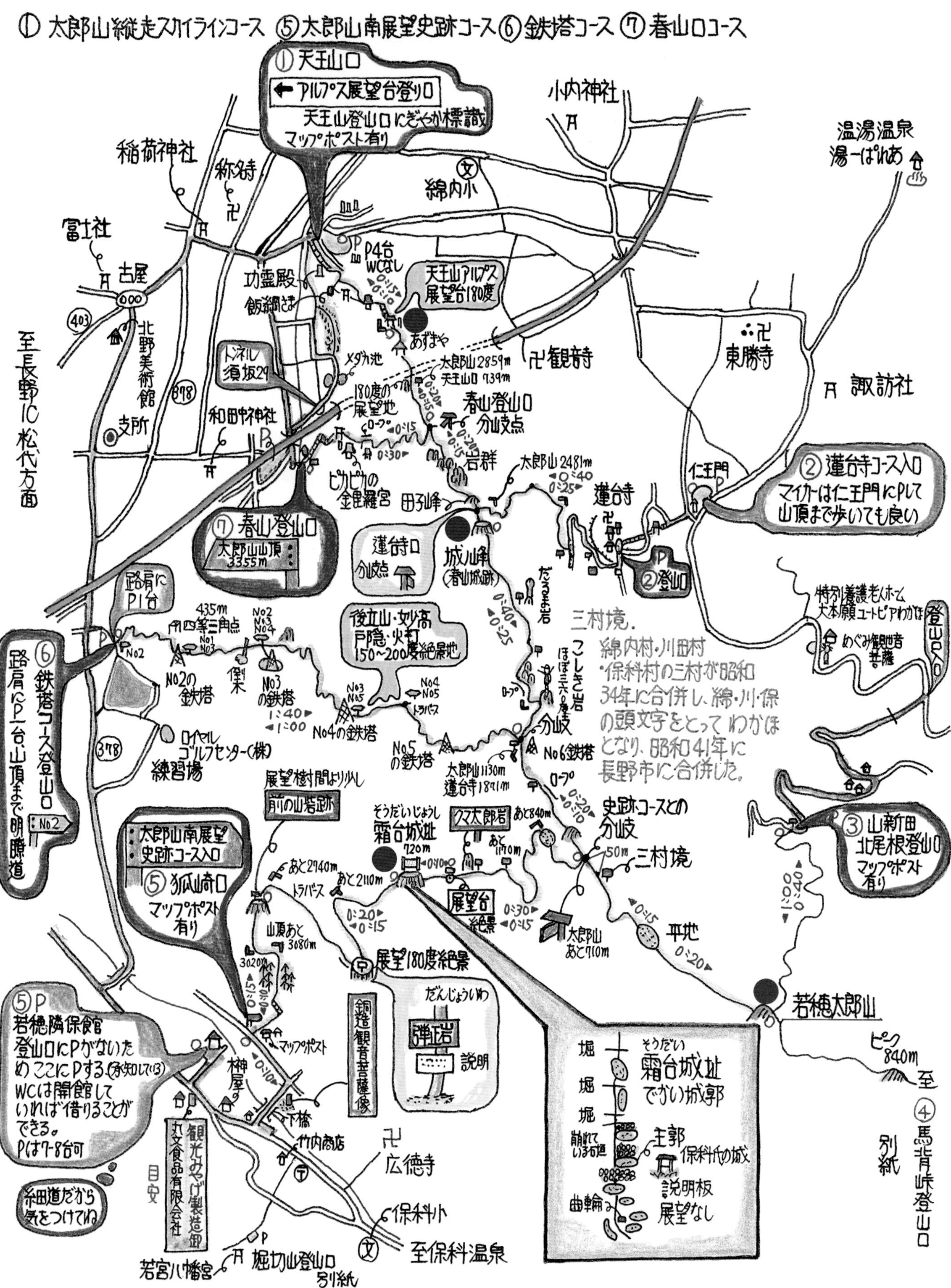

148 若穂太郎山 わかほたろうやま／997m／往復1時間40分

長野市に有る山

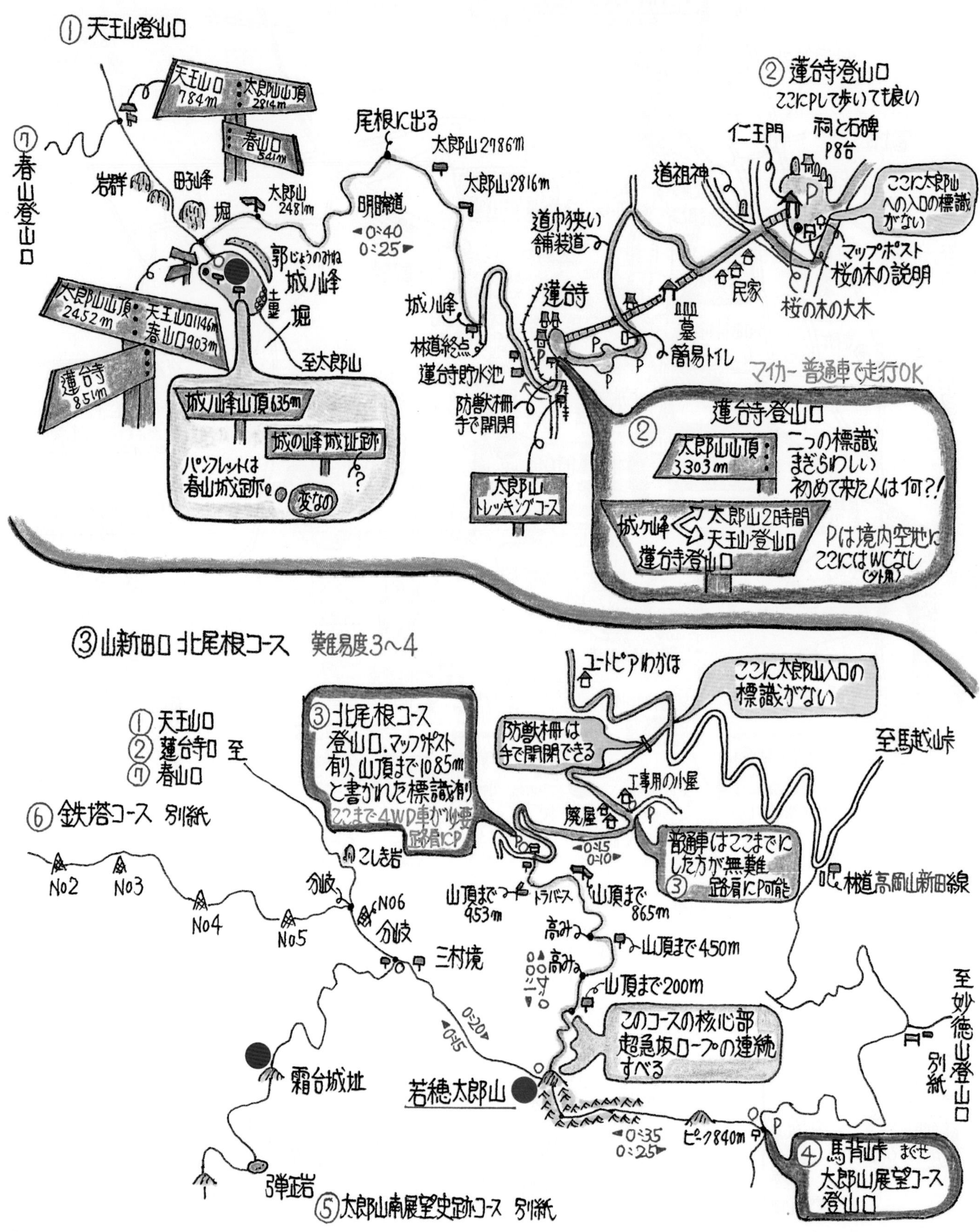

148 若穂太郎山 わかほたろうやま／997m／往復1時間

長野市に有る山

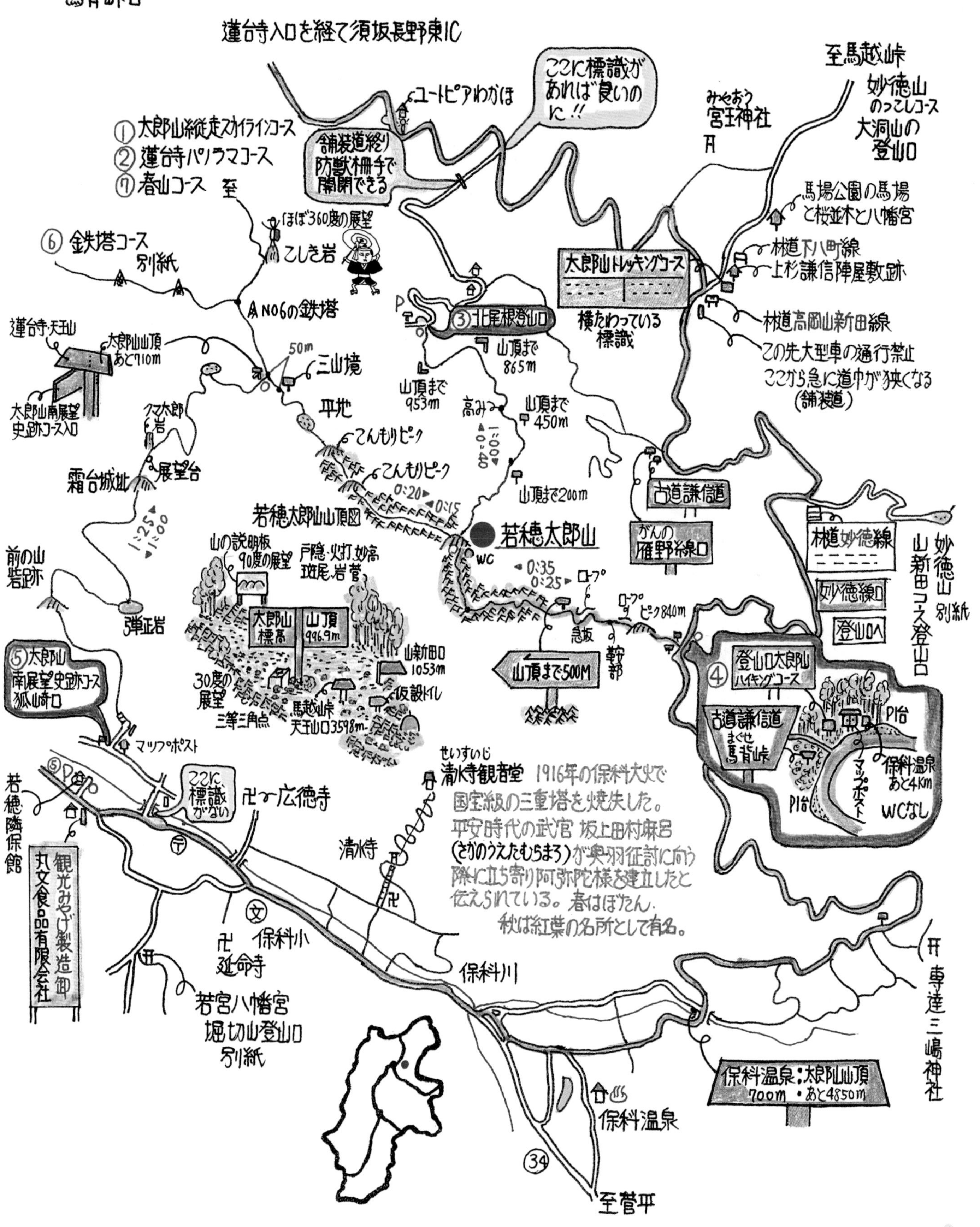

149 古城山城址 こじょうやまじょうし／554m／往復1時間10分

長野市に有る山

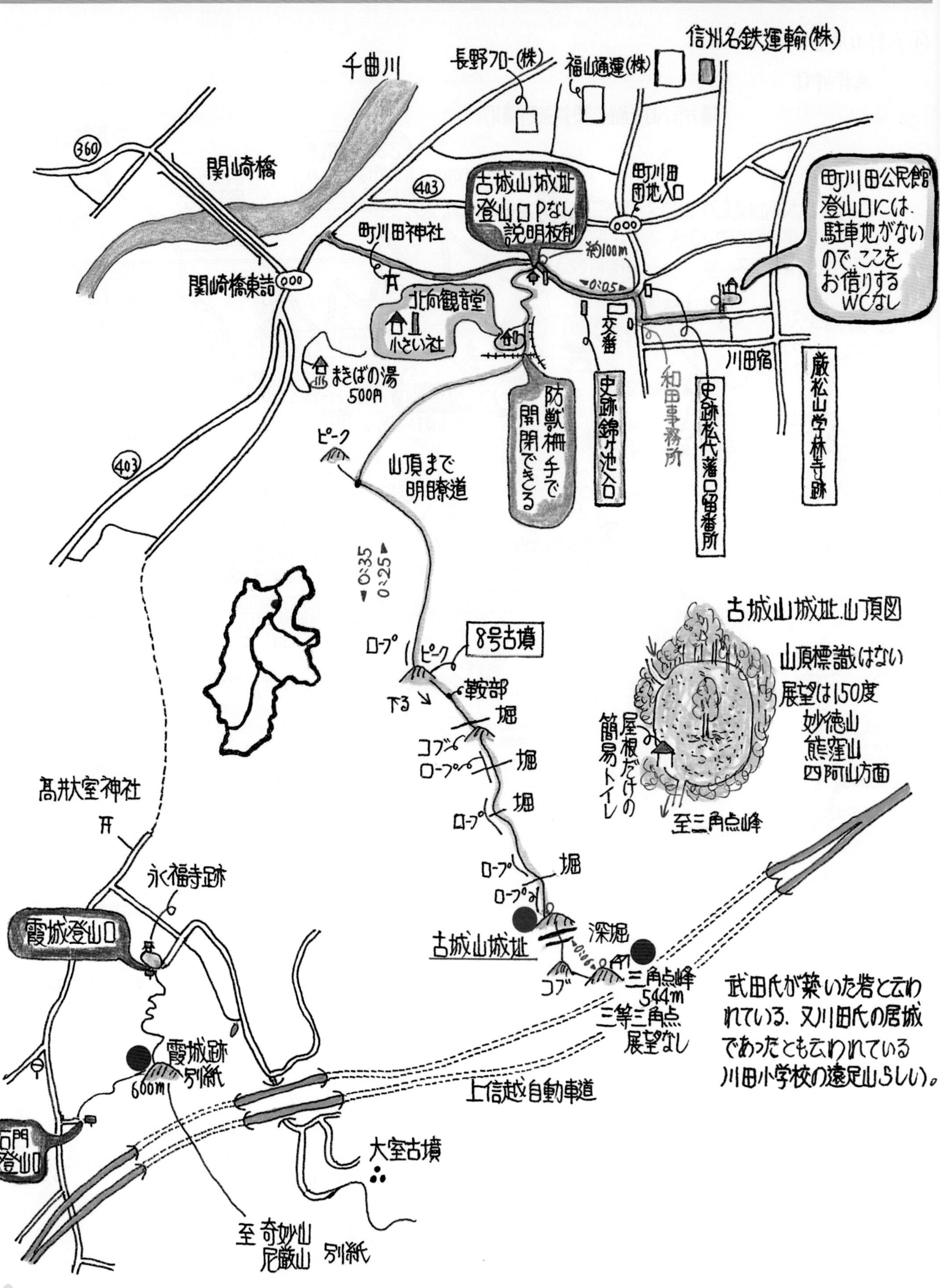

150 金井山 かないやま／480m／往復1時間20分

別名：金井山城跡

151 寺尾城址 てらおじょうし／450m／往復55分

別名：愛宕山

以上は、長野市に有る山

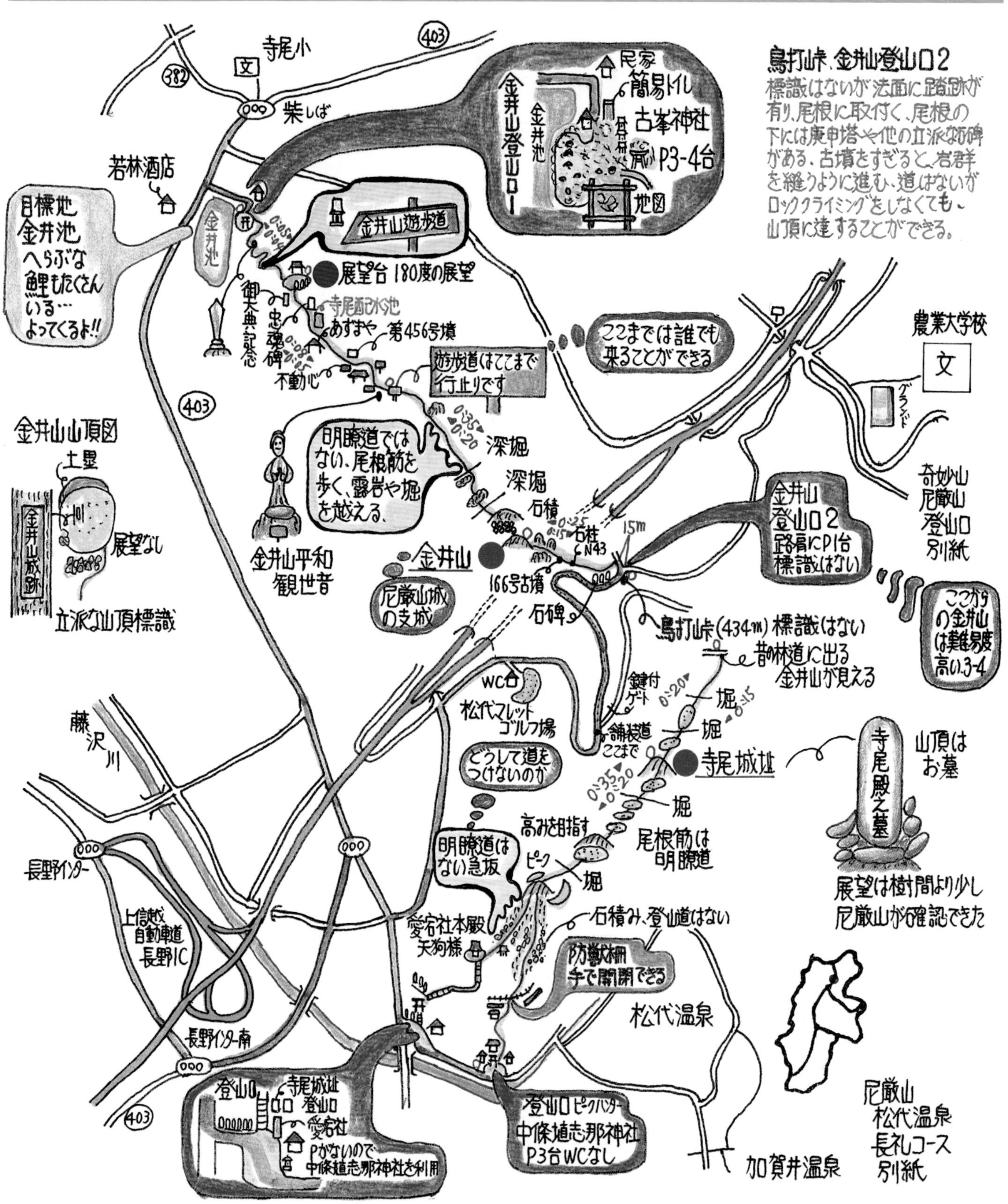

152 長野市の茶臼山 ちゃうすやま／730m／往復1時間10分

長野市に有る山

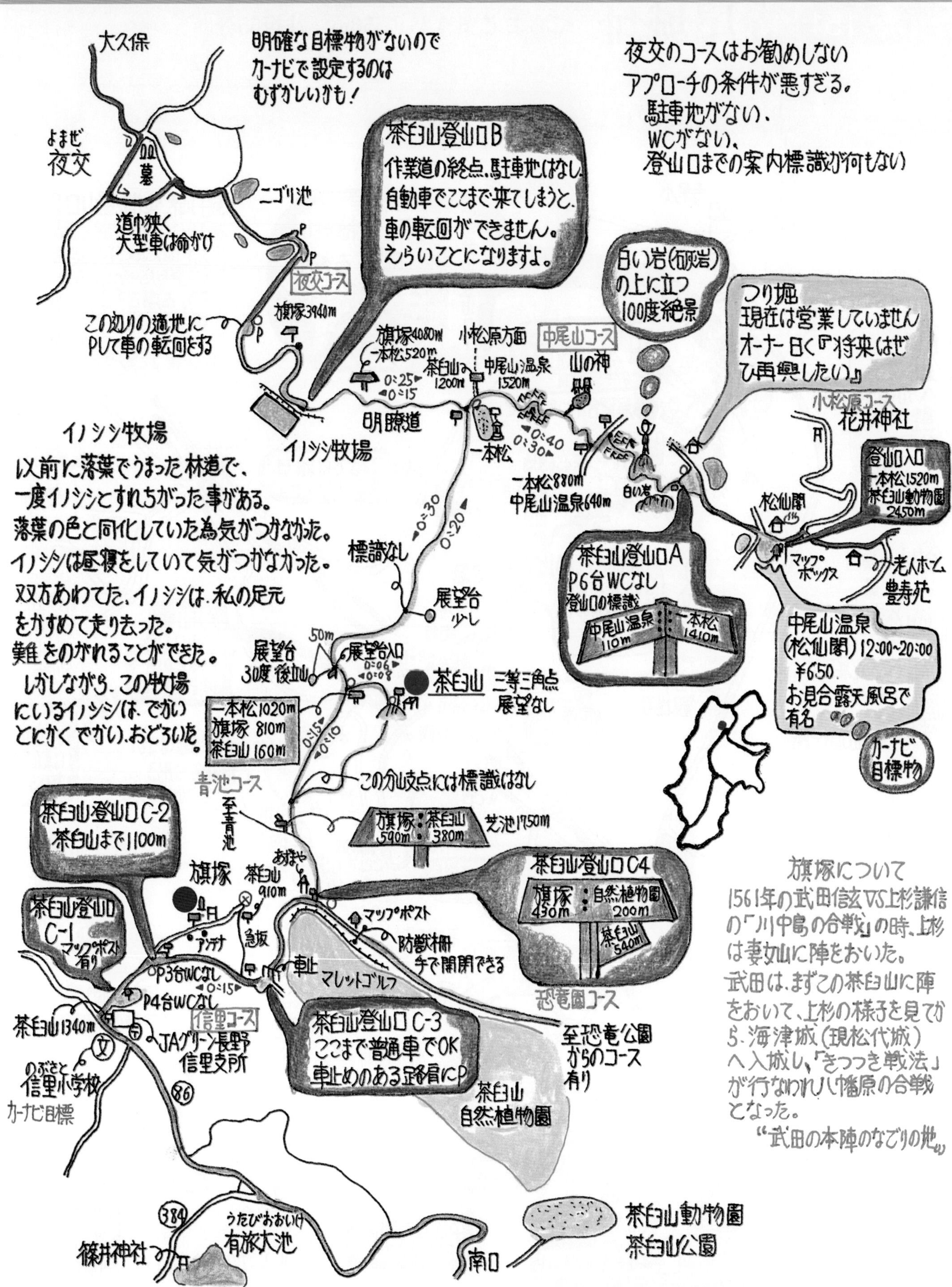

153 篠山 しのやま／907m／往復15分

長野市と千曲市の境の山

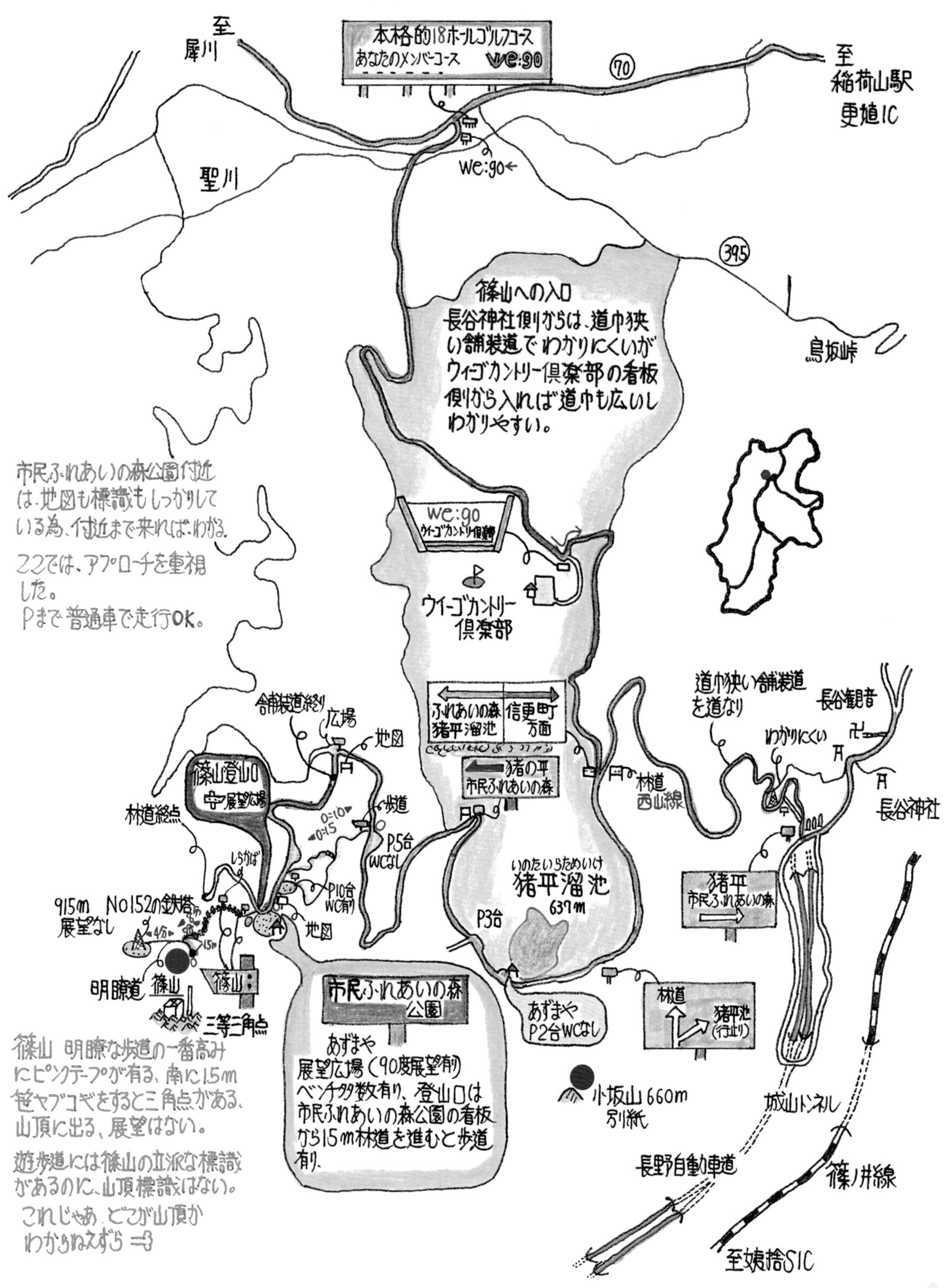

154 長野市の高雄山 たかおやま／1166m／周遊1時間10分

長野市と千曲市の境の山

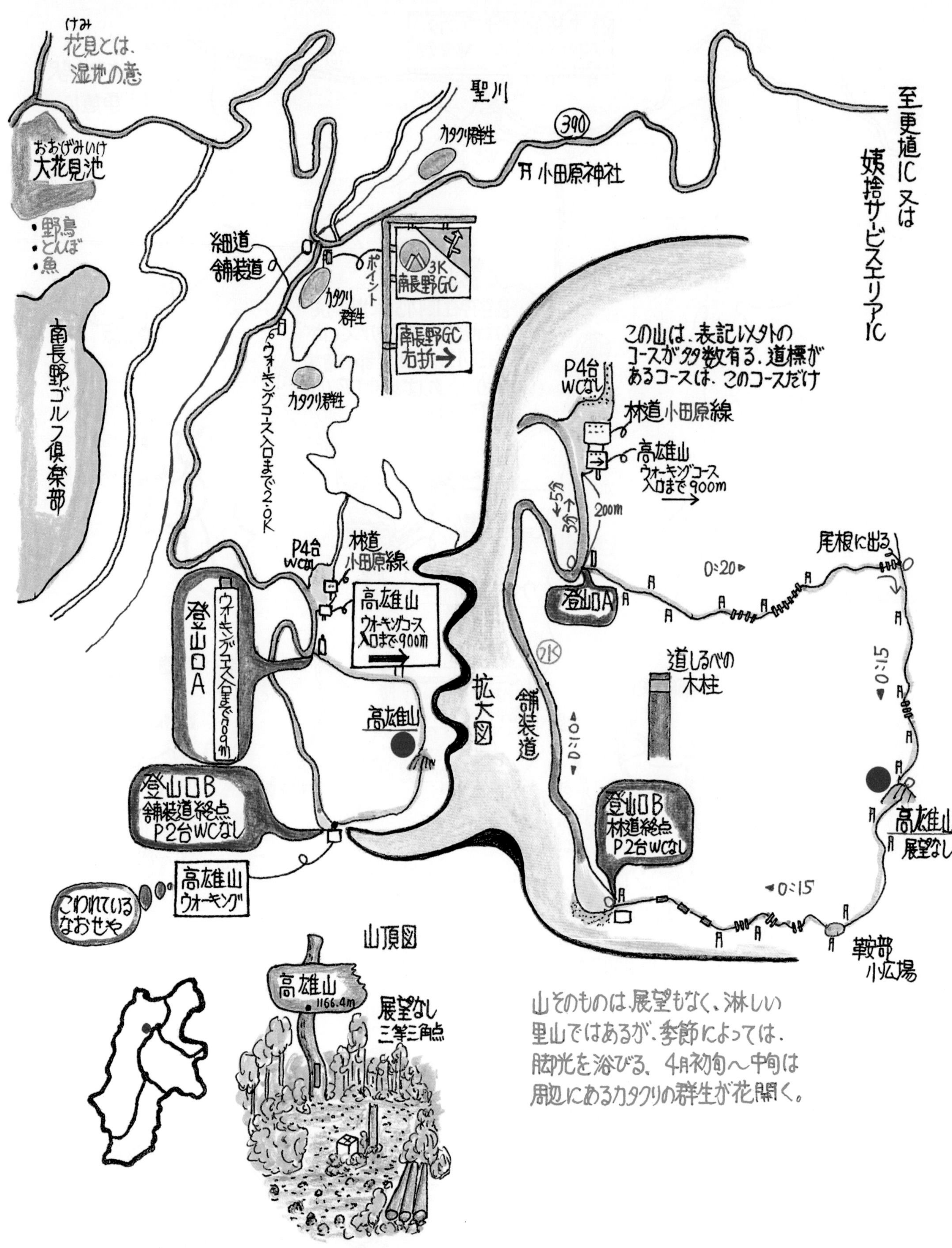

155 大姥山　おおうばやま／1003m／往復0分

156 火沢山　ひざわやま／855m／往復2時間

以上は、大町市と長野市の境の山

1、楽々コース：林道の終点が山頂です。以前の林道は、悪路で自動車の走行は無理でしたが、少なくとも令和元年は、普通自動車で山頂まで走行できました。

大姥山は、全国20ヶ所ある、金太郎伝説の山の一つです。

伝説：山頂近くに住んでいた大姥が有明山（安雲富士）の八面大王と恋仲になり生まれた子供が金太郎。戸隠山の悪鬼を源頼光とともに退治した、それ以来坂田金時と名乗り頼光の四天王の一人となった。大姥と金太郎が住んでいたと言われる洞窟（大姥神社奥社）近くに「つぐら」の岩穴や熊と遊んだ「遊び穴」がある、この大穴は遠く糸魚川市上路地区（あげろちく）まで続いているという。

大姥神社本宮から奥は1980年頃までは女人禁制であった。

現在この地域は、４月の最終日曜日に賑やか大好きな大姥のために花火が打ち上げられている。（以上2012年５月26日読売新聞信州ミステリー紀行より抜粋）

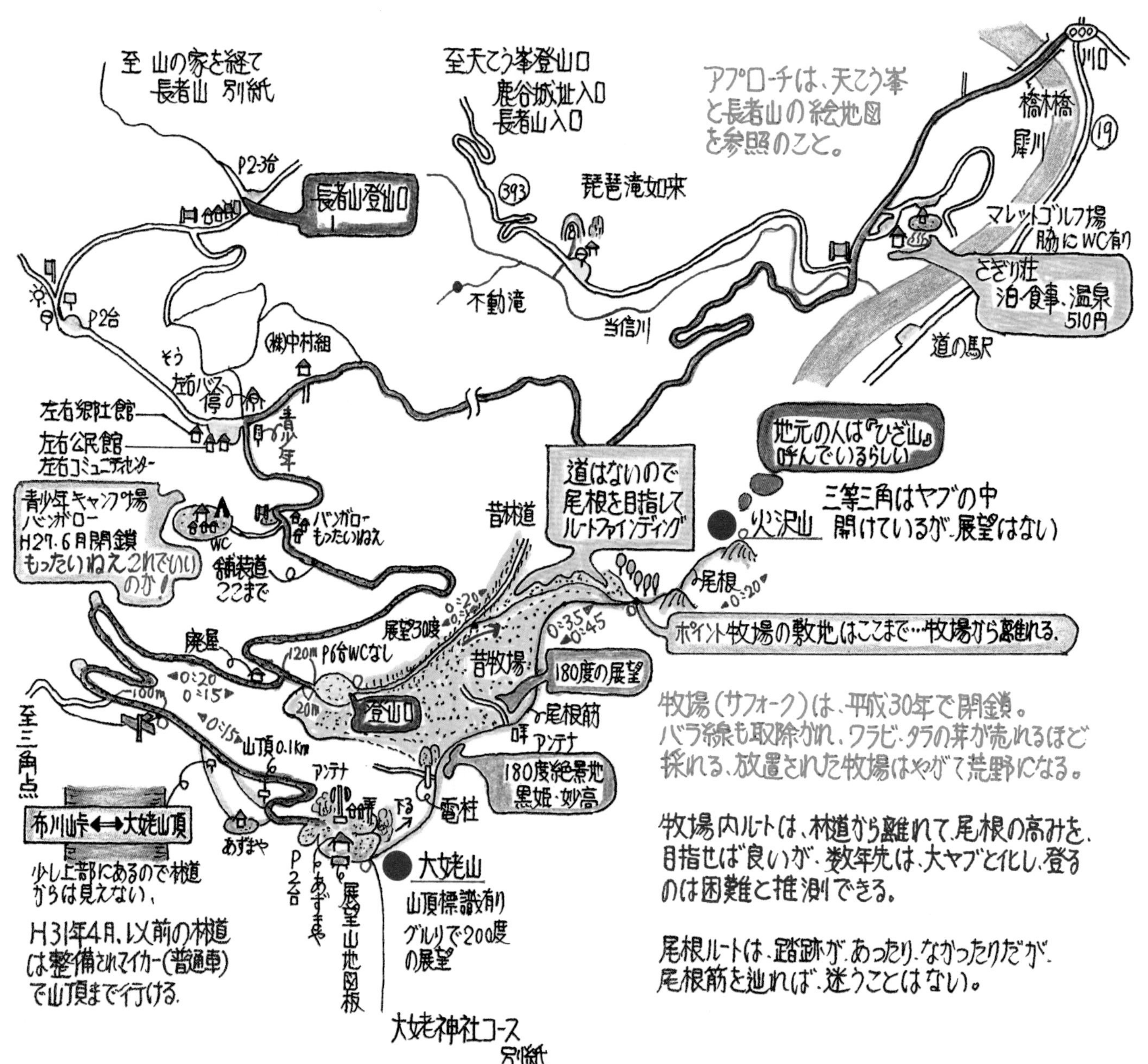

155 大姥山　おおうばやま／1003m／往復1時間40分

大町市と長野市の境の山

157 野田山城址　のだやまじょうし／766m／往復1時間20分

大町市に有る山

2、周遊コース：大姥神社〜三角点〜諏訪神社　歩行時間４〜５時間…難易度３

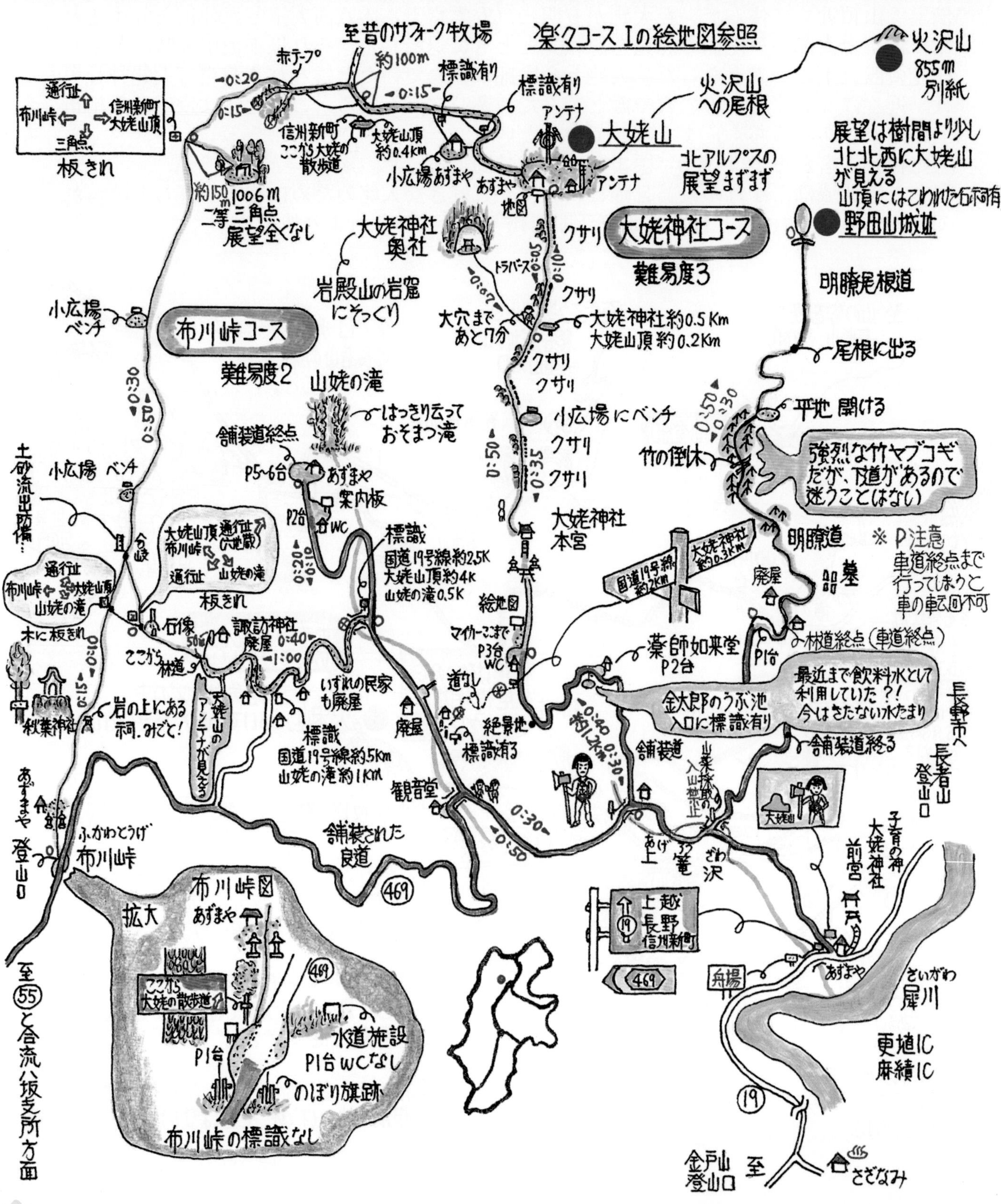

158 天こう峯 てんこうみね／889m／往復1時間50分

長野市に有る山

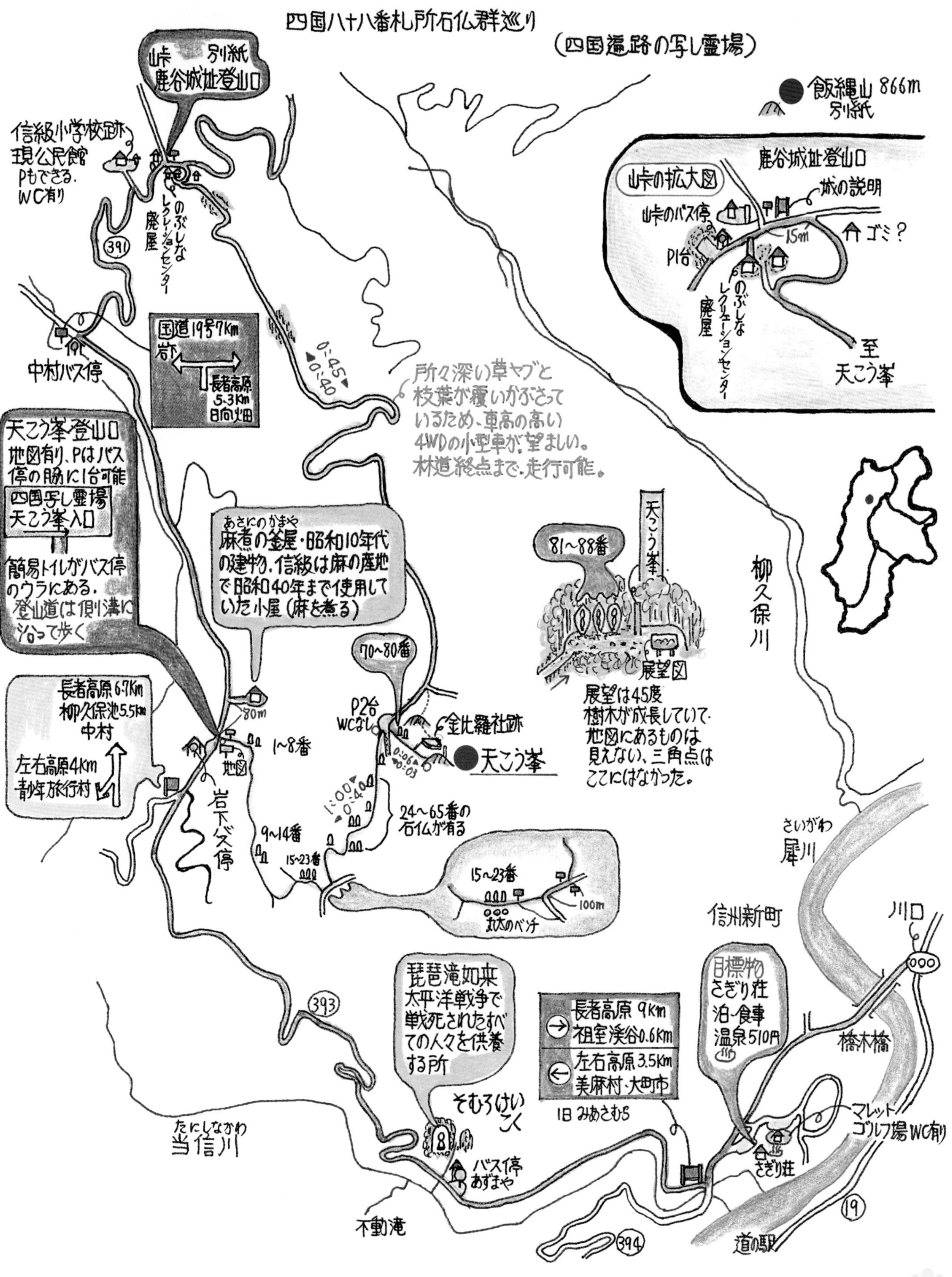

159 長者山 ちょうじゃやま／1159m／往復50分

長野市に有る山

①左右地区からの往復コース　②長者山公園まで車で行き、山頂まで往復するコース

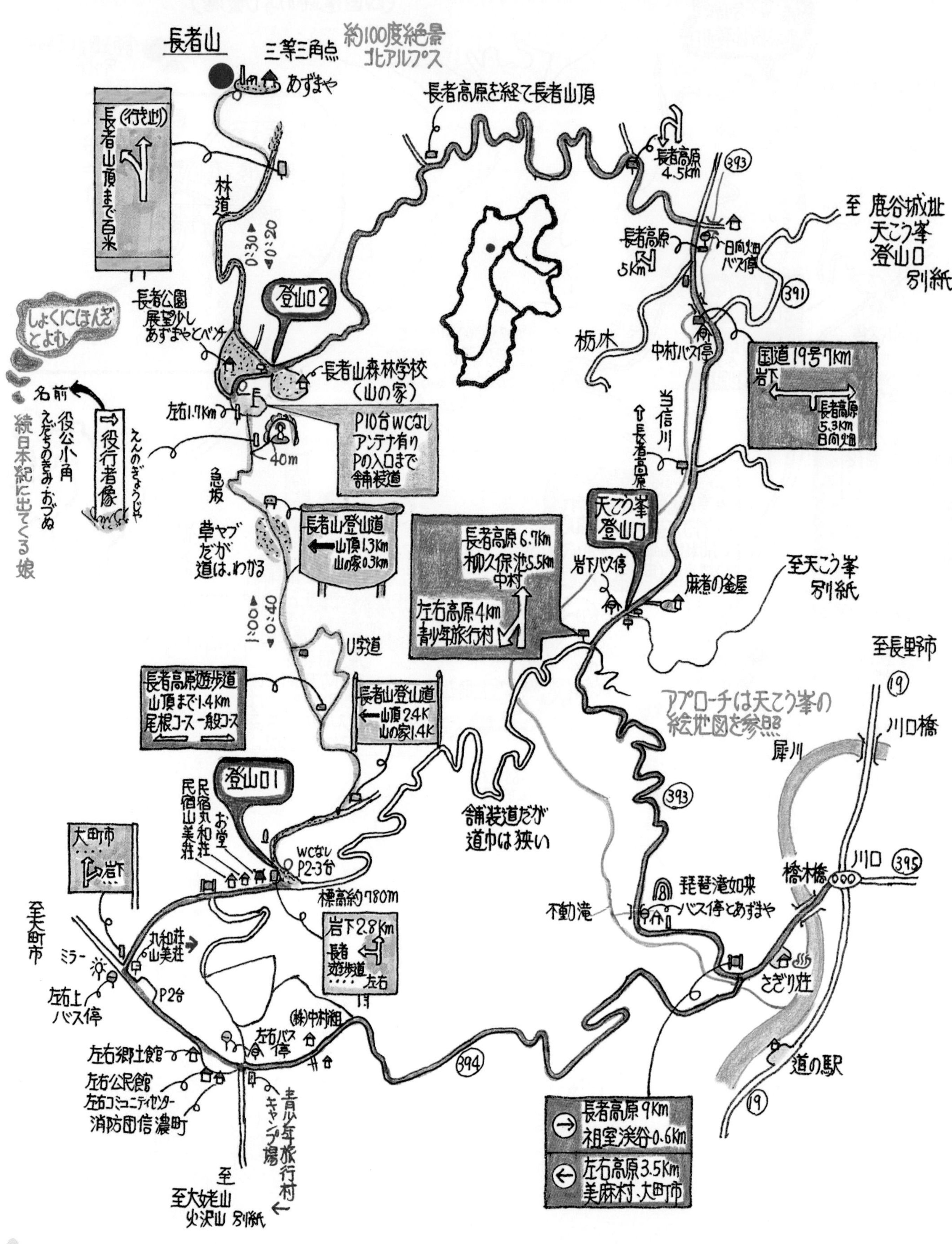

160 鹿谷城址 かやじょうし／837m／往復35分

161 上奈良尾の飯縄山 いいづなやま／866m／往復50分

以上は、長野市に有る山

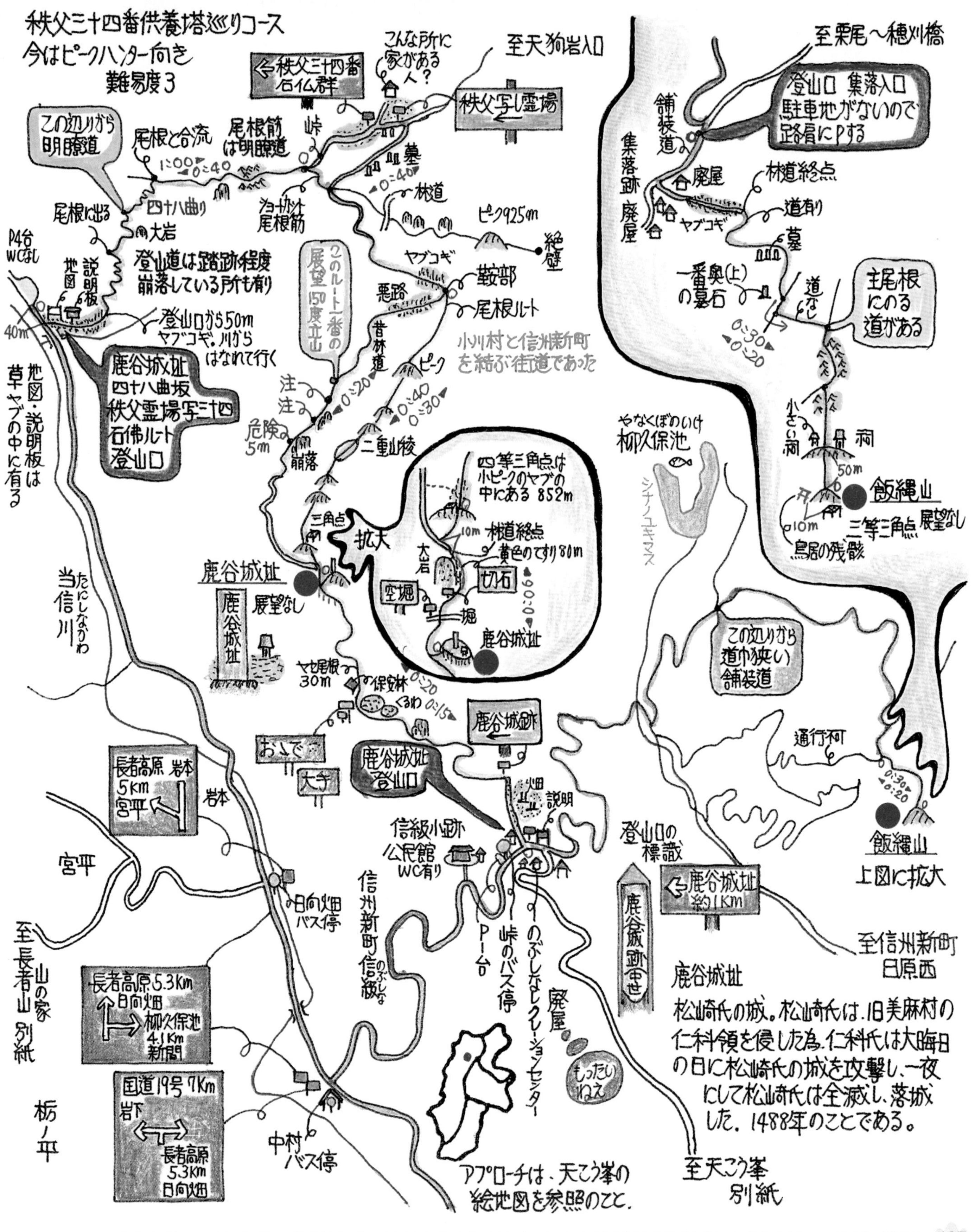

鹿谷城址
松崎氏の城。松崎氏は、旧美麻村の仁科領を侵した為、仁科氏は大晦日の日に松崎氏の城を攻撃し、一夜にして松崎氏は全滅し、落城した。1488年のことである。

162 旧信州新町の城山　しろやま／694m／往復15分

和田之城跡（わだのじょうせき）長野市に有る山

車で近くまで行ける山、登山とは言い難いが展望は近くの里山よりずっと良いのでとりあげる。

おまけ：牧之島城跡（まきのしまじょうせき）長野市に有る。

和田之城は、牧之島城の支城（見張り城）。

牧之島城…鎌倉時代佐久の香坂氏が移住、牧場を経営し築城。1553年村上義清に組したが、武田氏との戦に敗れ村上氏が越後（上杉）に逃れると、香坂氏は武田氏に属した、1561年香坂宗重は、上杉方と内通の疑いで海津城（現松代城）で処せられたが、香坂氏の娘を春日弾正昌信に娶（めと）らせた、春日市は高坂と改名（甲陽軍艦の発刊者）…後武田十二将馬場美濃守が城主となる。1566年高坂弾正昌信は、信玄の命により新たに牧之島城を築城…1575年高坂及び馬場は、長篠城の合戦（武田勝頼VS徳川家康・織田信長 連合軍）で、設楽ヶ原で戦死…武田勝頼は甲斐天目山で、自刃し武田家は滅亡する…山梨県恵林寺や甲斐大和の恵徳院を見学すると良い。

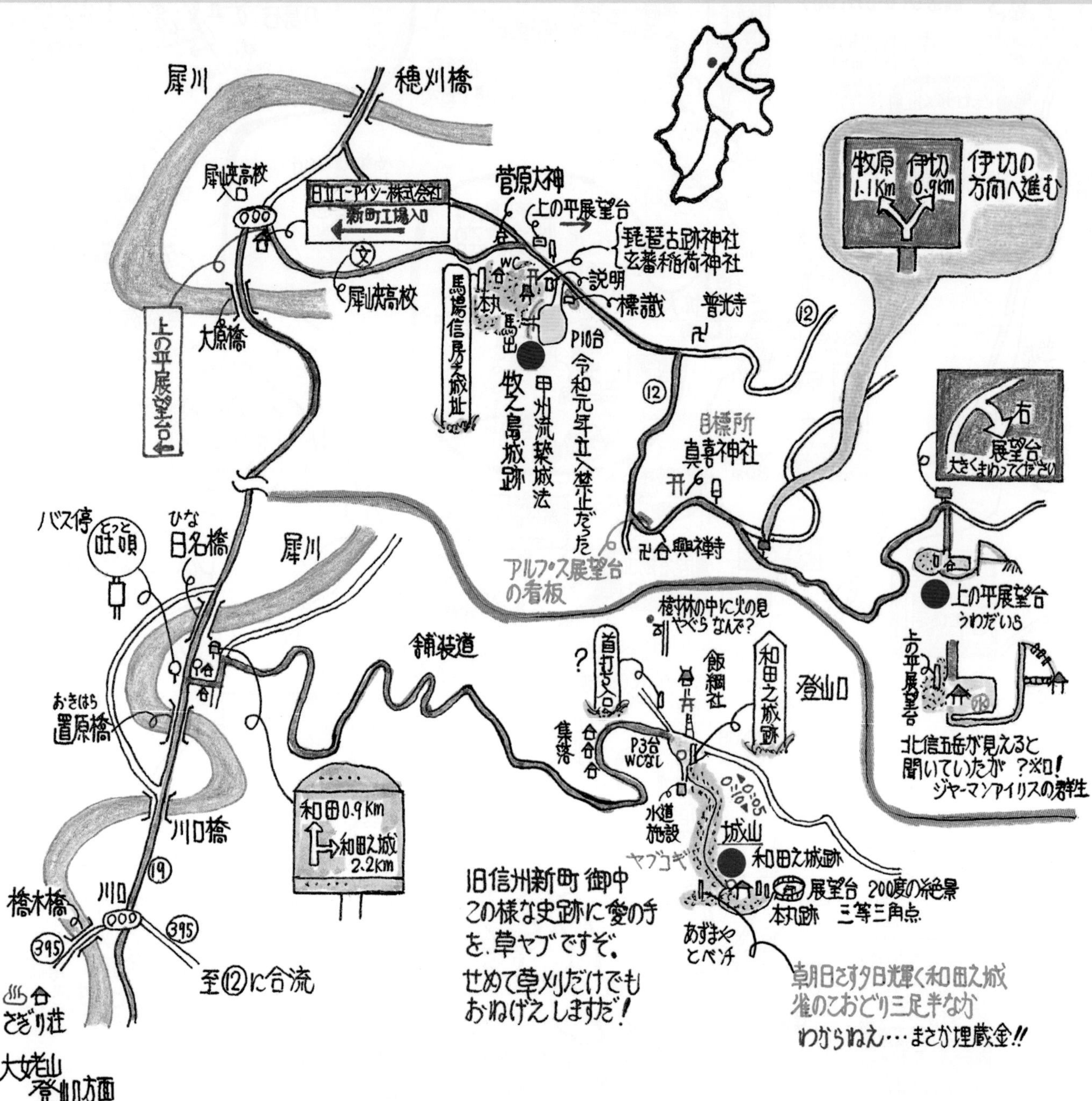

163 信更町中平の虚空蔵山　こくぞうざん／764m／往復0分

別名：岩倉山（いわくらやま）

長野市に有る山

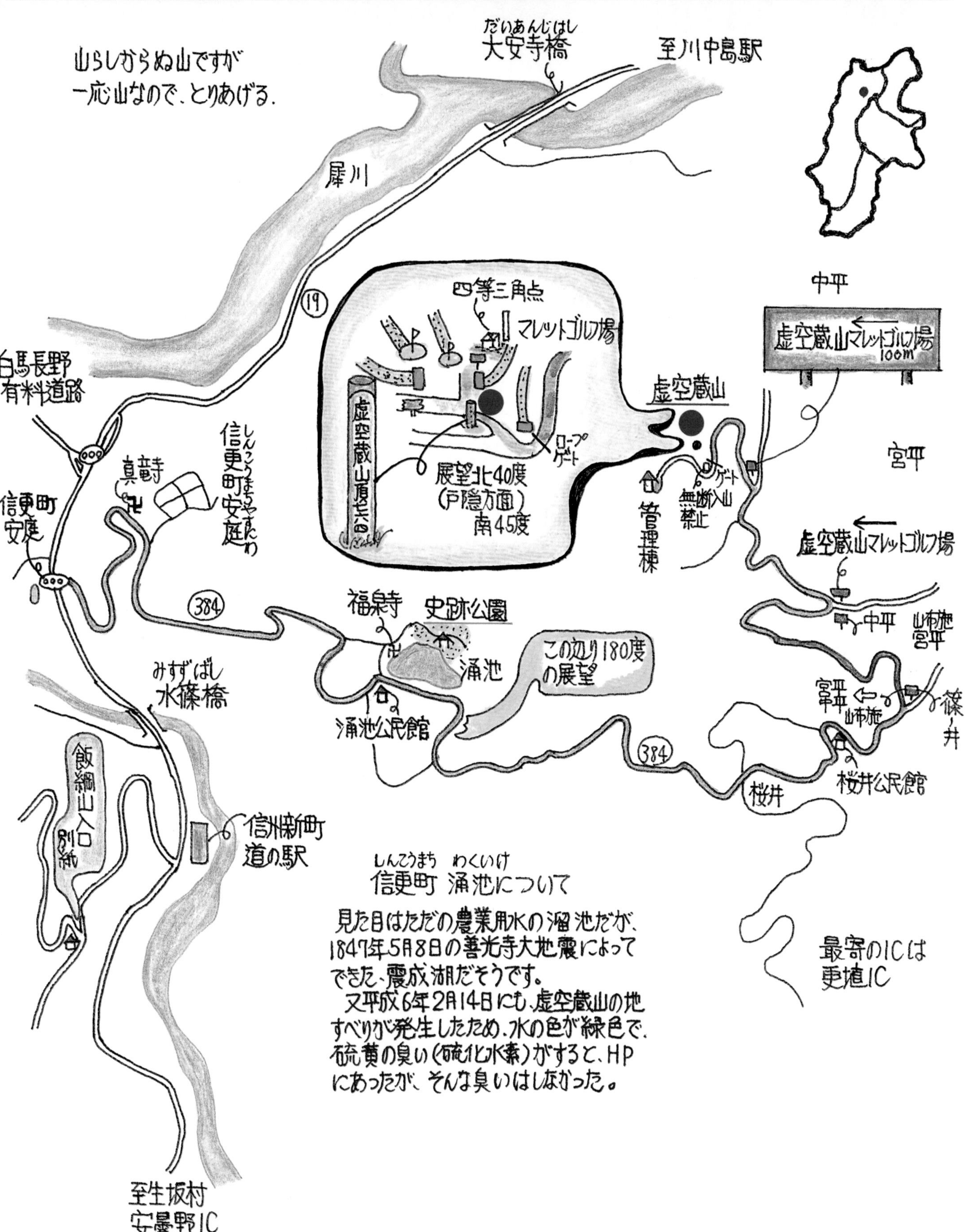

164 旧信州新町の飯綱山 いいづなやま／634m／往復12分

165 信更町高野の虚空蔵山 こくぞうさん／873m／往復55分

166 五百山 ごひゃくやま／659m／往復18分

以上は、長野市に有る山

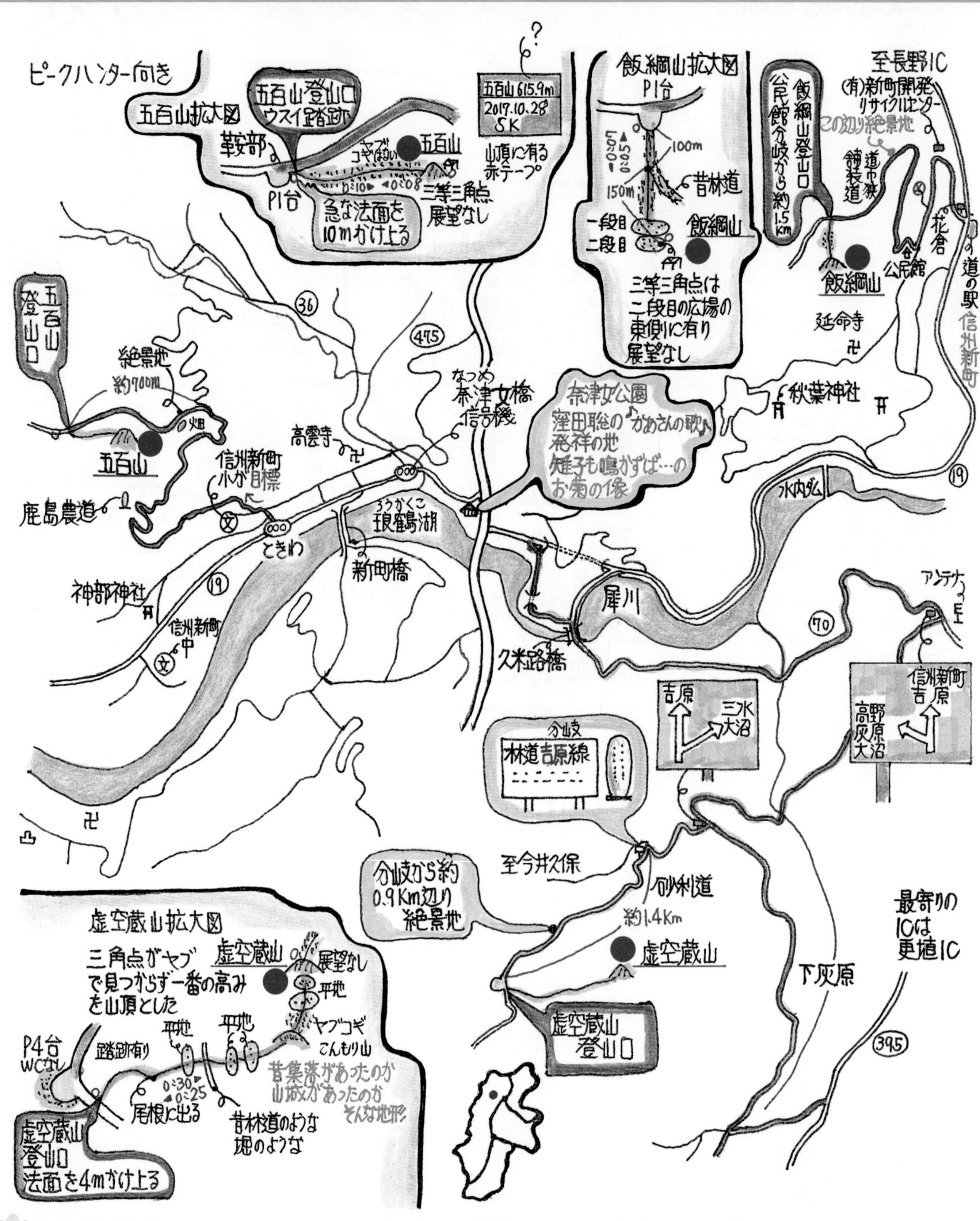

167 旧信州新町の天狗山 てんぐやま／920m／往復25分

長野市に有る山

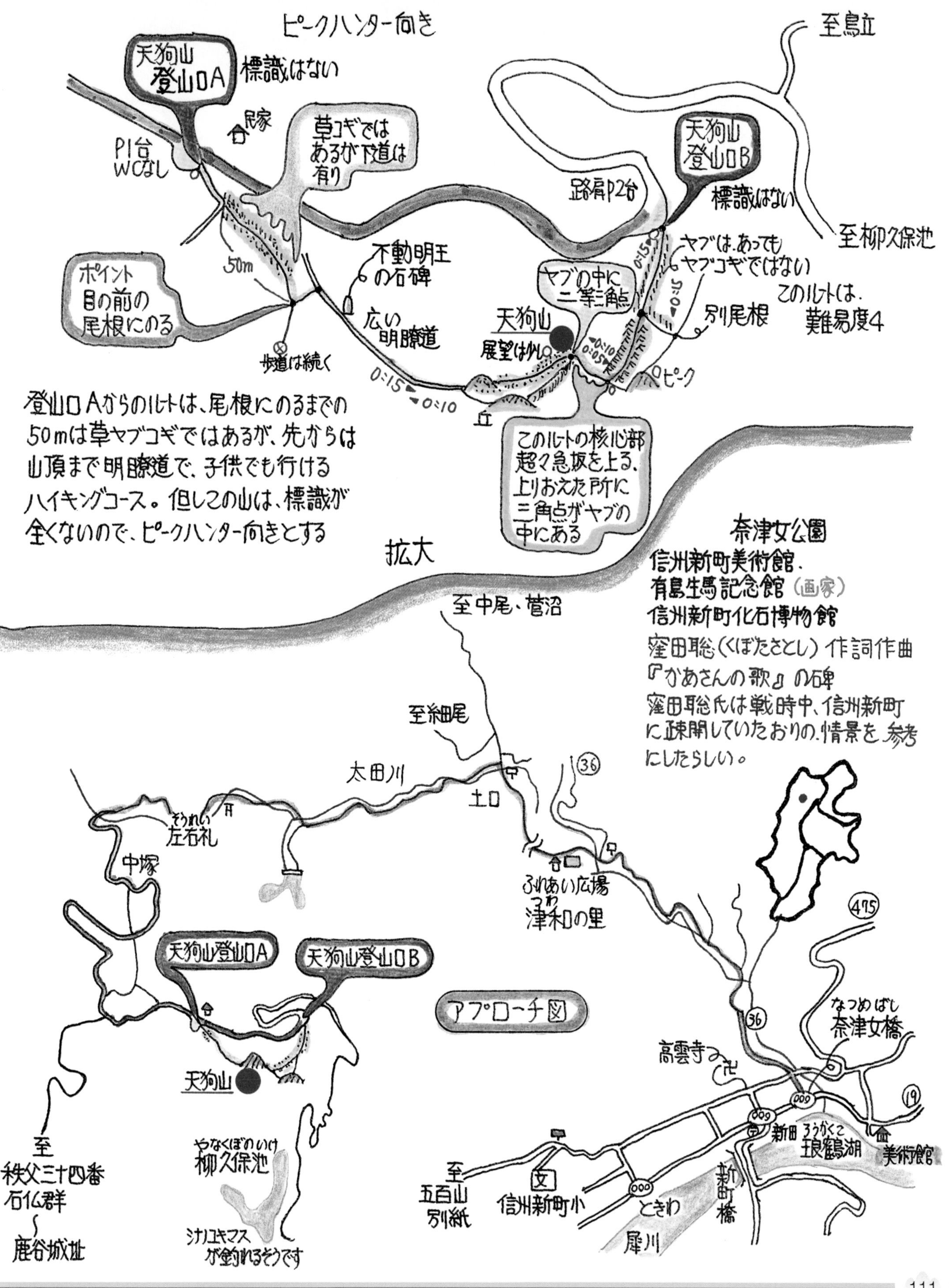

168 千見城跡 せんみじょうせき／831m／往復1時間30分

169 藤城址 ふじじょうし／915m／往復5分

以上は、大町市に有る山

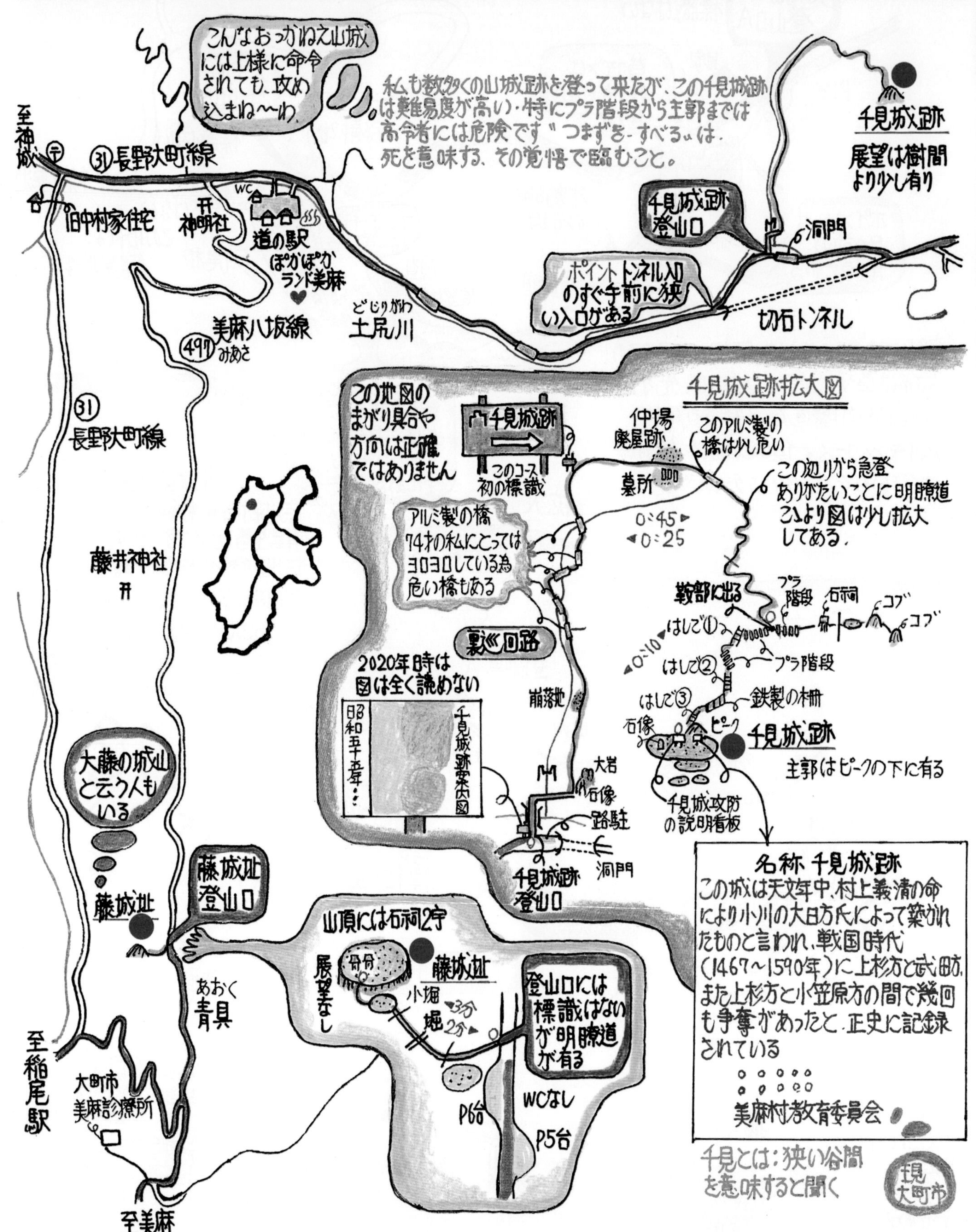

170 立屋城址　たてやじょうし／806m／往復20分

長野市と小川村の境の山

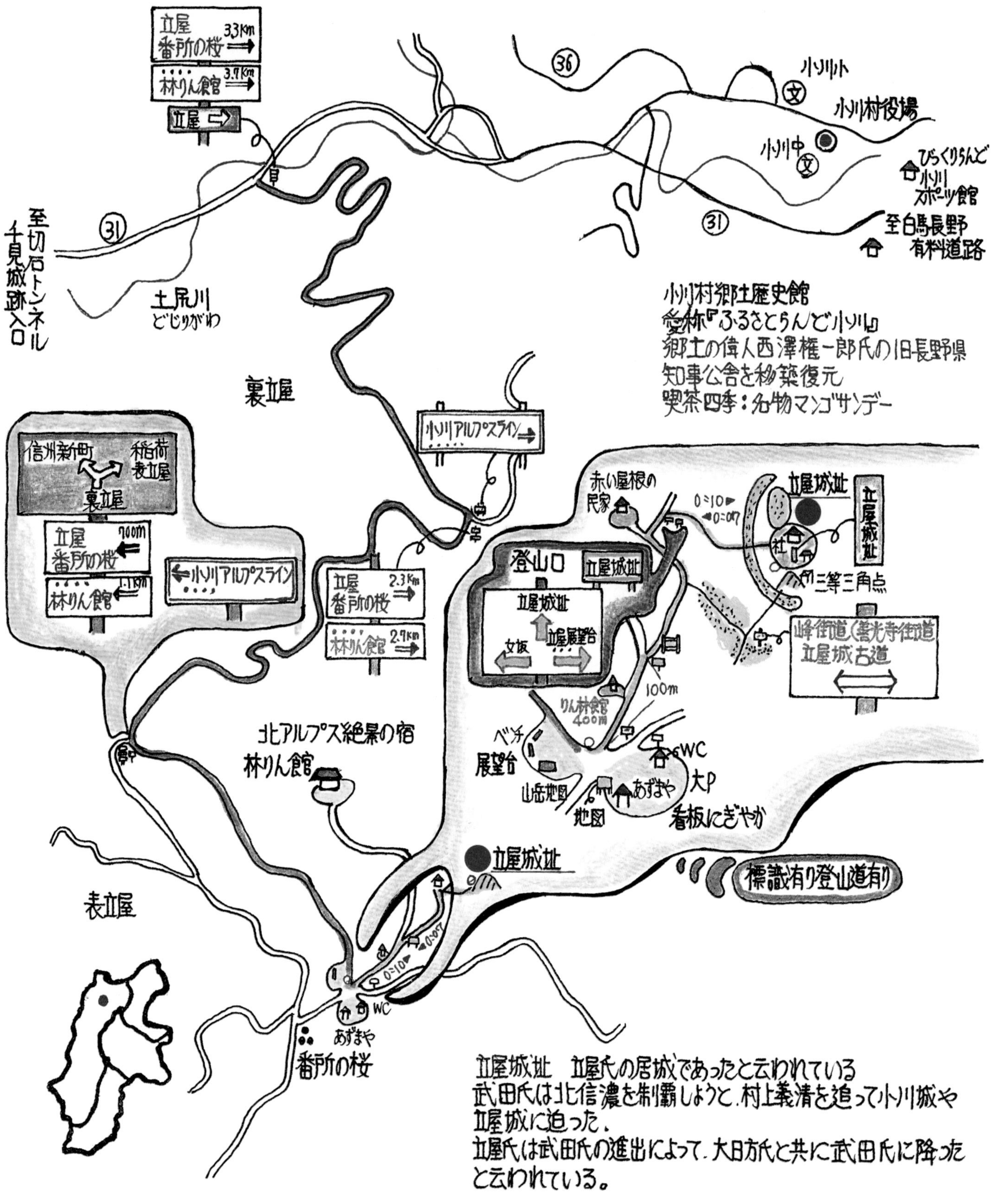

171 馬曲城跡 まぐせじょうせき／821m／往復25分

172 古山城跡 ふるやまじょうせき／802m／往復25分

以上は、小川村に有る山

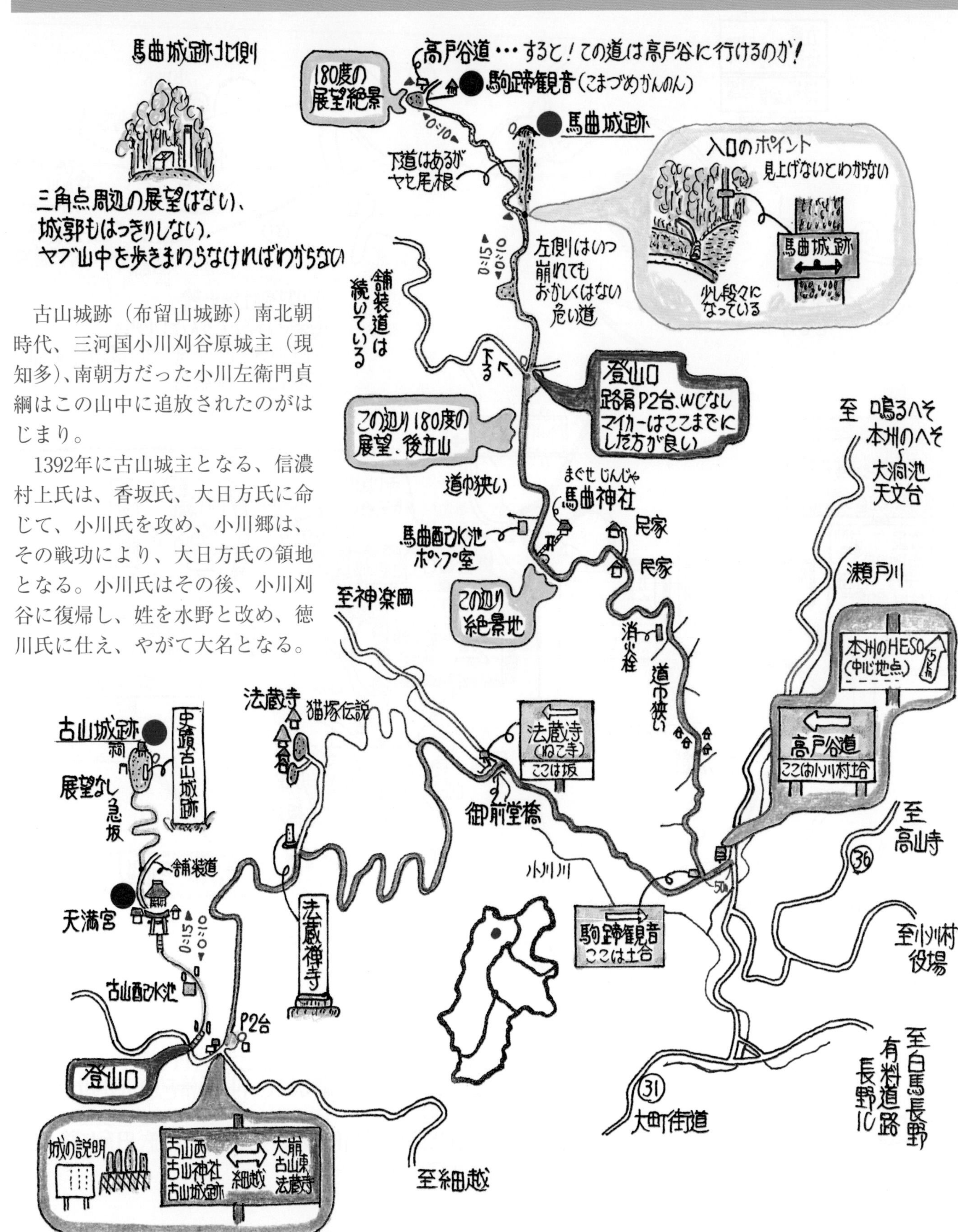

古山城跡（布留山城跡）南北朝時代、三河国小川刈谷原城主（現知多）、南朝方だった小川左衛門貞綱はこの山中に追放されたのがはじまり。

1392年に古山城主となる、信濃村上氏は、香坂氏、大日方氏に命じて、小川氏を攻め、小川郷は、その戦功により、大日方氏の領地となる。小川氏はその後、小川刈谷に復帰し、姓を水野と改め、徳川氏に仕え、やがて大名となる。

173 蕎麦粒山　そばつぶやま／1071m／往復1時間30分

大町市と小川村の境の山

174 小川村の高戸谷山　たかとやさん／1052m／往復50分

小川村に有る山

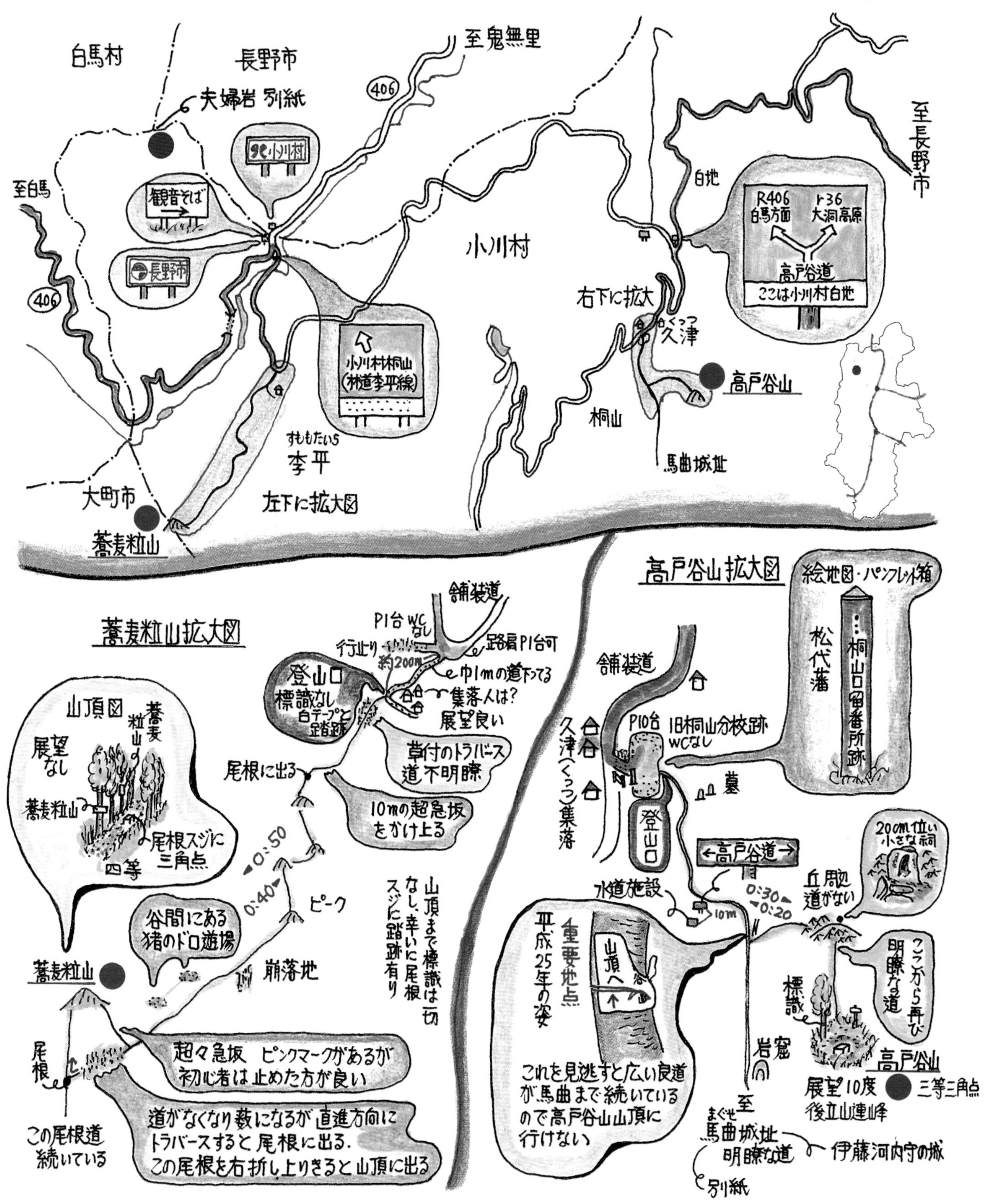

虫倉山系全体図 むしくらやま

長野市と小川村に有る山

目的地	コース名	およそ上りの時間	難易度
虫倉山	大洞コース	2:00	3 中級者
	薬師コース	2:50	3.5 上級者
	天神城コース	2:20	3 中級者
	不動滝コース	1:30	1 初心者
	さるすべりコース	1:25	4 上級者
	小虫倉コース	1:35	4 上級者
小虫倉	岩井堂コース	1:20	3 中級者
	岩井堂峠コース	0:45	1 初心者

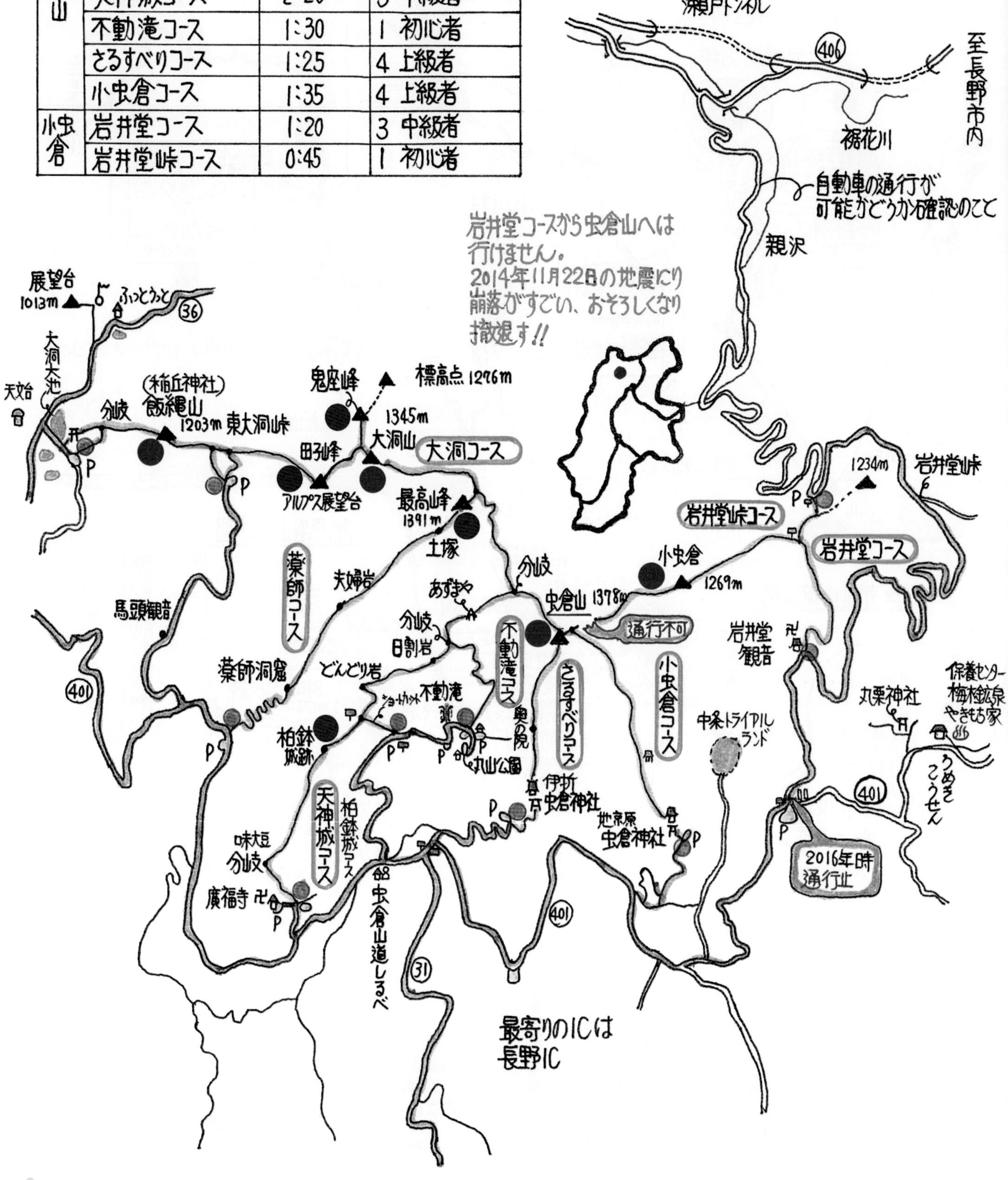

岩井堂コースから虫倉山へは行けません。2014年11月22日の地震により崩落がすごい、おそろしくなり撤退す!!

自動車の通行が可能かどうか確認のこと

最寄りのICは長野IC

175 小川村の飯縄山　いいづなやま／1203m／往復40分

小川村に有る山

176 大洞山　おおどうやま／1345m／往復1時間15分

小川村と長野市の境の山

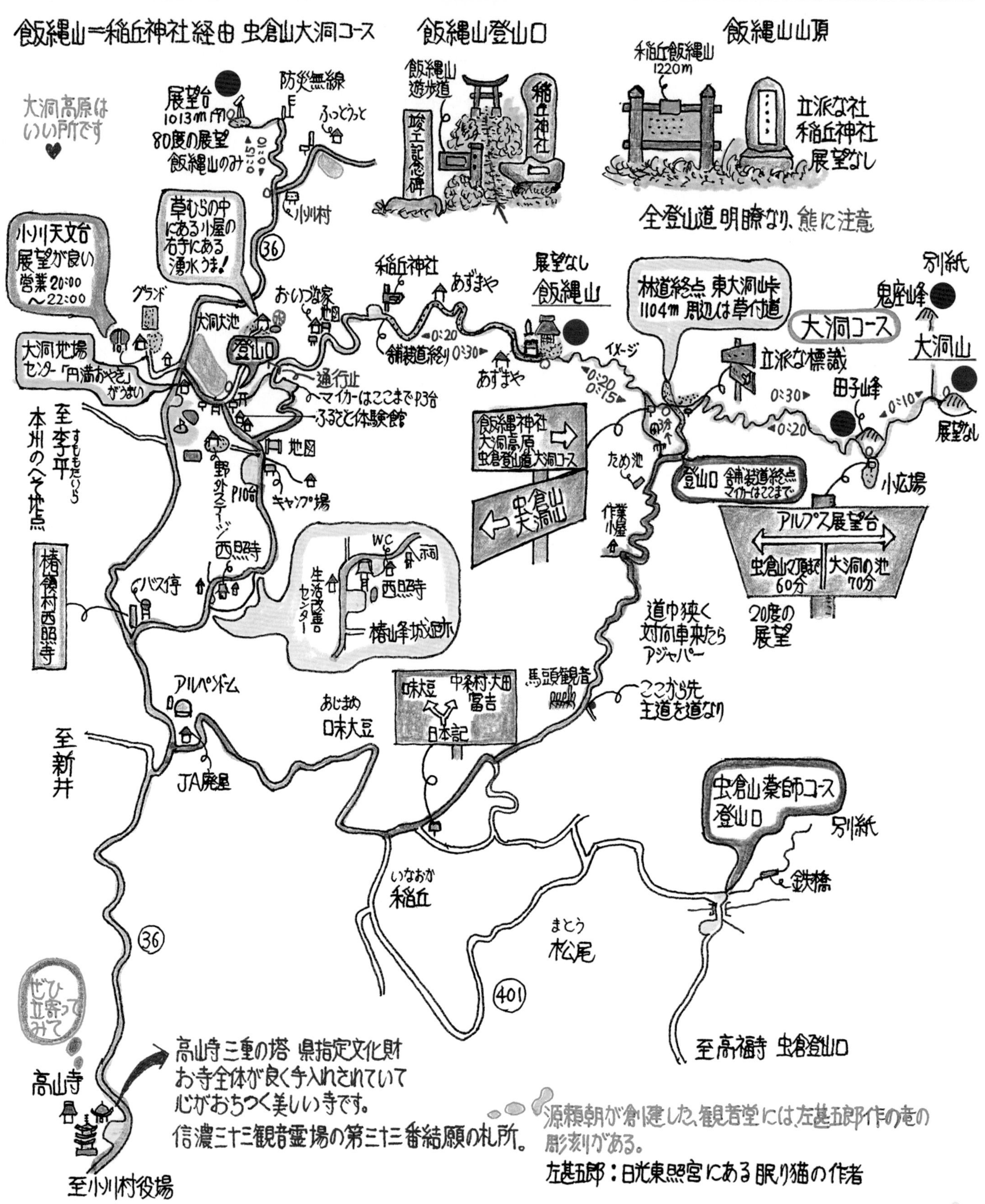

176 大洞山　おおどうやま／1345m／往復4時間15分

小川村と長野市の境の山

177 虫倉山　むしくらやま／1378m／往復4時間45分

長野市に有る山

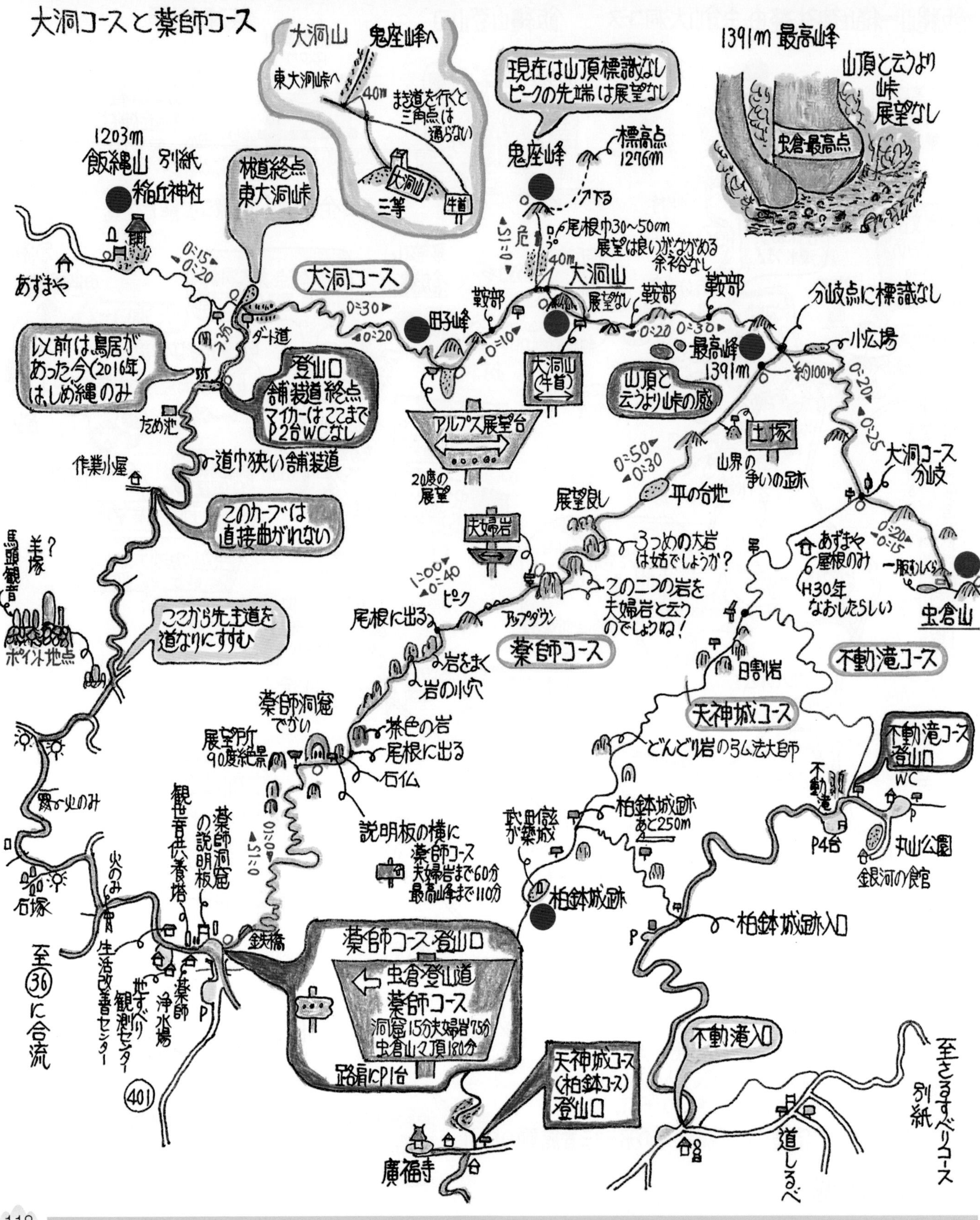

177 虫倉山　むしくらやま／1378m／往復2時間30分

長野市に有る山

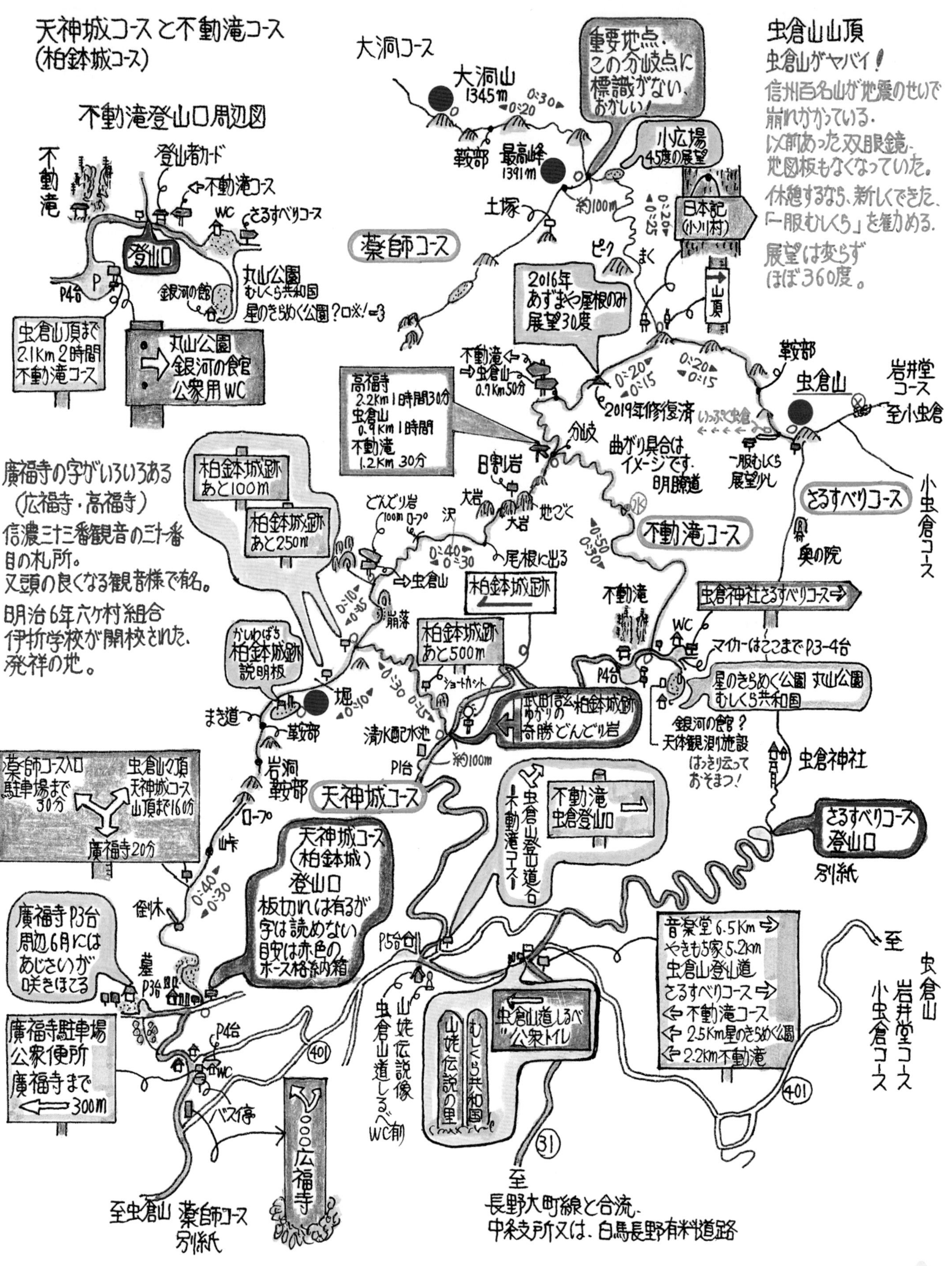

177 虫倉山 むしくらやま／1378m／往復2時間10分

長野市に有る山

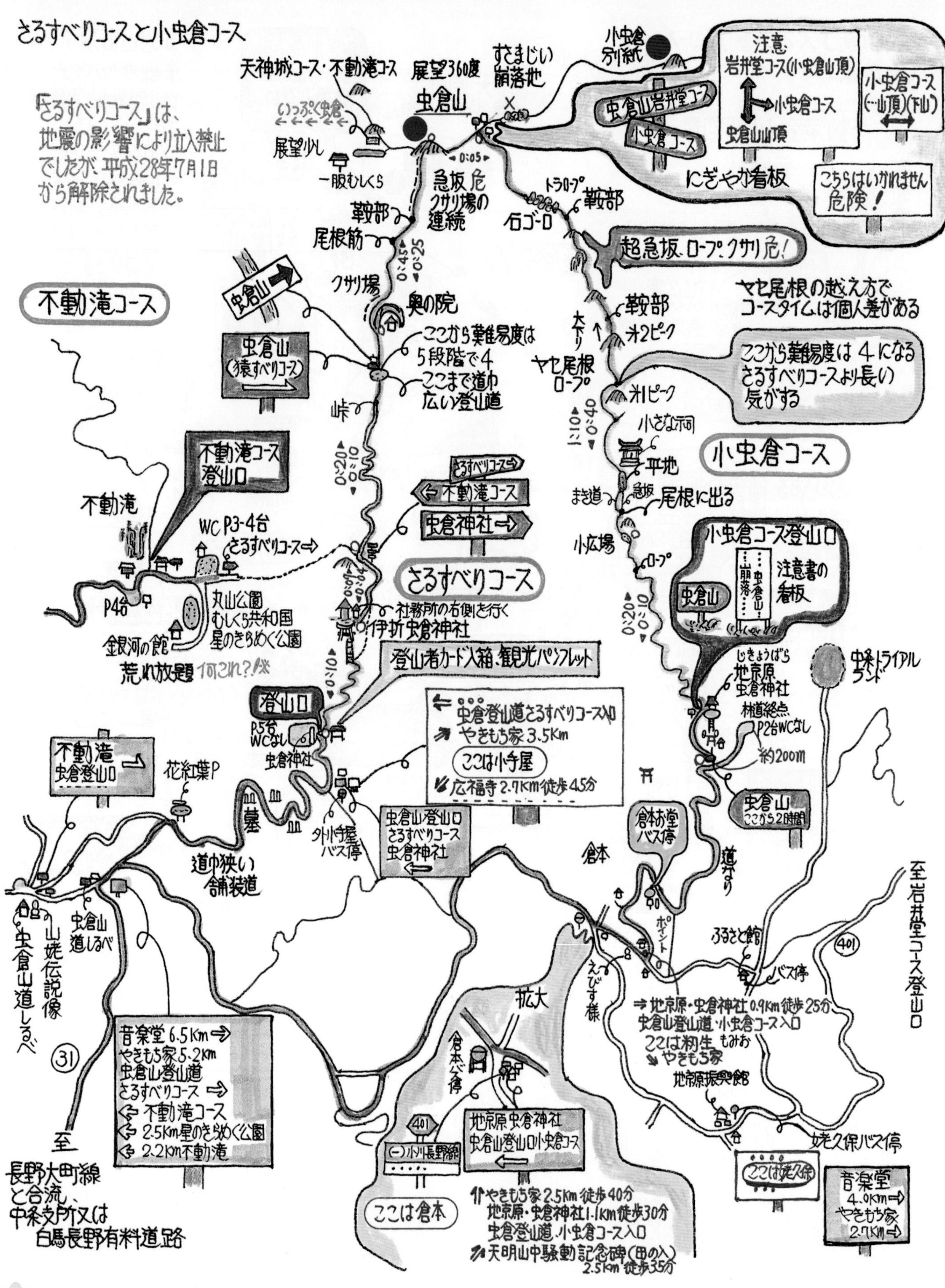

178 小虫倉　こむしくら／1269m／往復2時間5分

別名：大姥神社・小虫倉山城

長野市に有る山

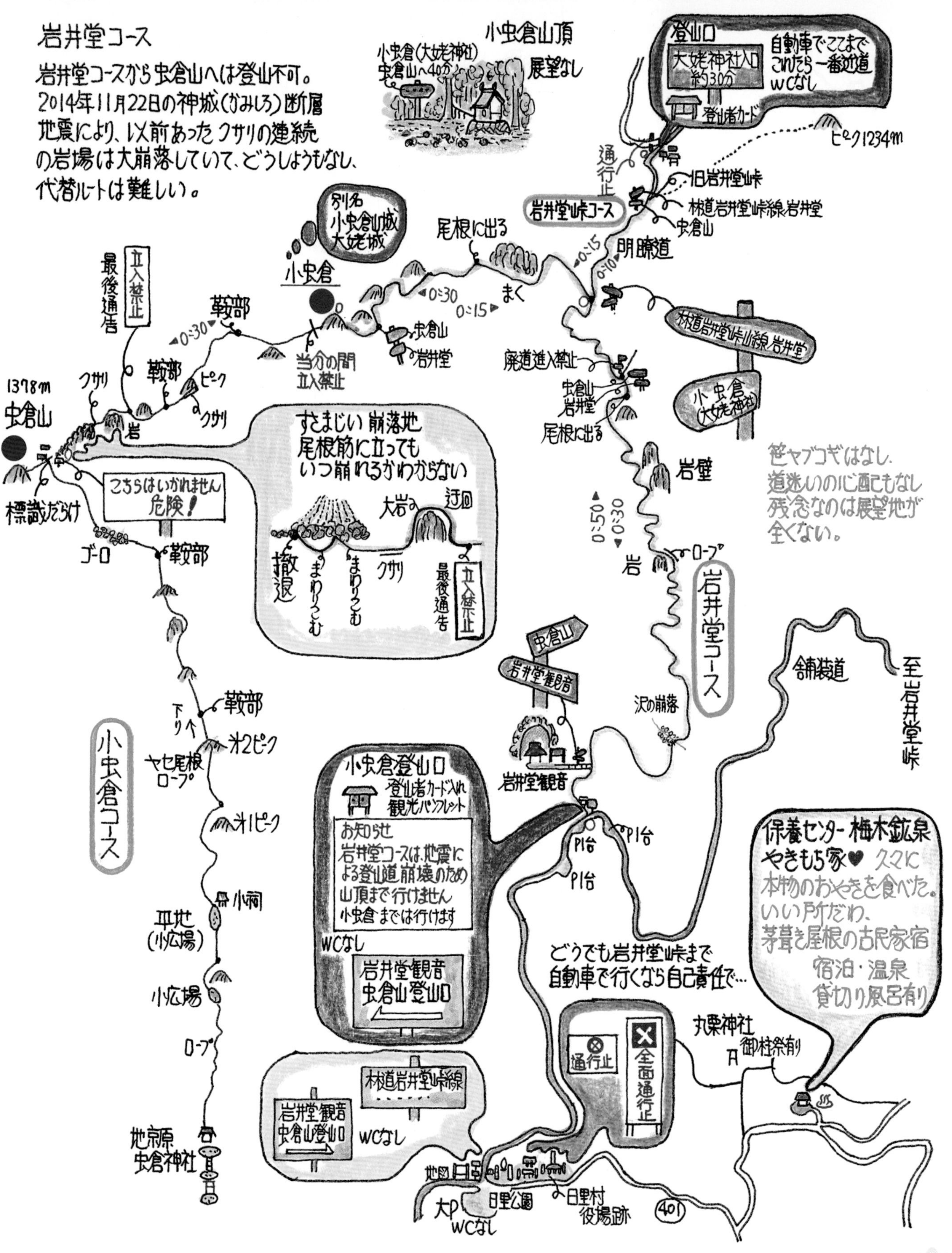

179 陣馬平山 じんばだいらやま／1257m／45分

180 萩野城跡 はぎのじょうせき／1176m／往復1時間

以上は、長野市に有る山

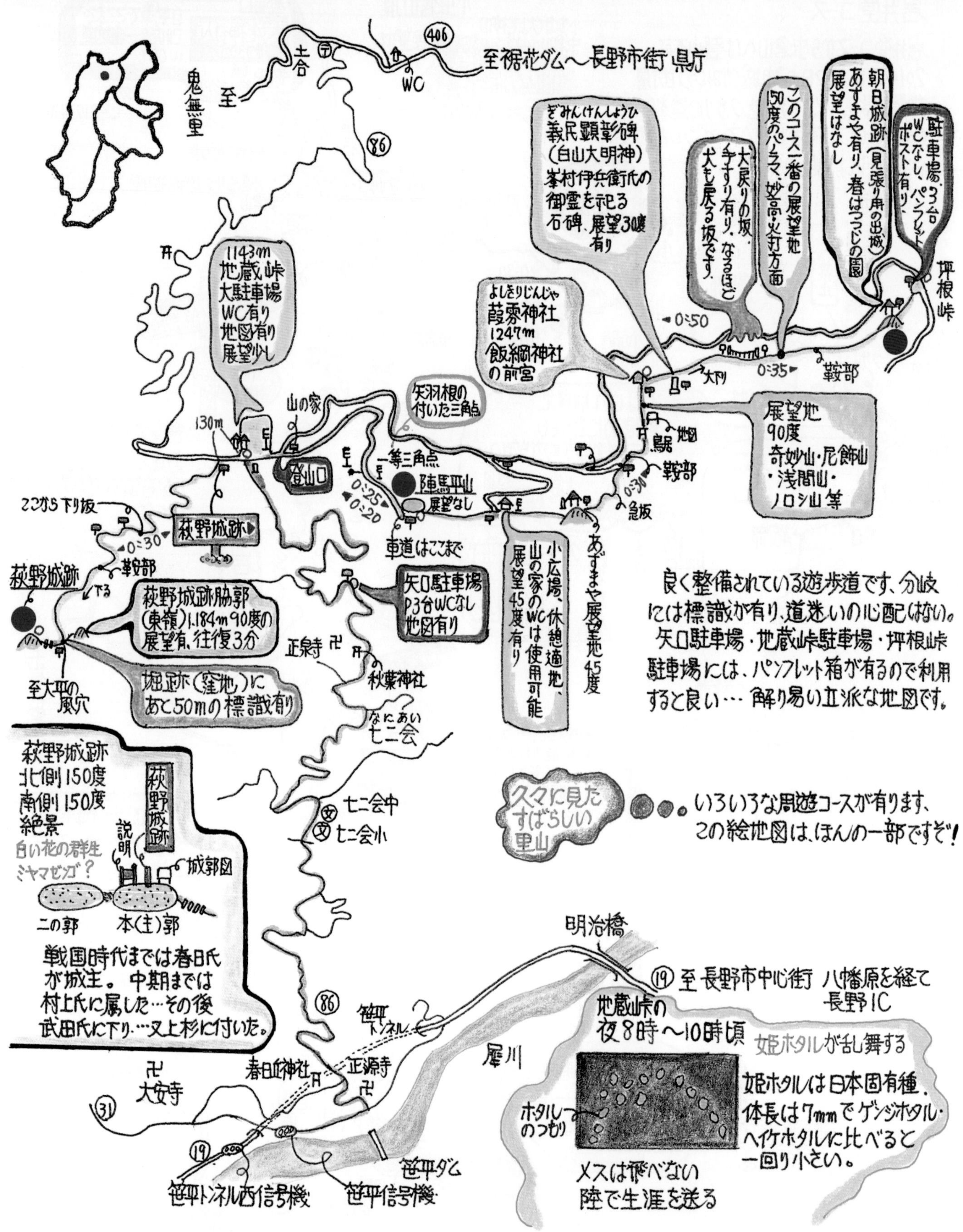

181 小松原城跡 こまつばらじょうせき／540m／往復55分

長野市に有る山

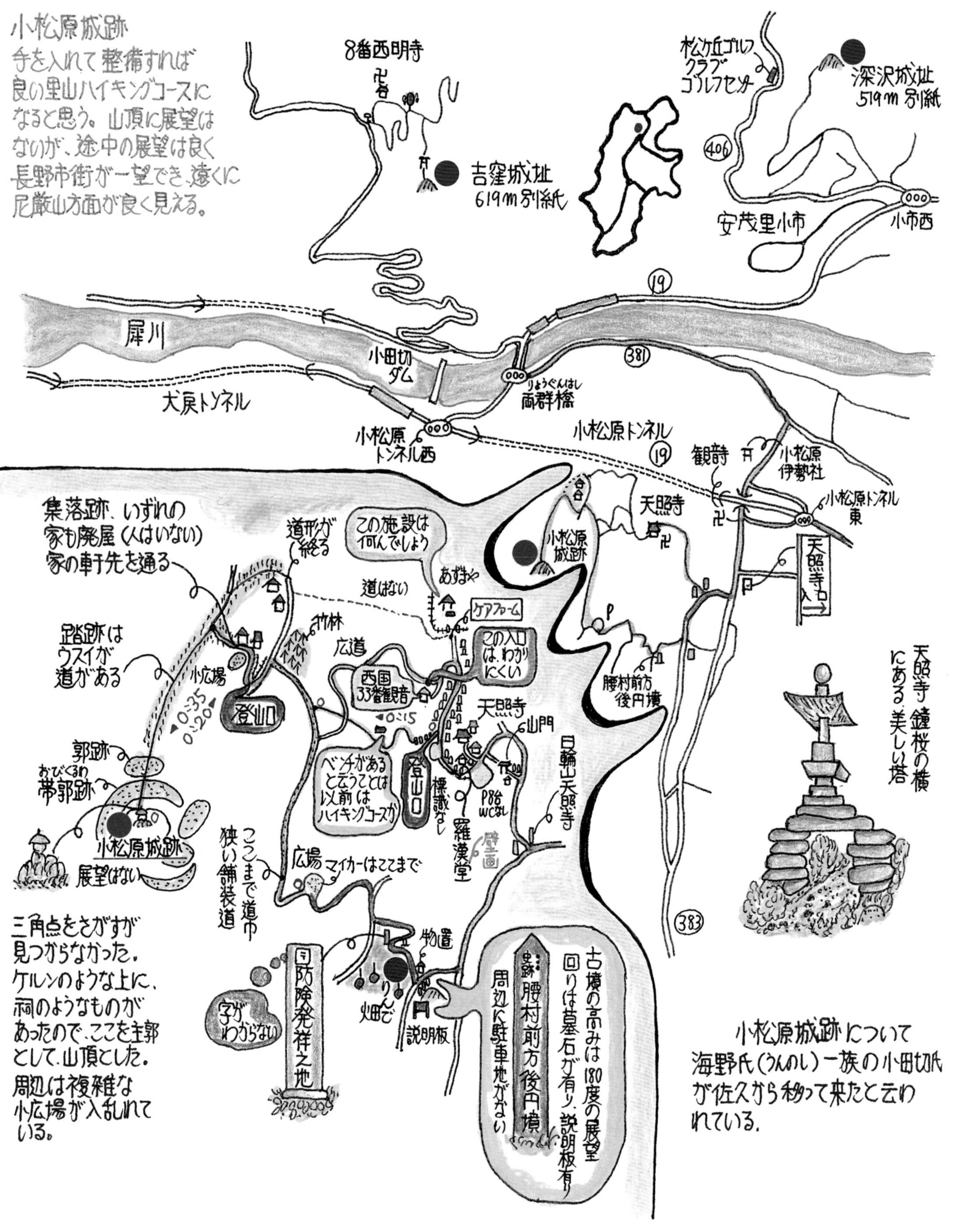

182 吉窪城址　よしくぼじょうし／619m／往復25分

183 深沢城址　ふかざわじょうし／519m／往復35分

以上は、長野市に有る山

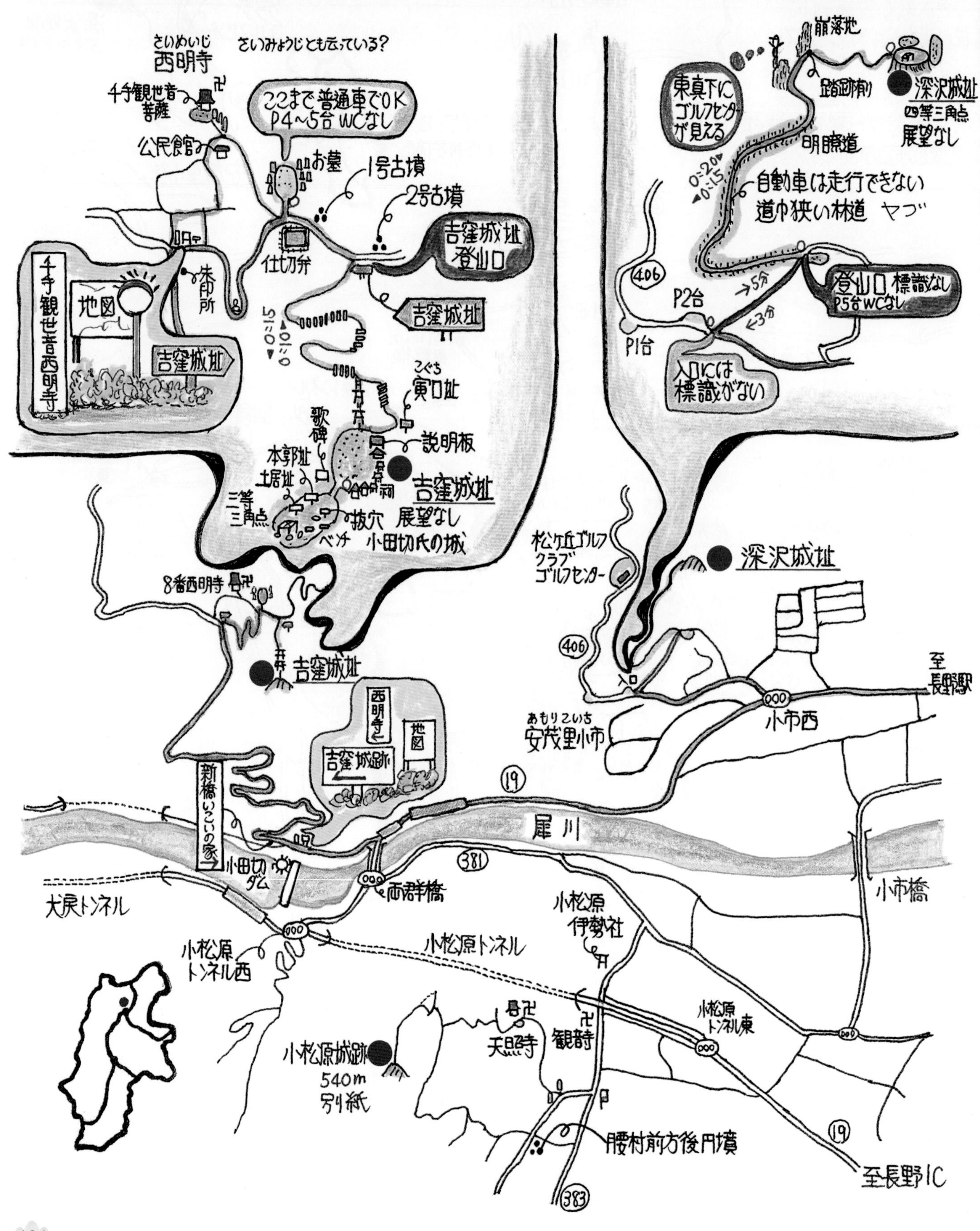

184 富士ノ塔山 ふじのとうやま／998m／往復5分

別名：国見山又は浅間山
長野市に有る山

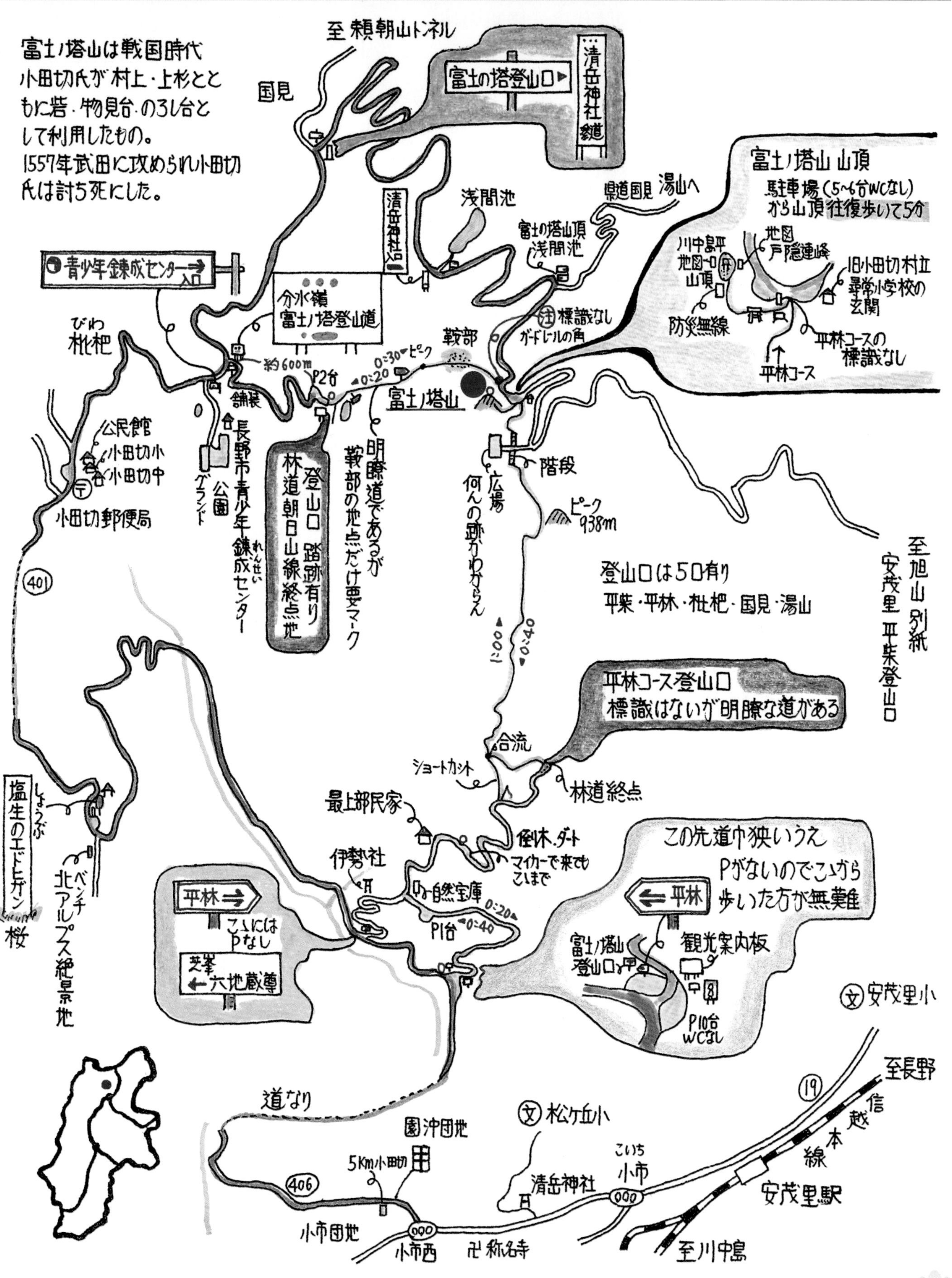

185 旭山 あさひやま／785m／往復25分

別名：旭山城　別字：朝日山

長野市に有る山

旭山城：城主は栗田氏。戦国時代は武田軍の城。
川中島の合戦では、第二次～第三次頃に活躍し、越後上杉軍の葛山城と対峙した城。
植物294・鳥93・蝶75種類で有名。

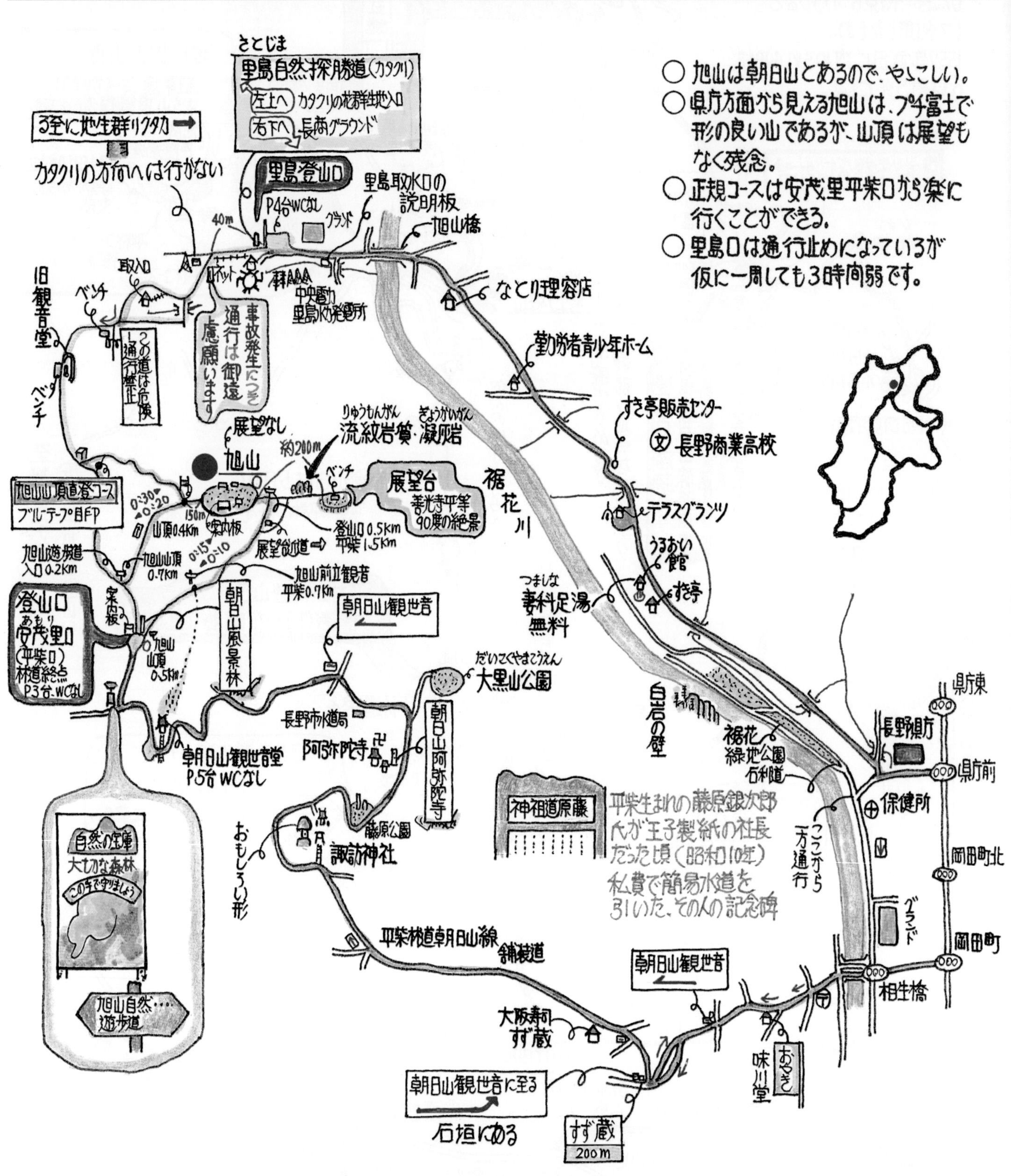

186 葛山 かつらやま／812m／往復1時間10分

別名：葛山城跡

長野市に有る山

城主は越後の長尾影虎（上杉謙信）に属した地侍の落合氏。1557年3月甲斐の武田信玄の家臣馬場美濃守 17,000人の軍勢に攻められ落城した。
水の不自由さを隠す為、敵の目のふれる崖から米を流し水があるように見せかけた。武田方は静松寺の僧を責め、水がないことを知り、水を断ち火攻めにした。葛山衆の多くは武田方に降伏し、後上杉の家臣となり山形米沢に移住した。

安楽山往生寺（おうじょうじ）、別名刈萱堂（かるかやどう）、刈萱道心とその子石堂丸（石童丸）で有名な刈萱上人が開いた寺。本堂の裏には刈萱上人墓所がある。境内には弘法大師作の波切不動が有る池や吉良上野介の手植の桜がある、他に童謡「夕焼け小焼け」の詩にある山のお寺の鐘がある。歌は1923年に中村雨紅（うこう）が作詞し、長野市出身の草川信が作曲した。
草川信は他に「緑のそよ風」「ゆりかごの歌」「どこかで春が」を作曲した。

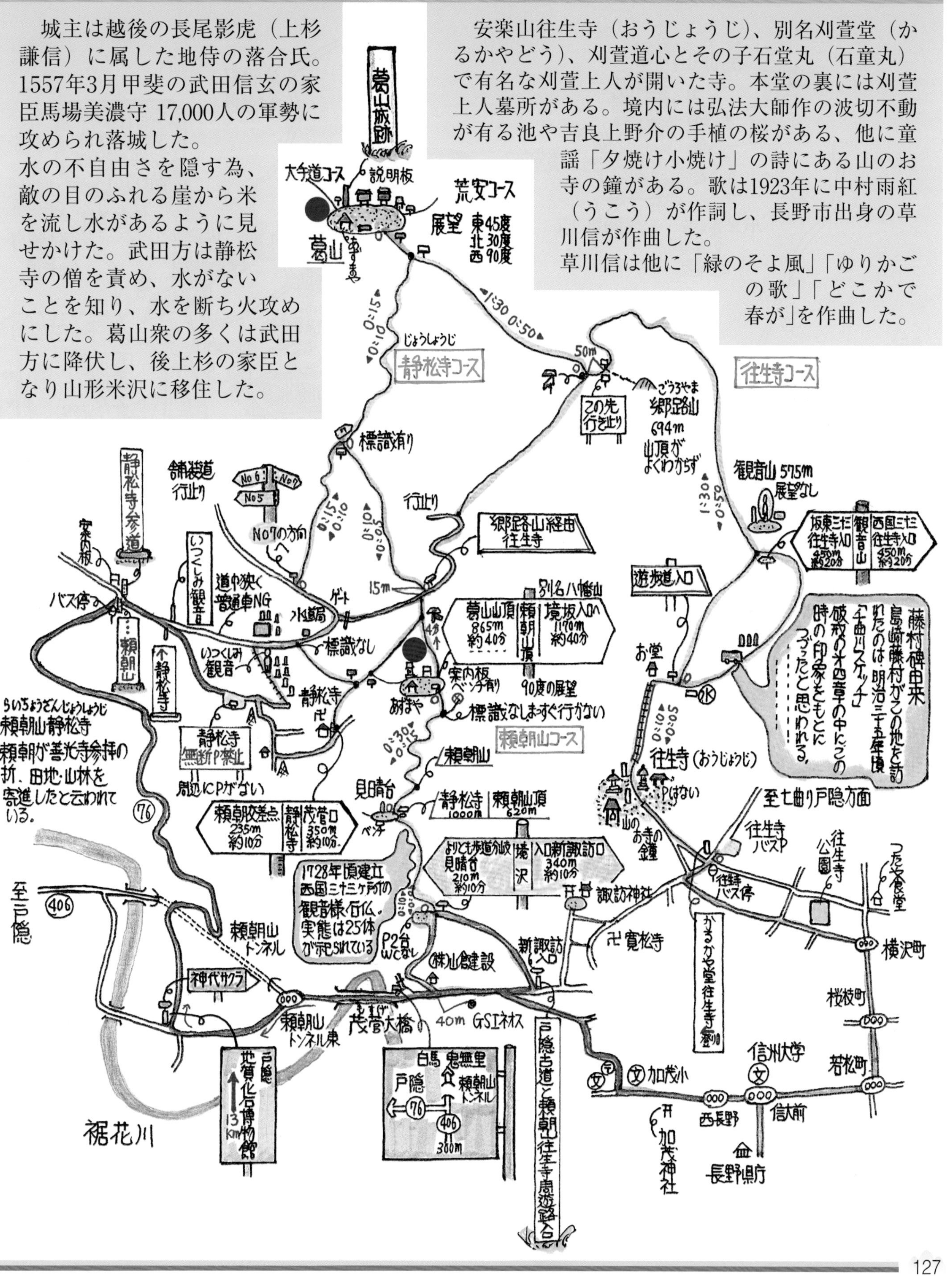

186 葛山 かつらやま／812m／往復40分

別名：葛山城跡

長野市に有る山

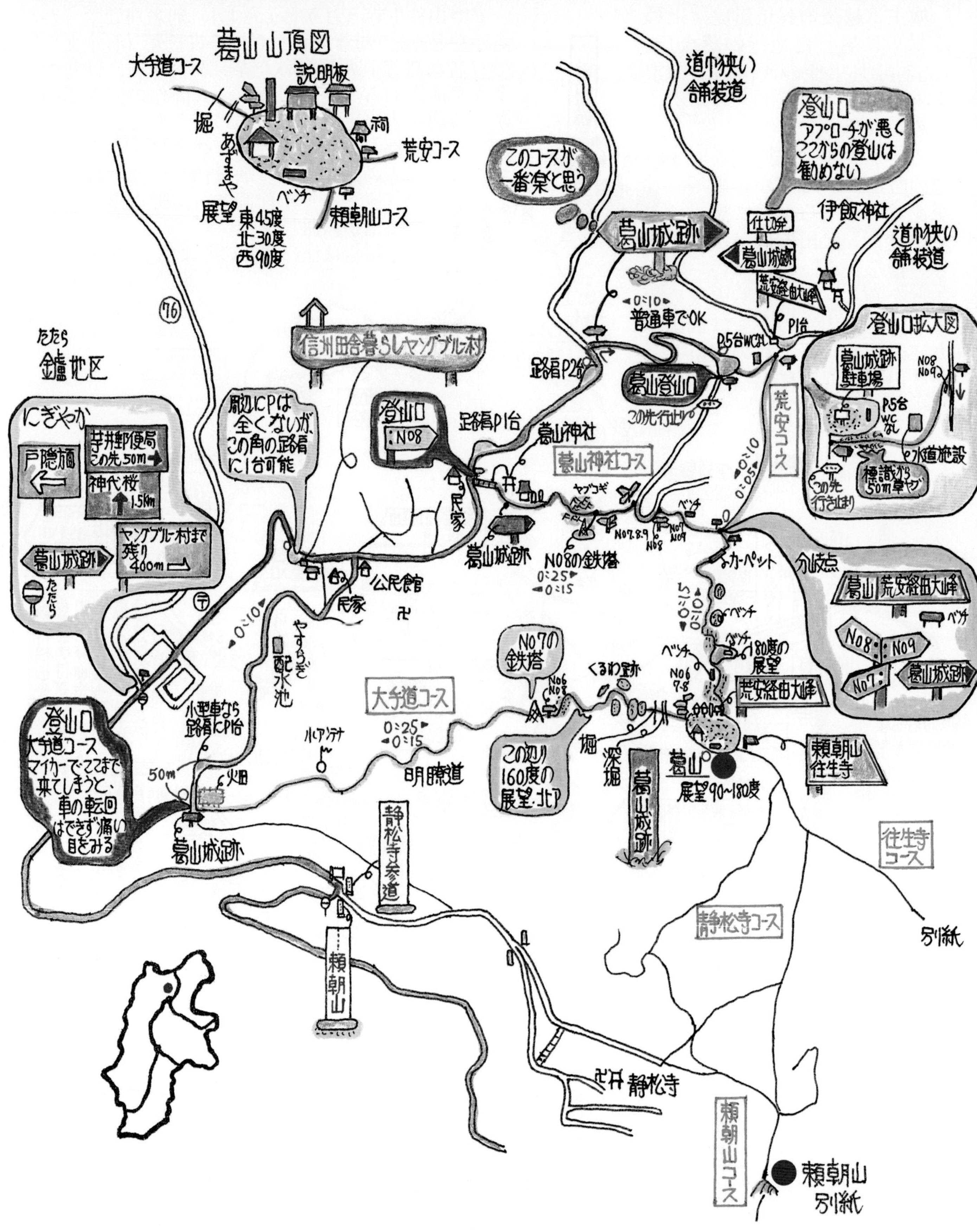

187 長野市の大峰山　おおみねやま／828m／往復1時間

188 地附山　じづきやま／733m／往復1時間

以上は、長野市に有る山

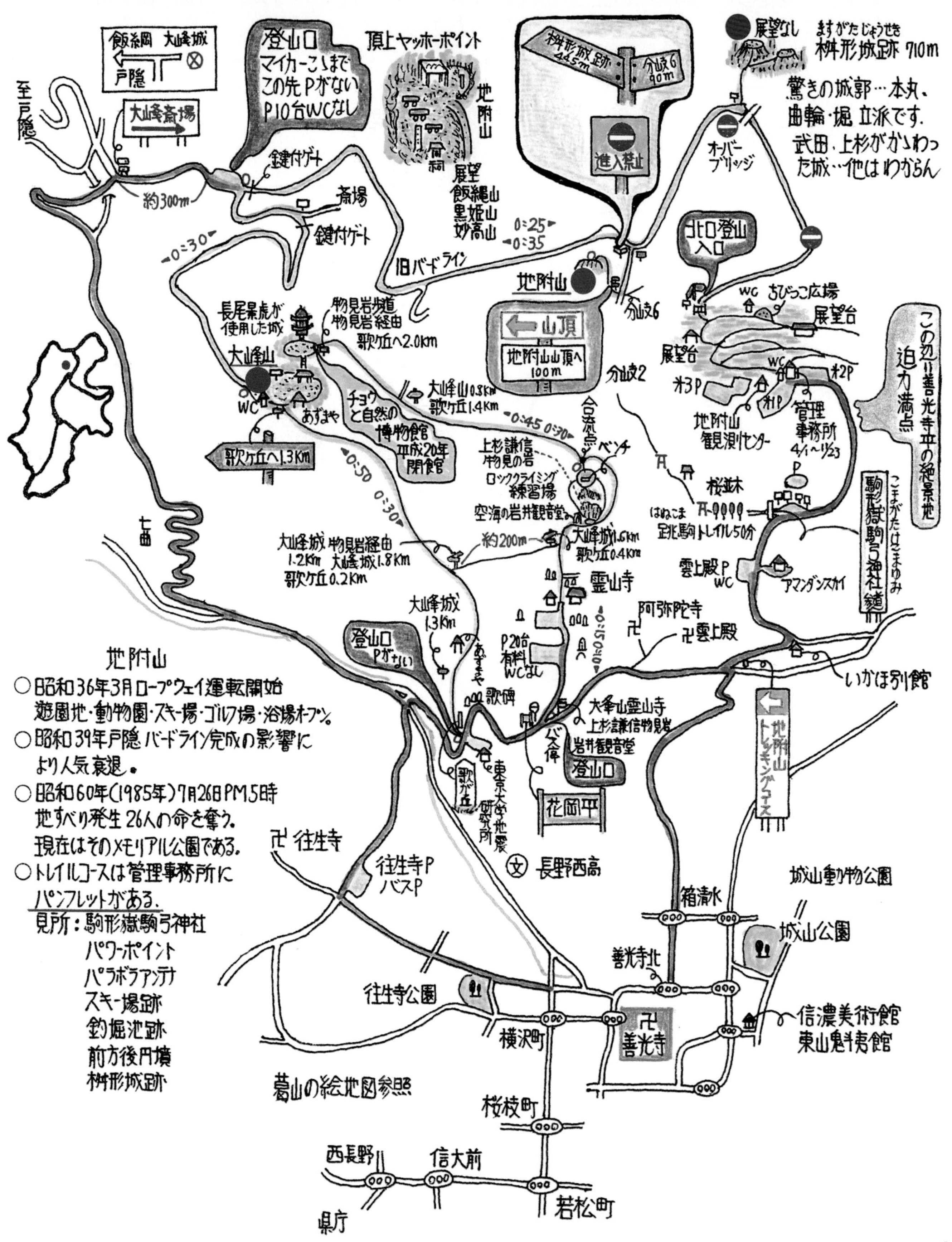

189 大倉城跡 おおくらじょうせき／460m／往復25分

長野市に有る山

鎌倉時代に、小笠原長清が築城。九男の与市長澄が大倉を名のり、大倉長澄となる。戦国時代は、島津氏の（長沼城主）領有となる。

1852年、現在の飯綱町の領主、芋川氏による「芋川の乱」の時に信長軍の森長可（ながよし）によって、この大倉城で婦女子1000人が切り殺されたと、言われている。

この先にある、長沼城跡を見学しても面白い。

この地図には、スペースの都合で、記入できないがあしからず。

島津氏が築城した平城（館のようなもの）。

戦国時代には上杉氏と武田氏の戦い「川中島の合戦」の舞台となる。武田氏の北信濃侵攻に伴い、島津氏は大倉城に逃げている。

目標物は、長沼体育館と貞心寺の周辺。

190 川谷の陣場山　じんばやま／推定600m／往復50分

191 つつじ山　つつじやま／521m／往復35分

以上は、長野市に有る山

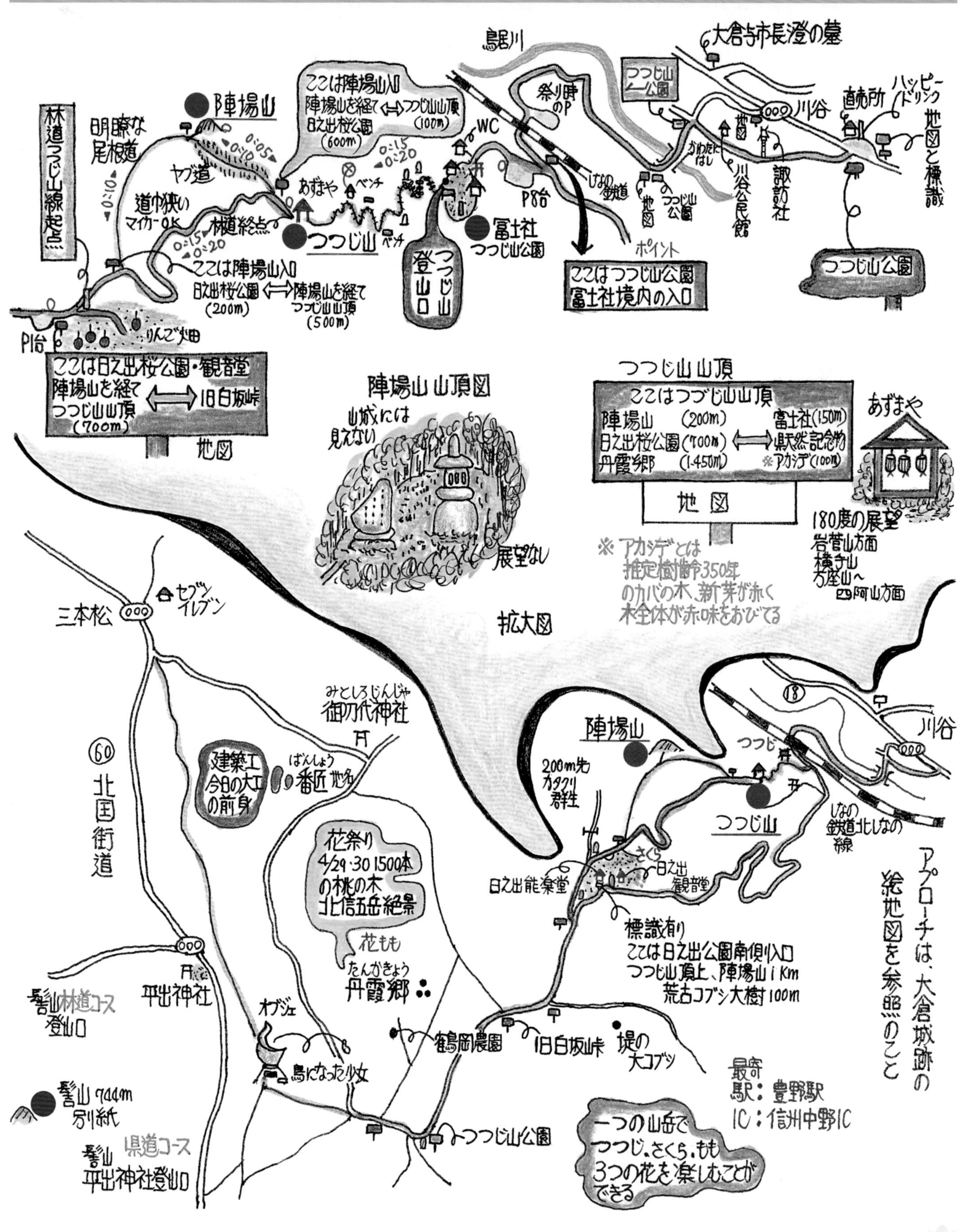

192 髻山 もとどりやま／744m／往復40分

別名：髻山城又は髻城
長野市と飯綱町の境の山

髻山城は、上杉謙信が川中島の戦いに備えて築いたと言われている。
北国街道沿いに有り、川中島と※春日山城の中間に位置し、交通の要所であった。
主郭部には石垣が残り、上杉謙信が掘った井戸跡「観音清水」が残っている。

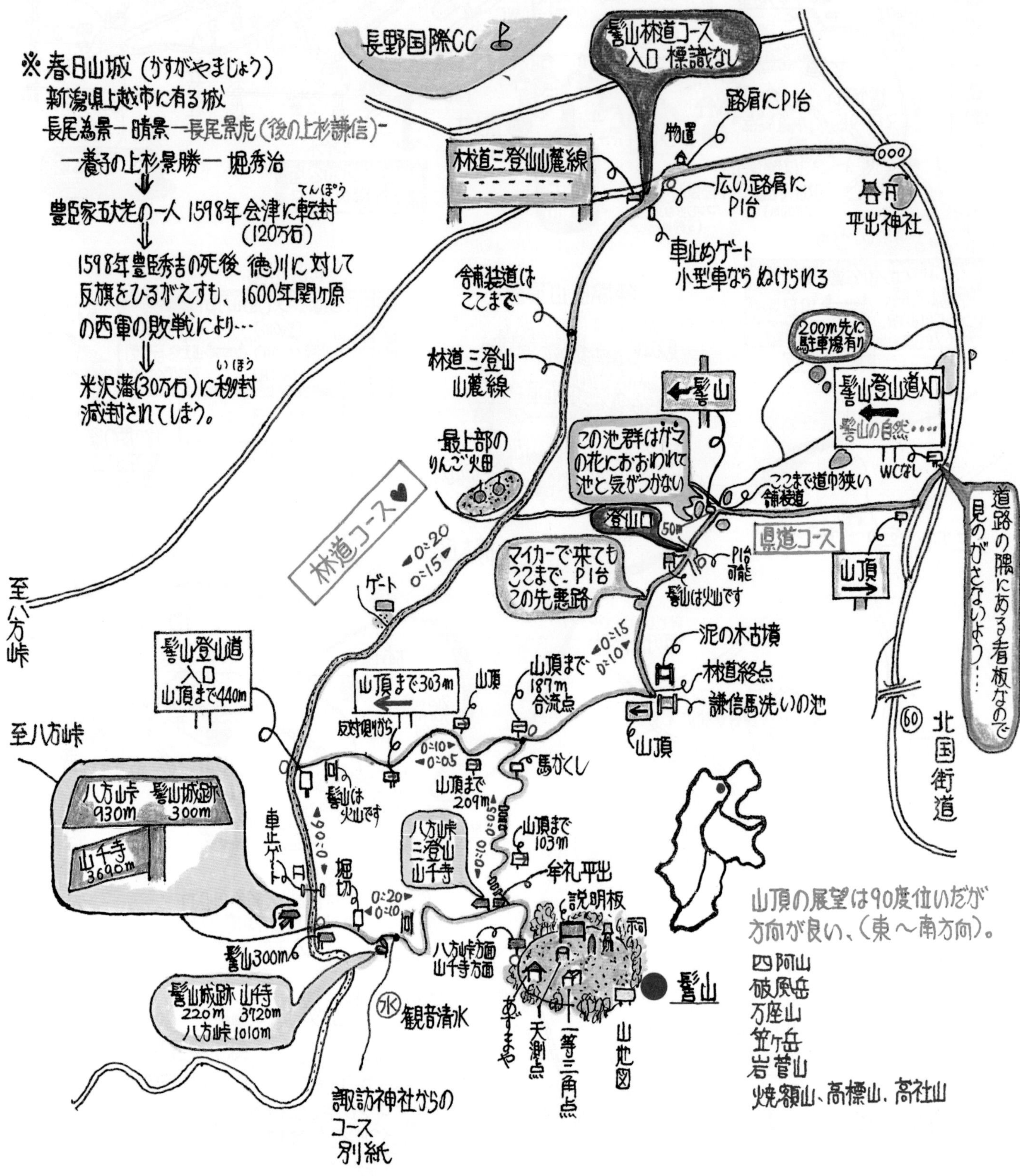

三登山…蚊里田八幡宮周辺の登山口図

山城コースのサラダパーク登山口・蚊里田八幡宮登山口・見晴の湯登山口

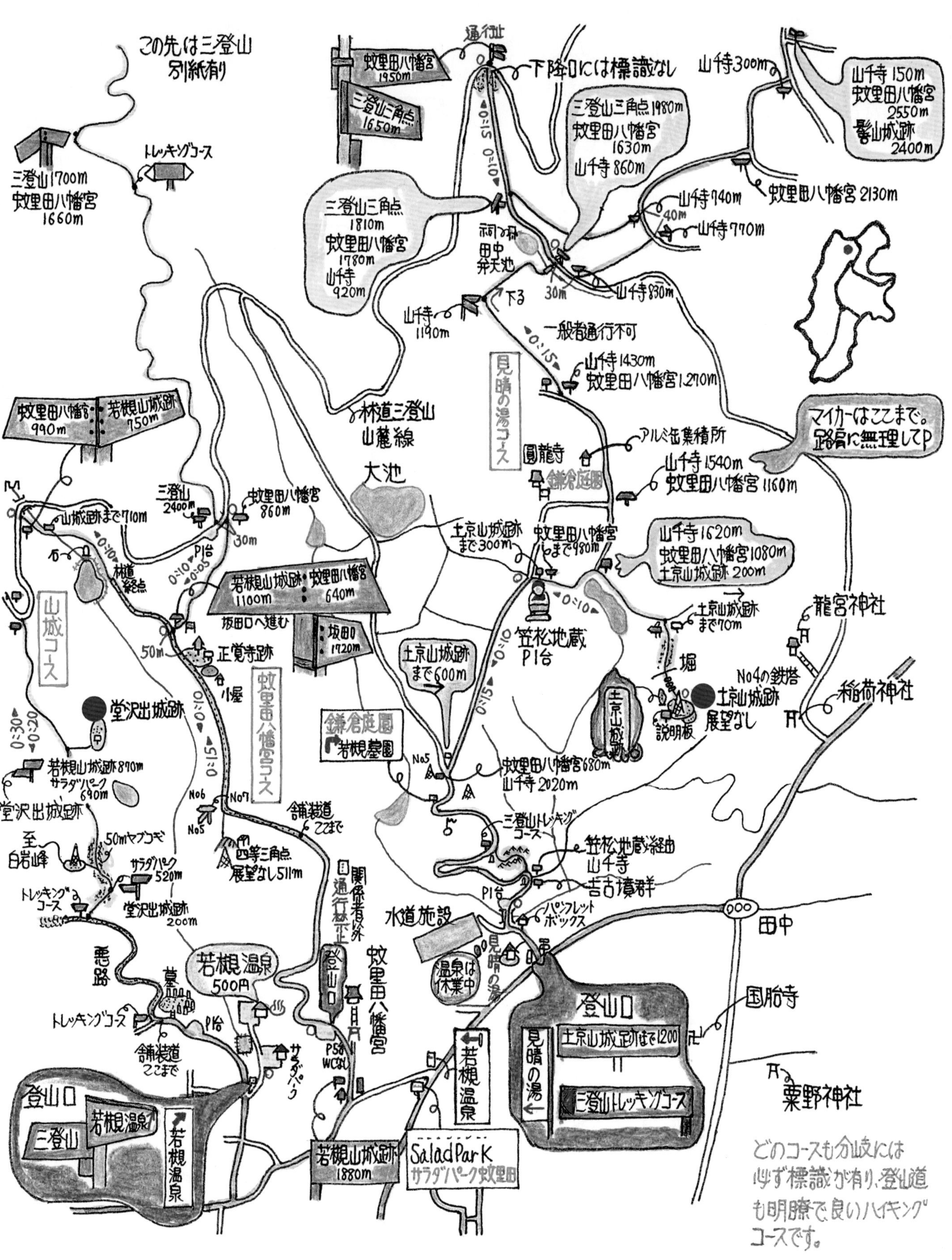

193 三登山 みとやま／923m／往復50分

長野市に有る山

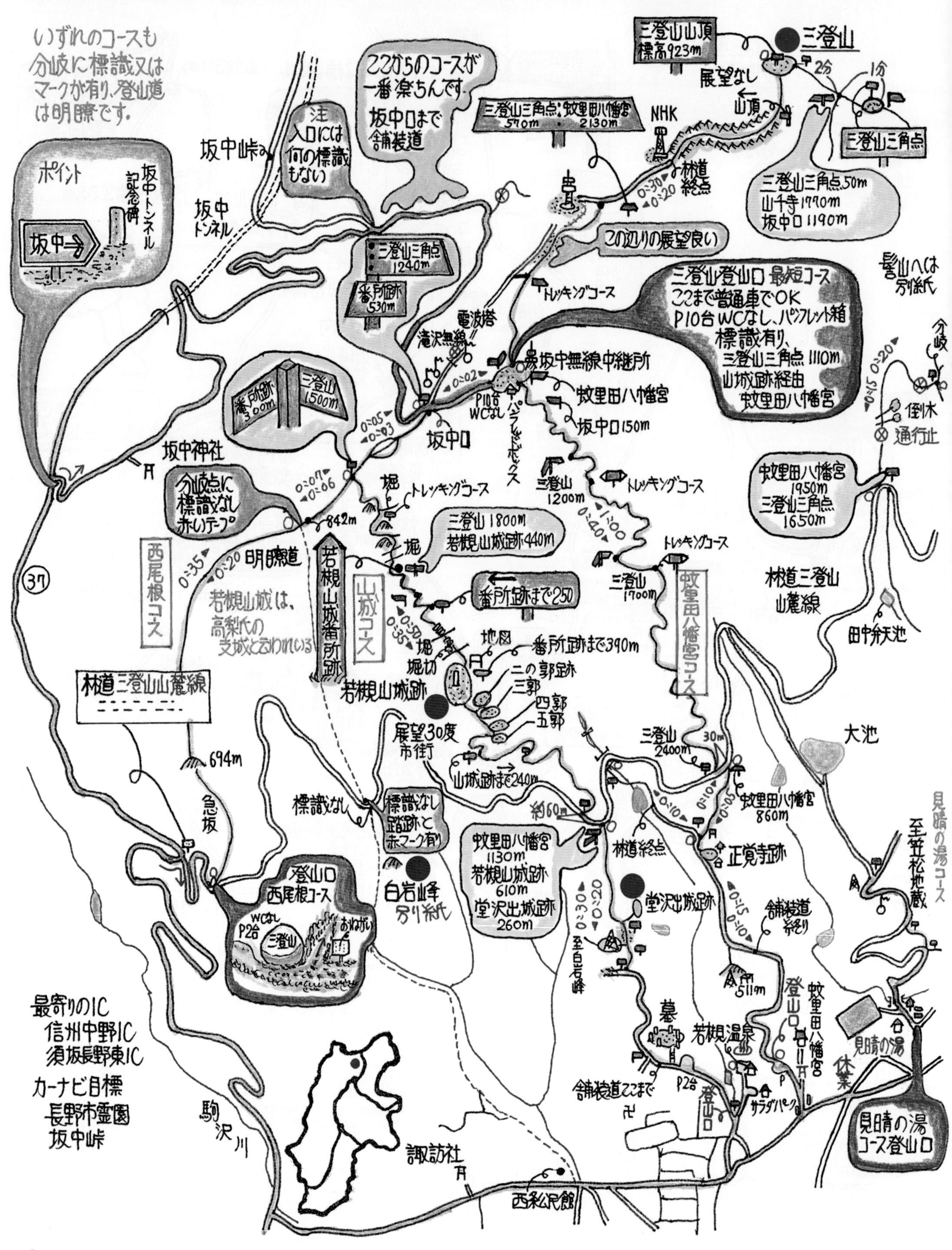

192 髻山　もとどりやま／744m／往復1時間50分

別名：髻山城又は髻城
長野市と飯綱町の境の山

193 三登山　みとやま／923m／往復1時間35分

長野市に有る山

登山口には立派な絵地図が有る、肝心なところは具体的ではないが、いずれのコースも分岐点には必ず標識があり、登山道も明瞭で道迷いの心配は無い。この地図では、諏訪神社〜髻山〜三登山〜山千寺〜諏訪神社の周遊約4時間〜5時間コースを紹介します。

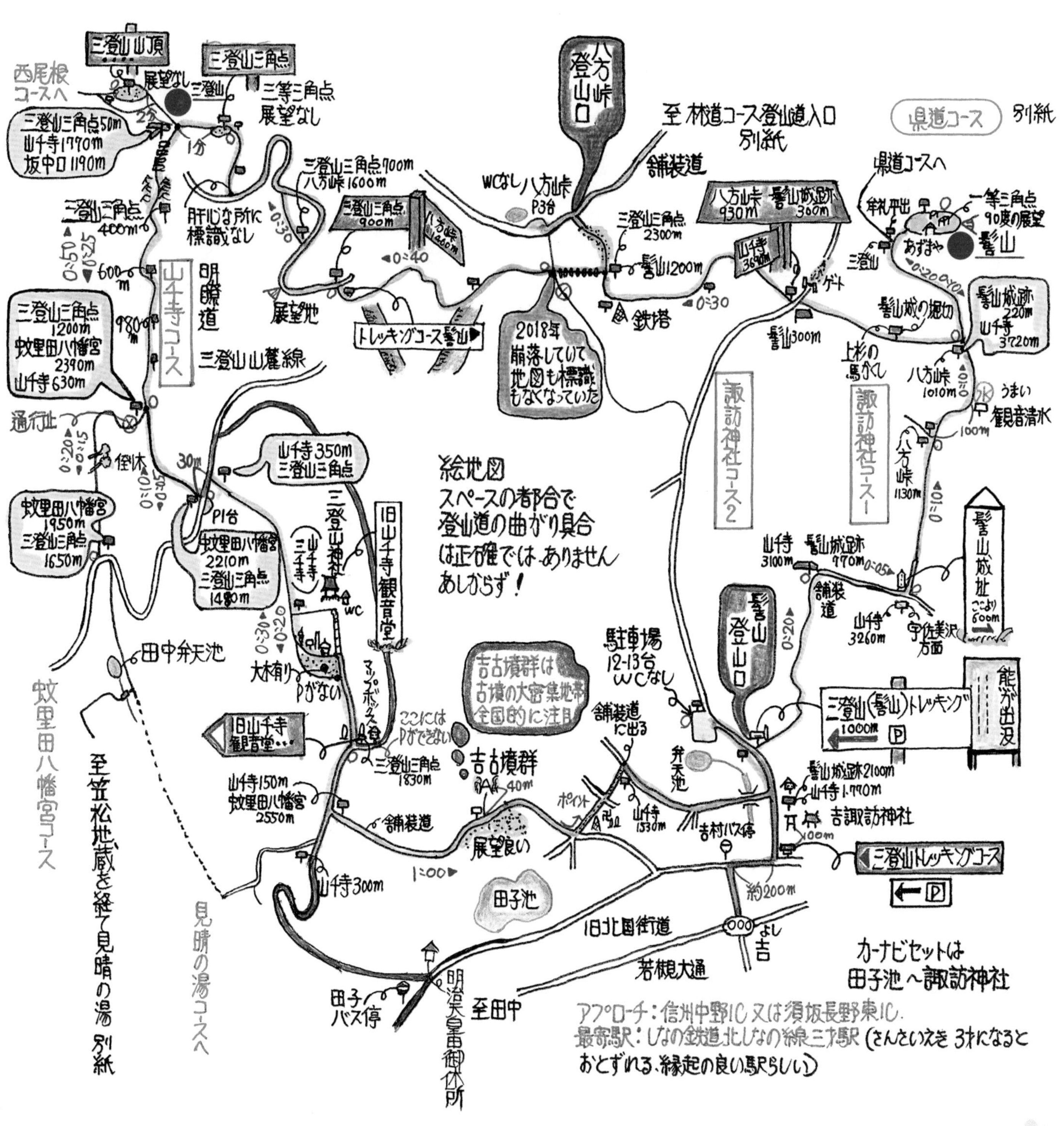

194 白岩峰 しろいわほう／590m／往復40分

長野市に有る山

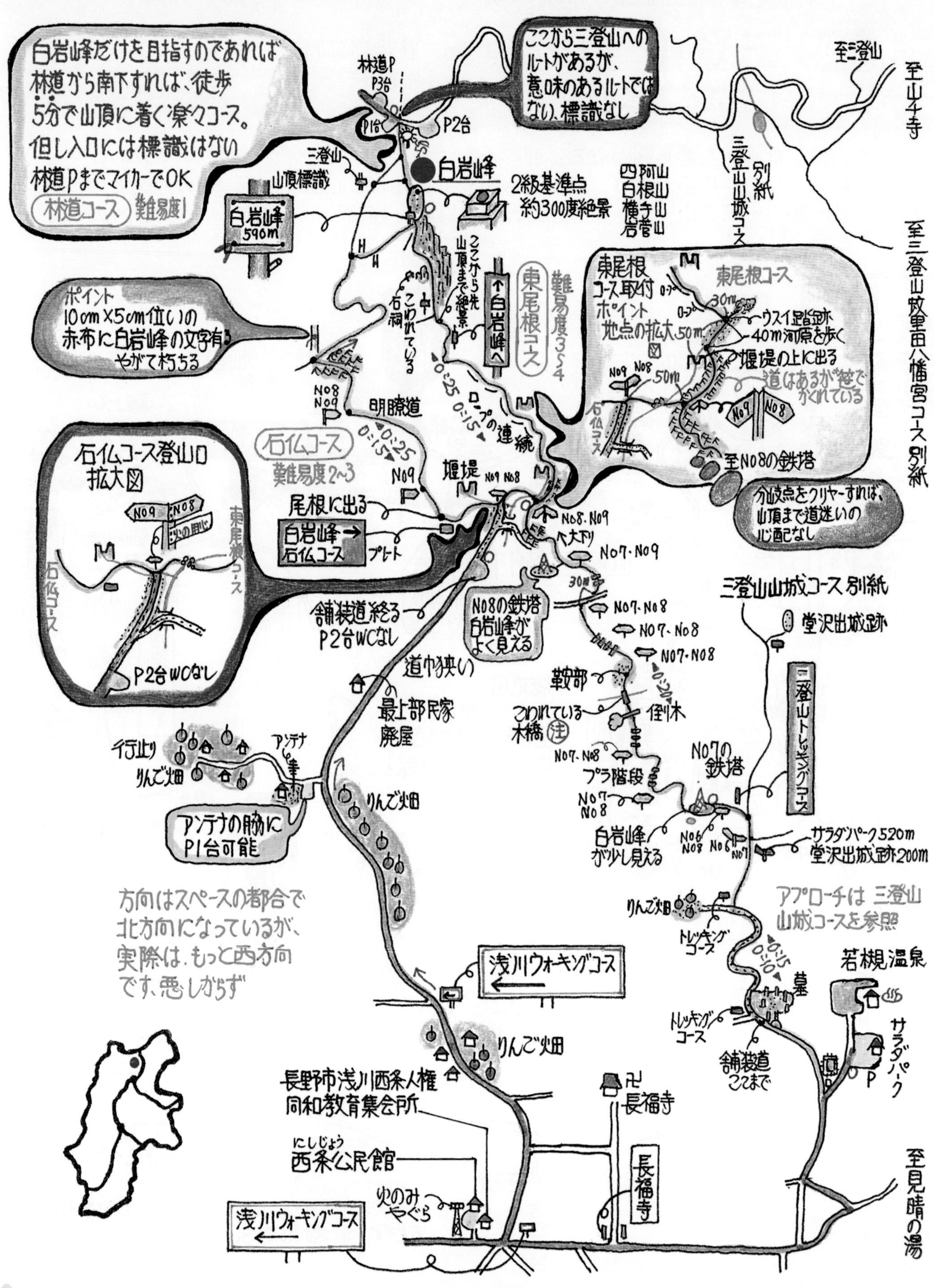

195 **薬山** くすりやま／689m／往復20分

長野市に有る山

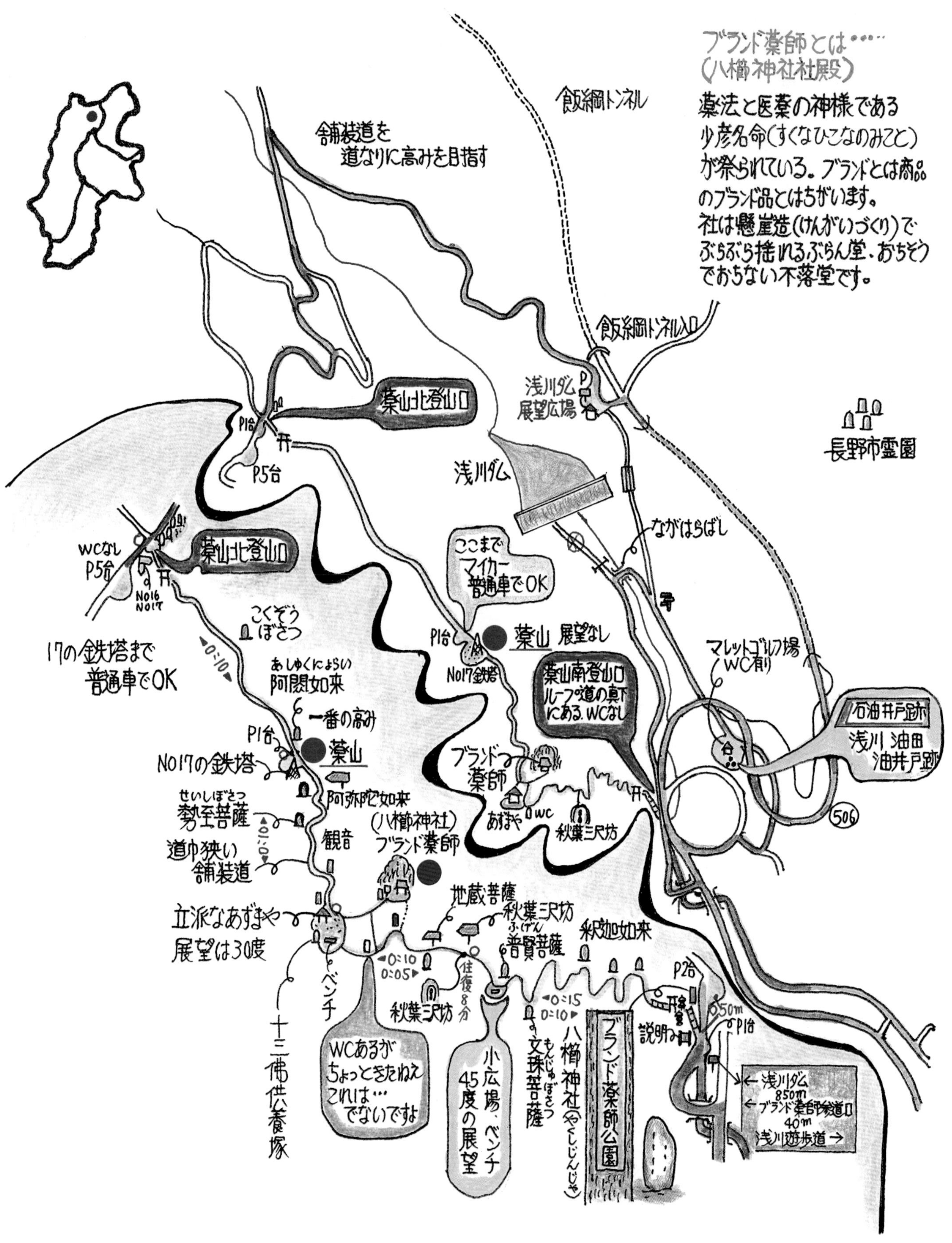

196 愛宕山　あたごやま／990m／往復10分

長野市に有る山

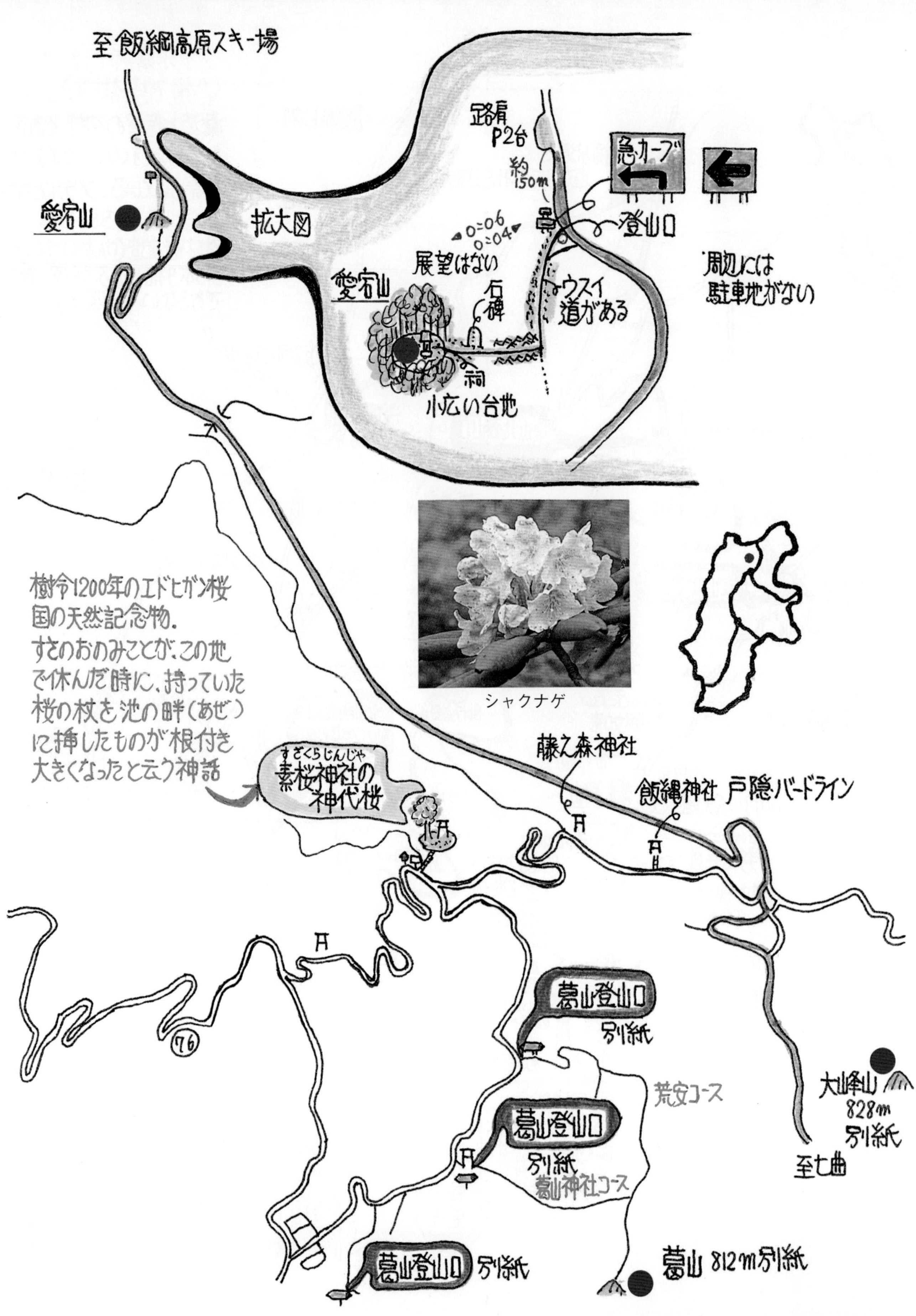

シャクナゲ

197 荒倉山　あらくらやま／1431m／往復2時間30分

長野市に有る山

荒倉山とは、最高峰の砂鉢山（すなはちやま）を中心に霧見岳・新倉山・竜光山を総称した山であり、信州百名山でもある。鬼女紅葉（きじょもみじ）の伝説の山。一茶の句碑・紅葉の化粧水・紅葉の岩屋・安堵が峰・松沢トンネルには、そのいわれの説明があるので、ここではいちいち解説しない。このコースは全体に難度は高く、初心者単独は無謀といえる。

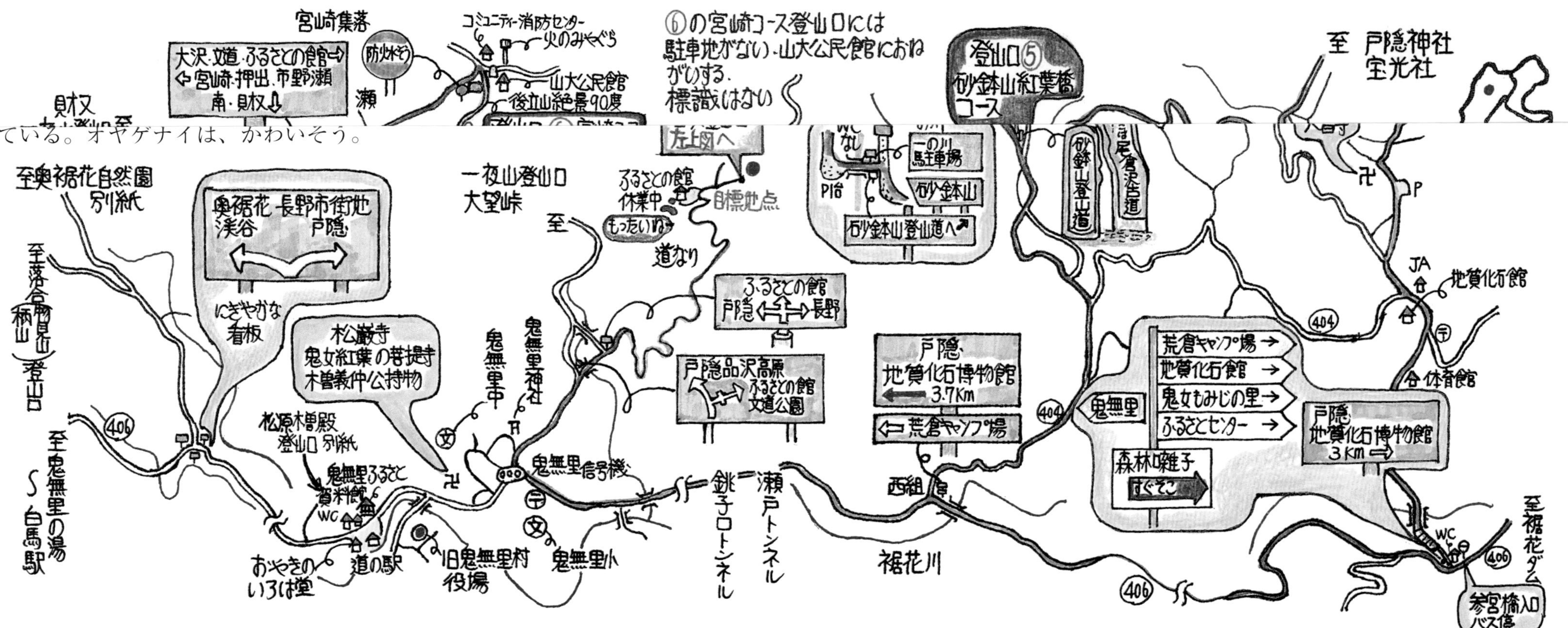

ている。オヤゲナイは、かわいそう。

198 松原木曽殿　まつばらきそどの／1115m／往復4時間30分

長野市に有る山

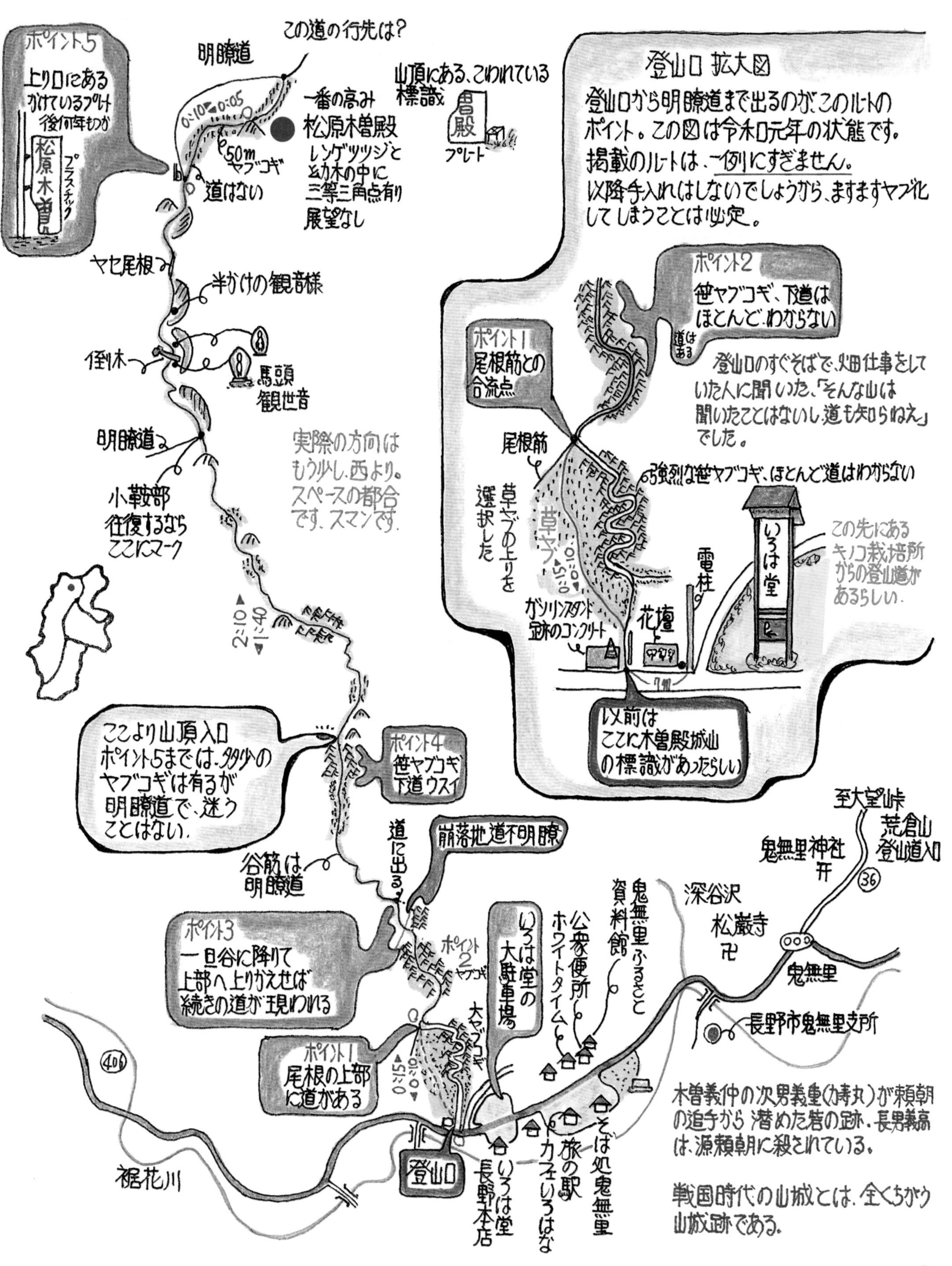

199 長野市の一夜山 いちやさん／1562m／往復1時間40分

長野市に有る山

この地の鬼達が侵入者妨害の為に、一夜にして山を築き上げた。
別名：ひとよやま・よんでさん。

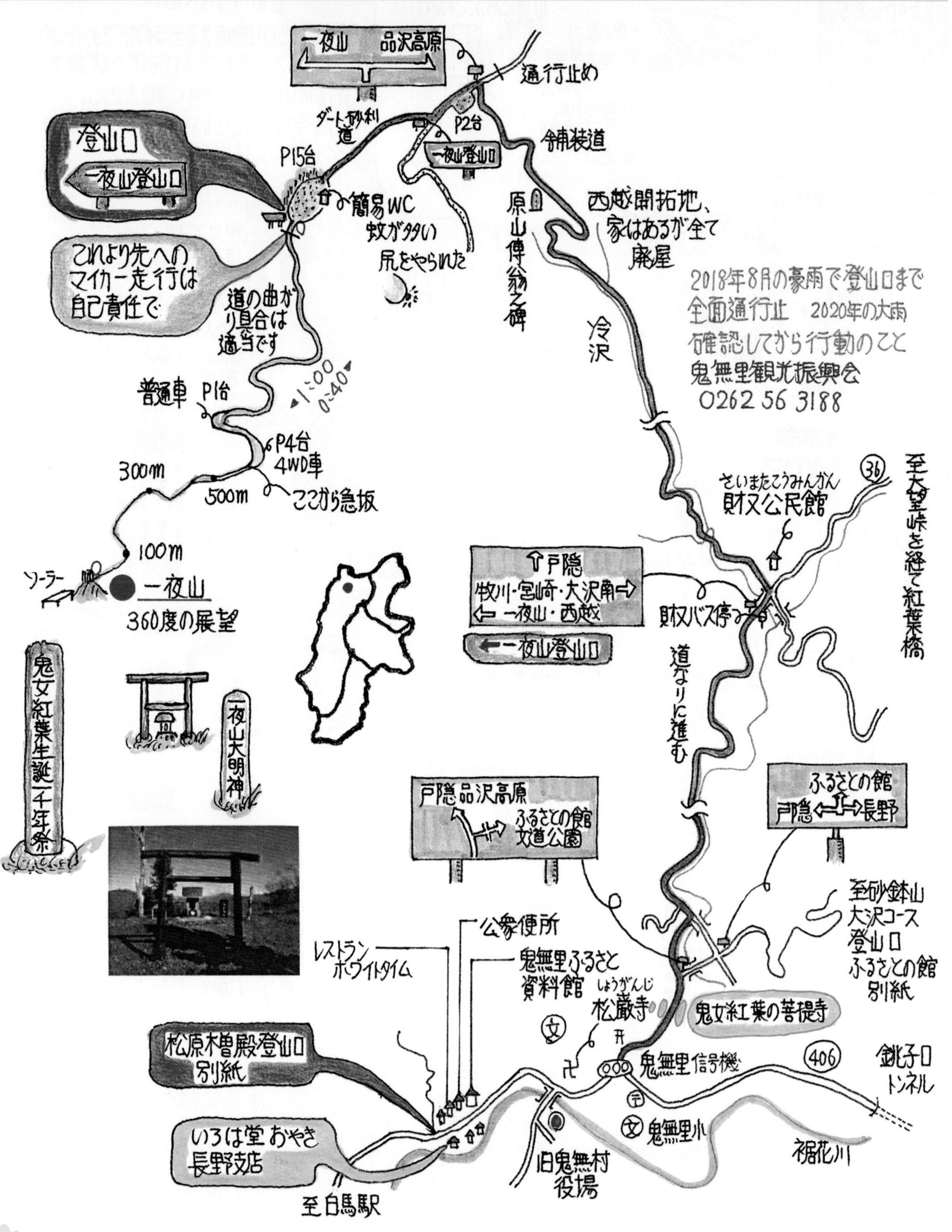

200 鬼無里日影の東山 ひがしやま／1232m／往復6時間50分

長野市と白馬村の境の山

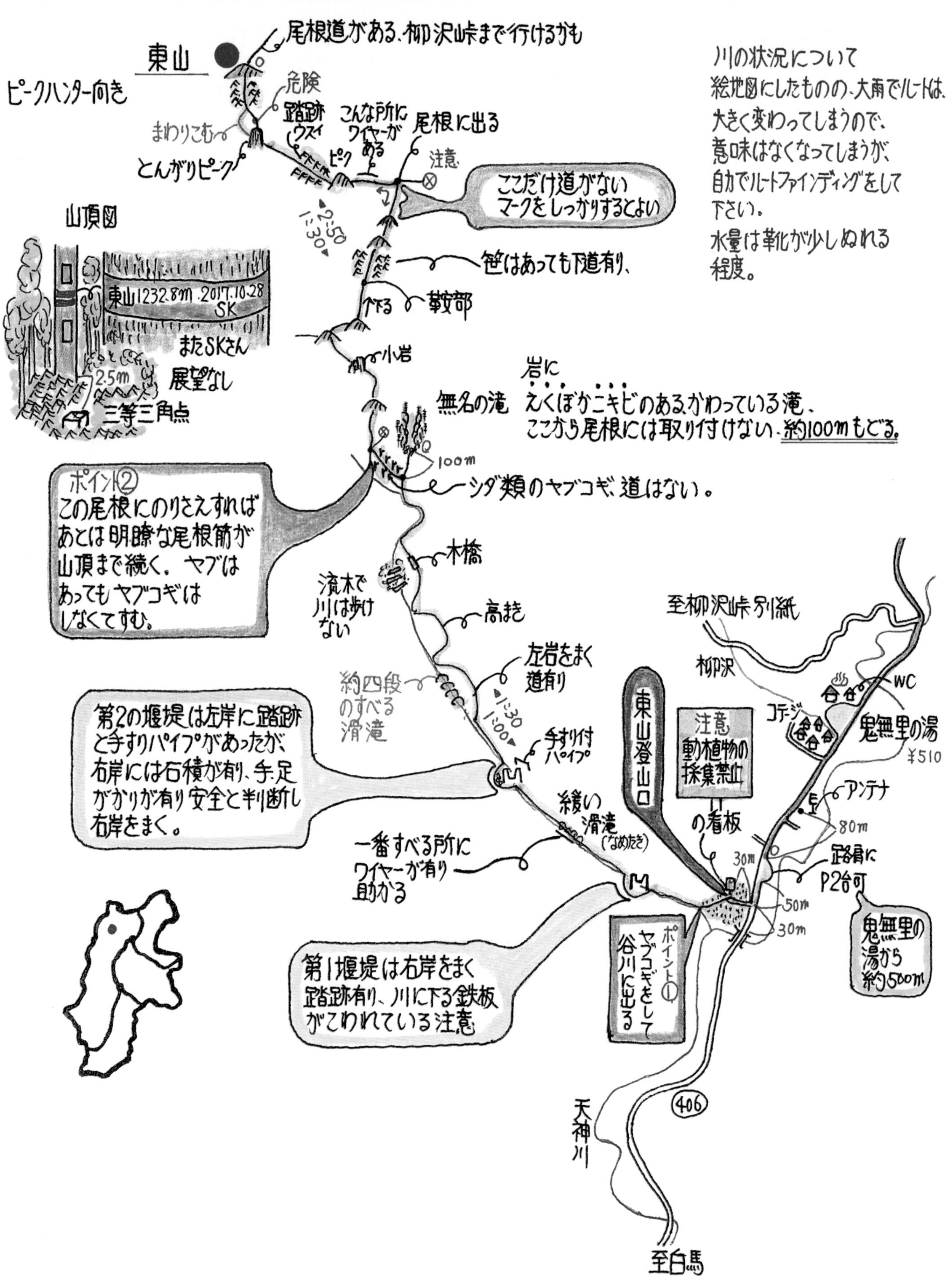

201 長野市の柳沢峠　やなぎさわとうげ／1185m／往復3時間

長野市と白馬村の境の峠

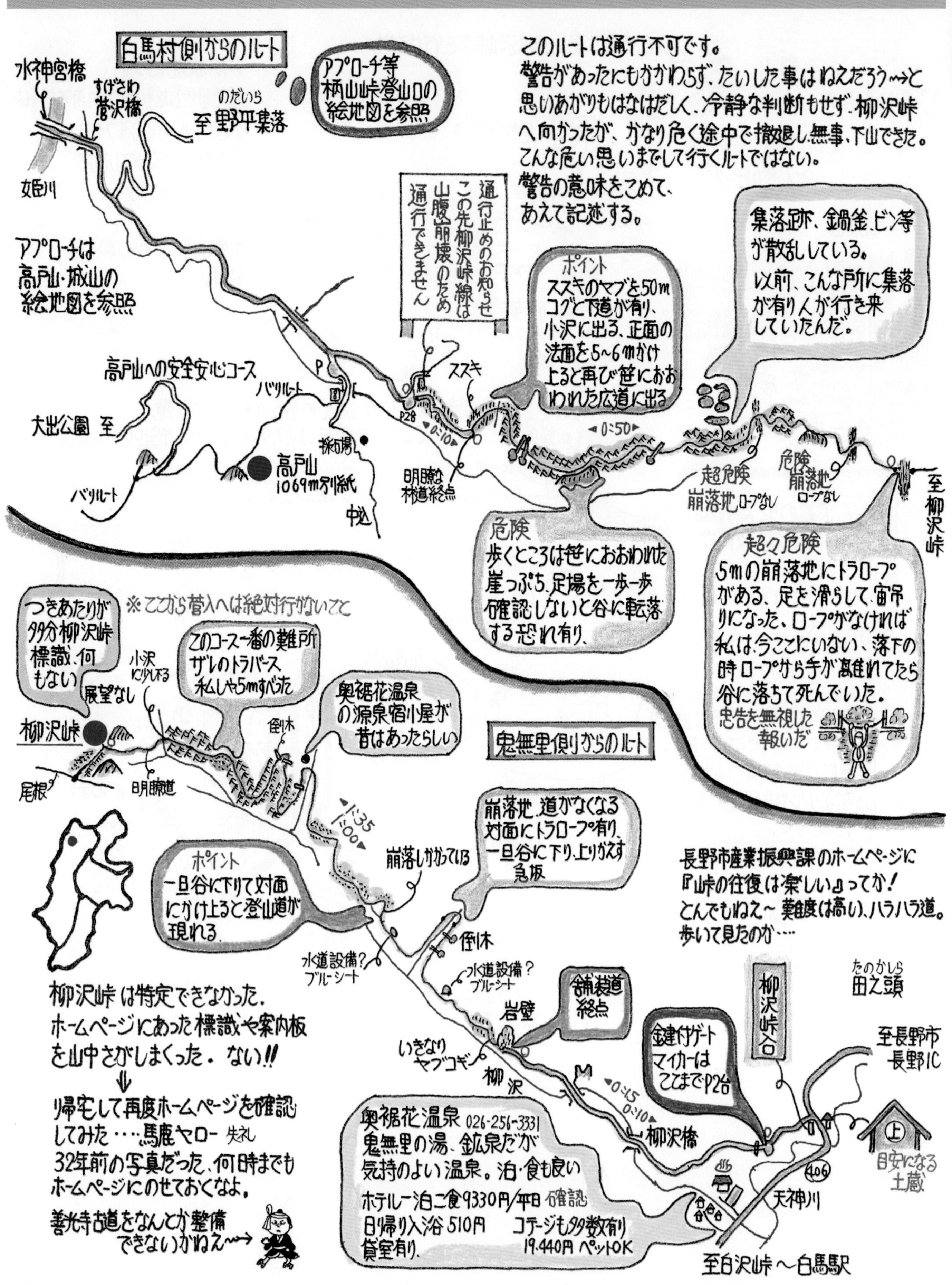

202 柄山 からやま／1338m／往復3時間20分

長野市と白馬村の境の山

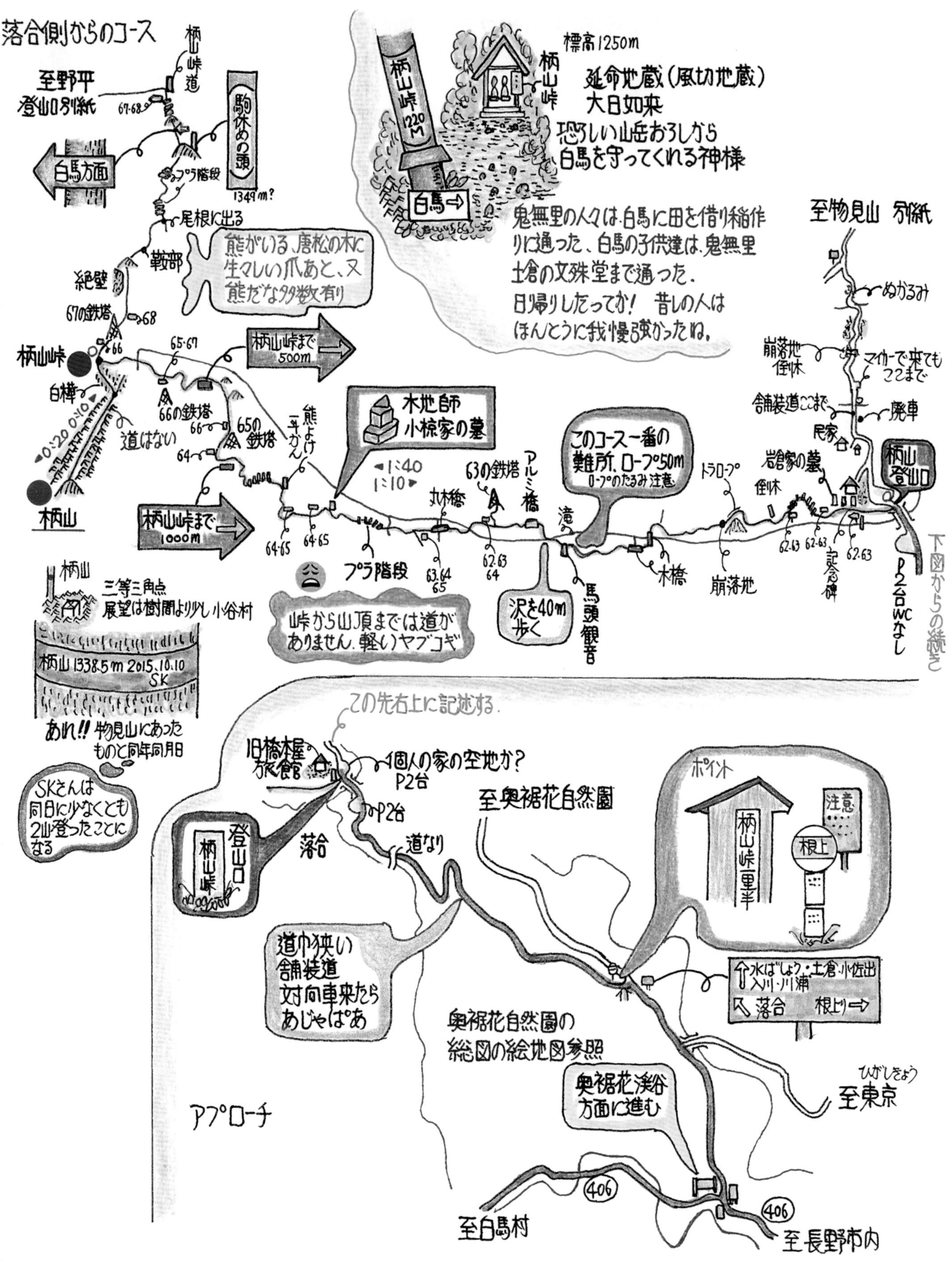

202 柄山 からやま／1338m／往復4時間30分

長野市と白馬村の境の山

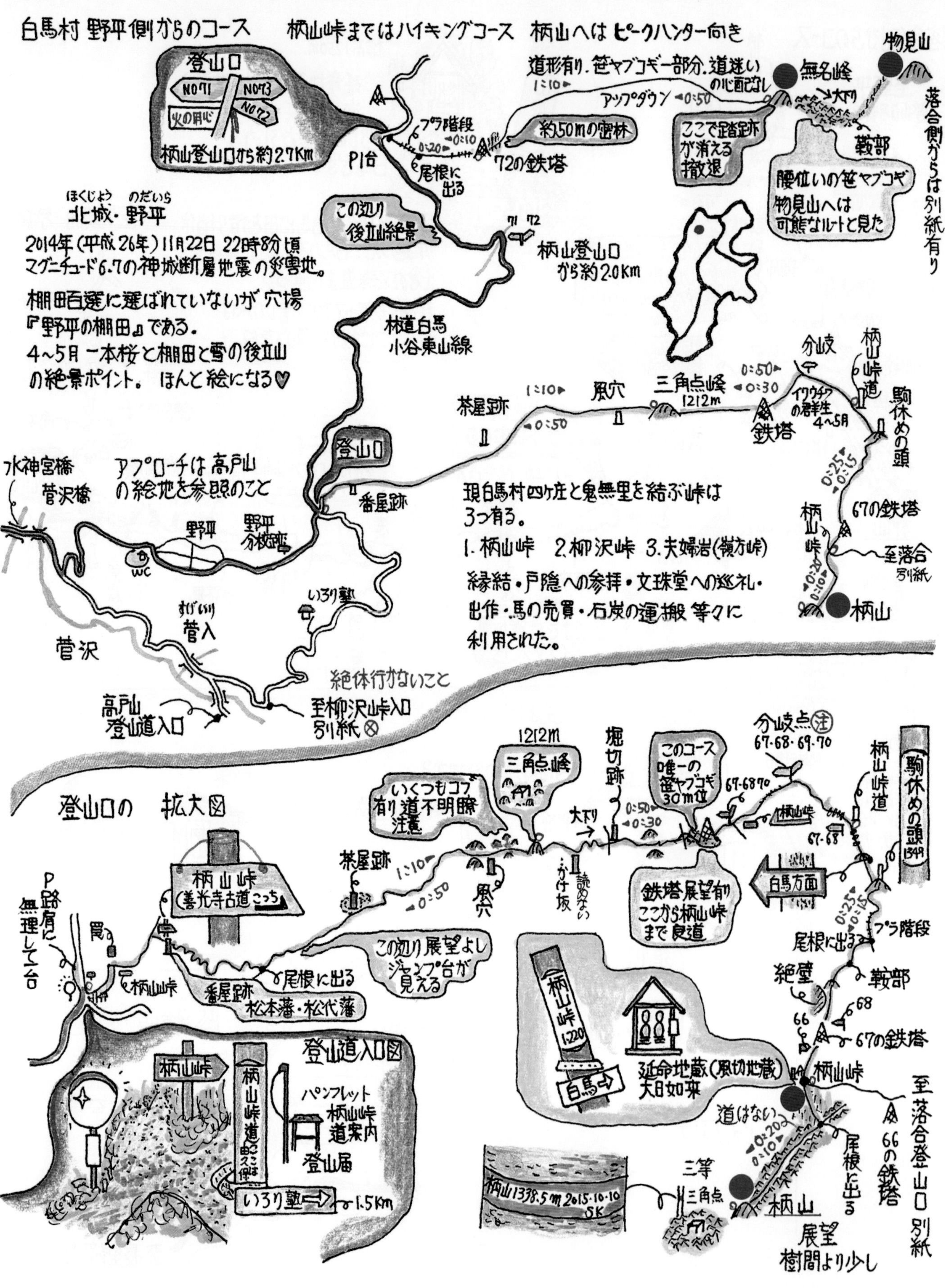

203 物見山 ものみやま／1433m／往復6時間50分

長野市と白馬村の境の山

ピークハンター向き

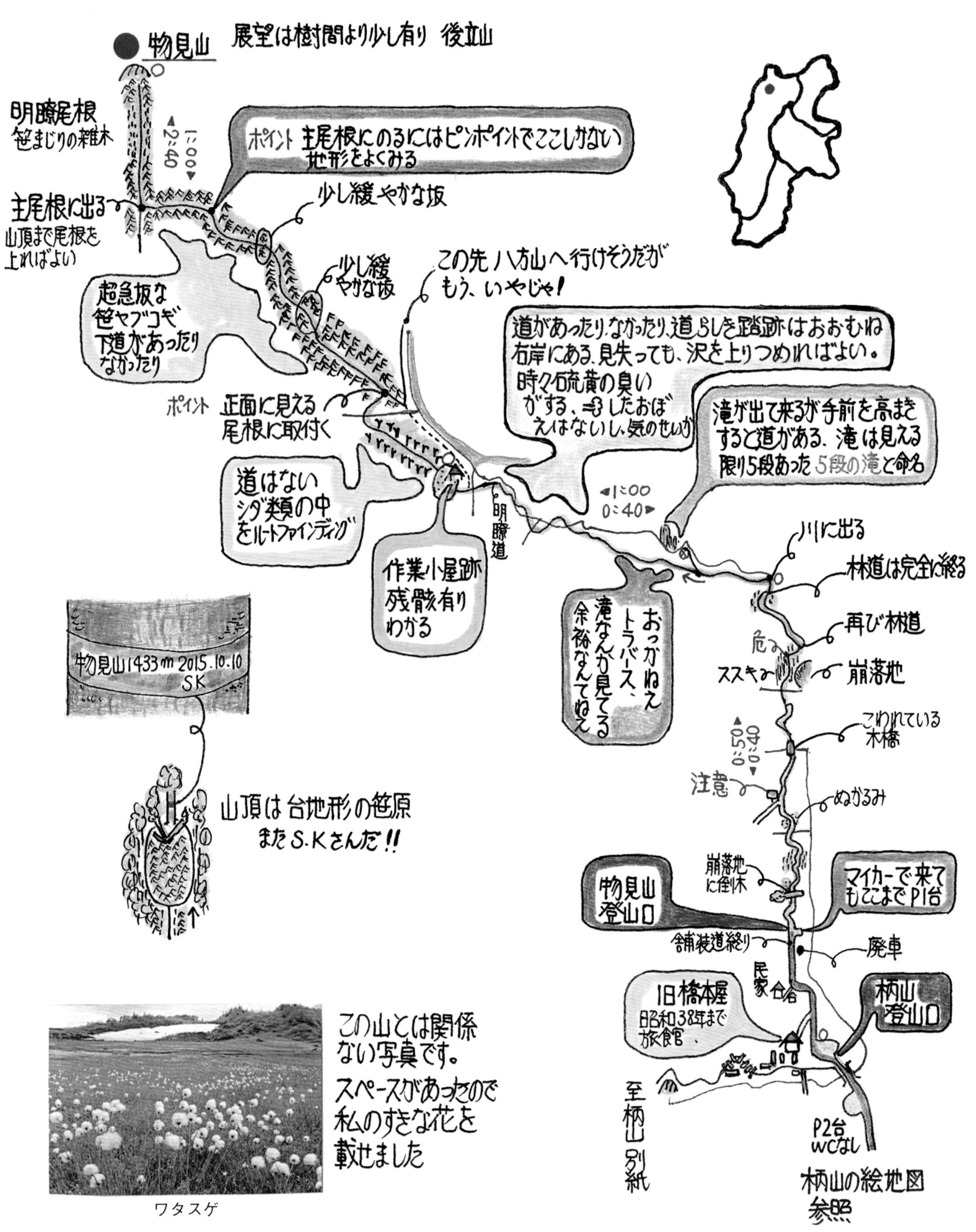

この山とは関係ない写真です。
スペースがあったので私のすきな花を載せました

ワタスゲ

204 小谷村の八方山 はっぽうさん／1685m／往復8時間30分

長野市と小谷村の境の山

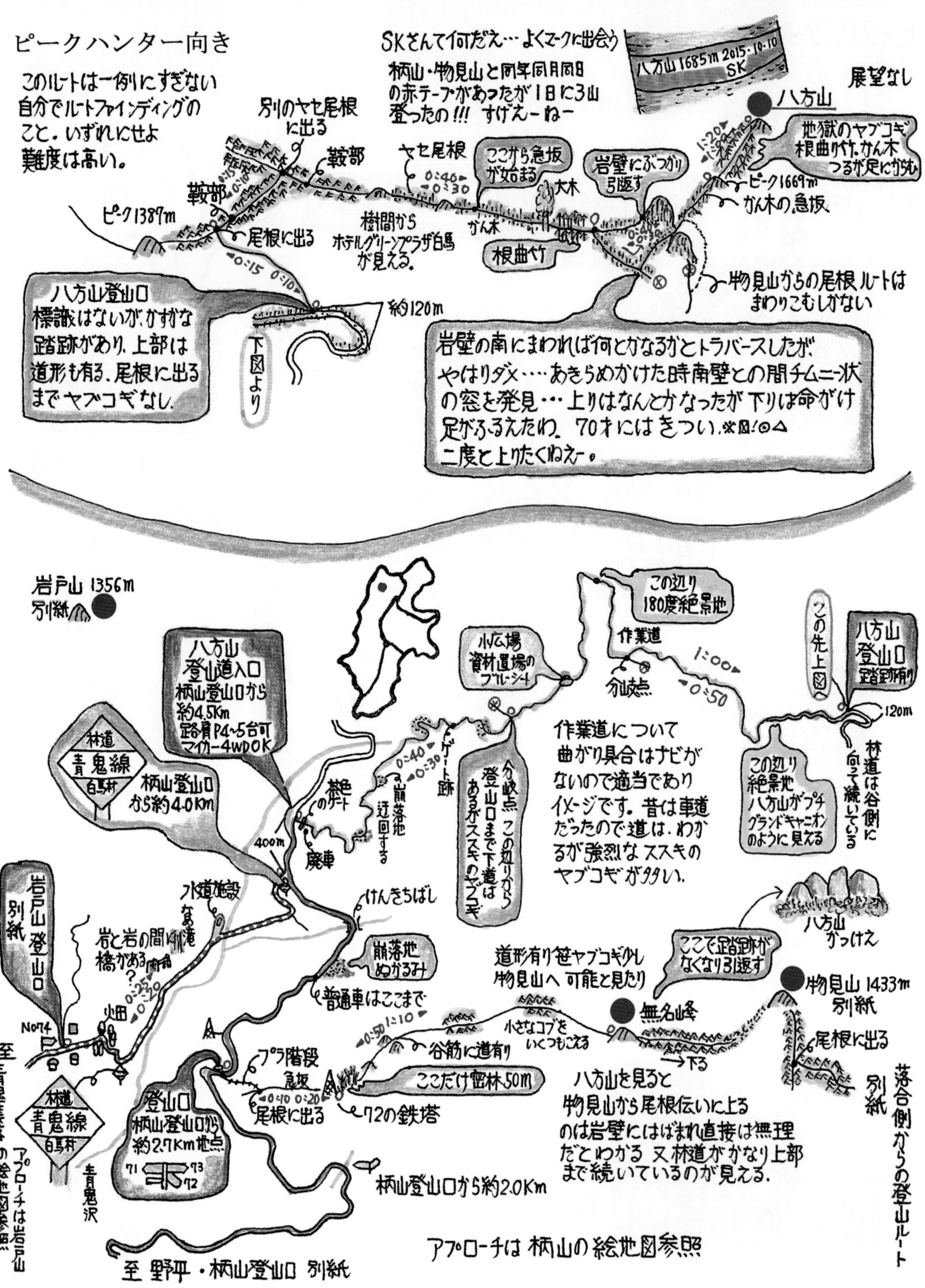

奥裾花自然園の総図 おくすそばなしぜんえん／約1286m

長野市鬼無里(きなさ)に有る自然園

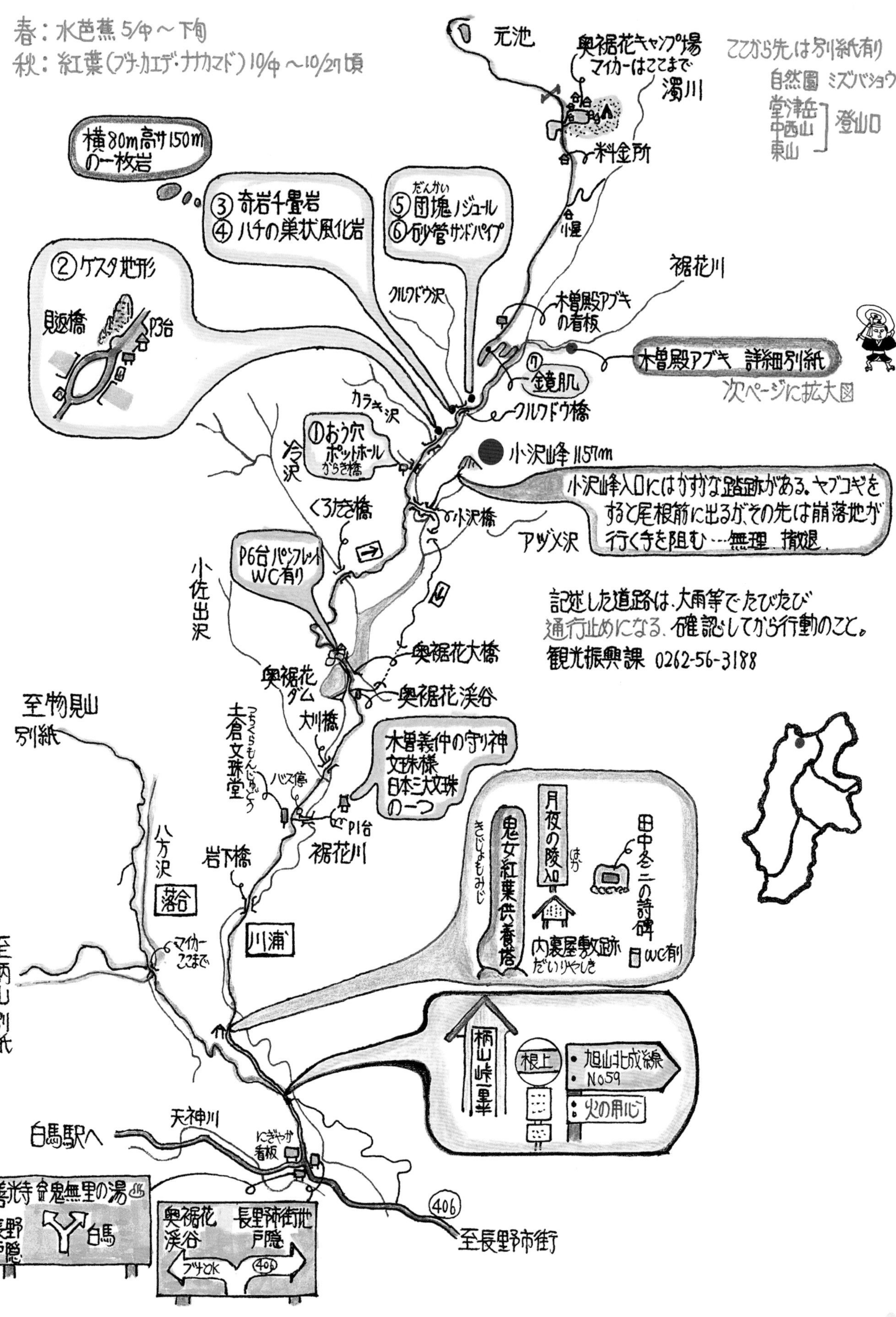

205 木曽殿アブキ・自然園の周辺

長野市鬼無里(きなさ)に有る

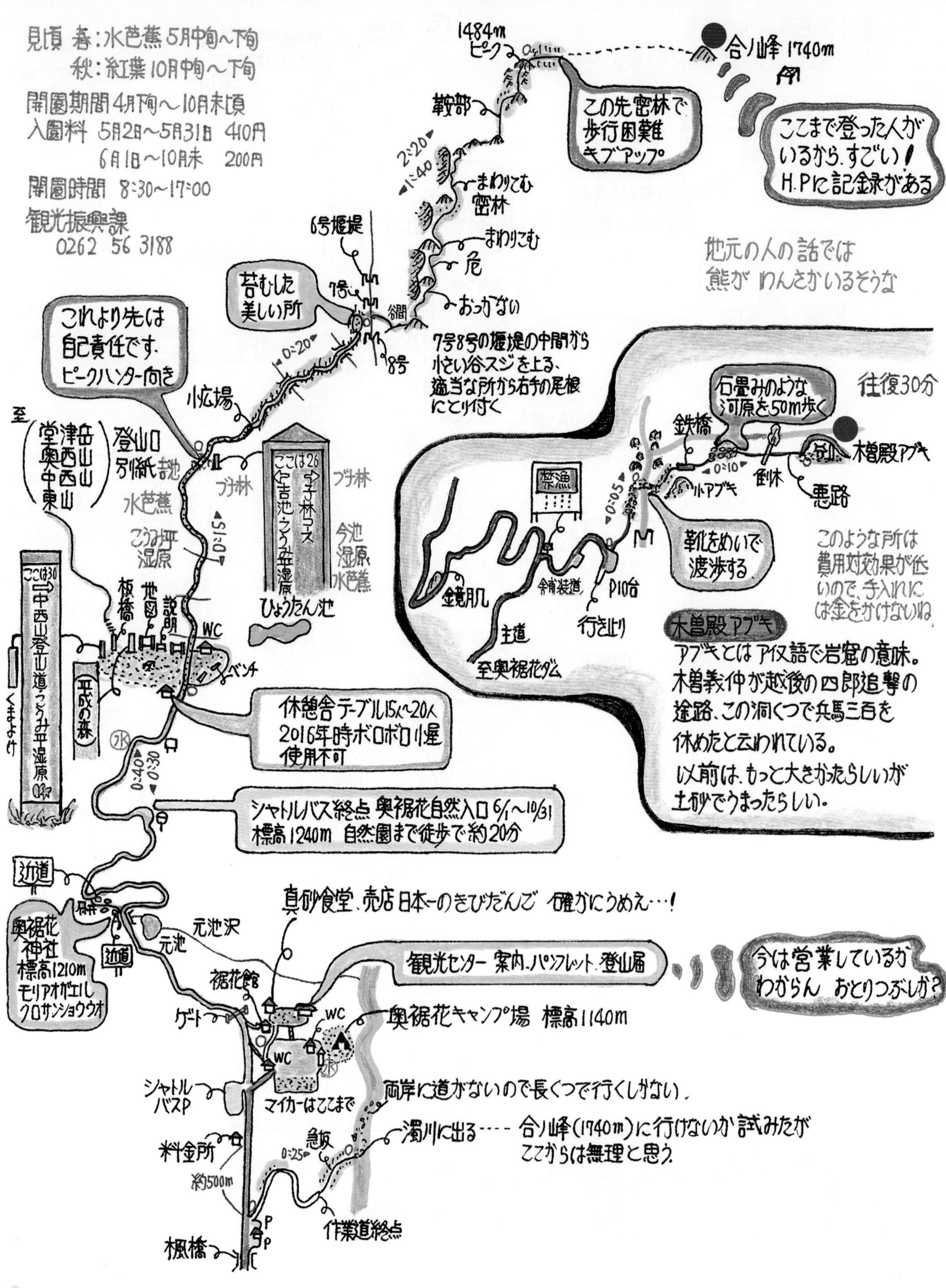

戸隠山 とがくしやま 周辺図

西岳・戸隠山・九頭龍山・五地蔵山・高妻山・乙妻山

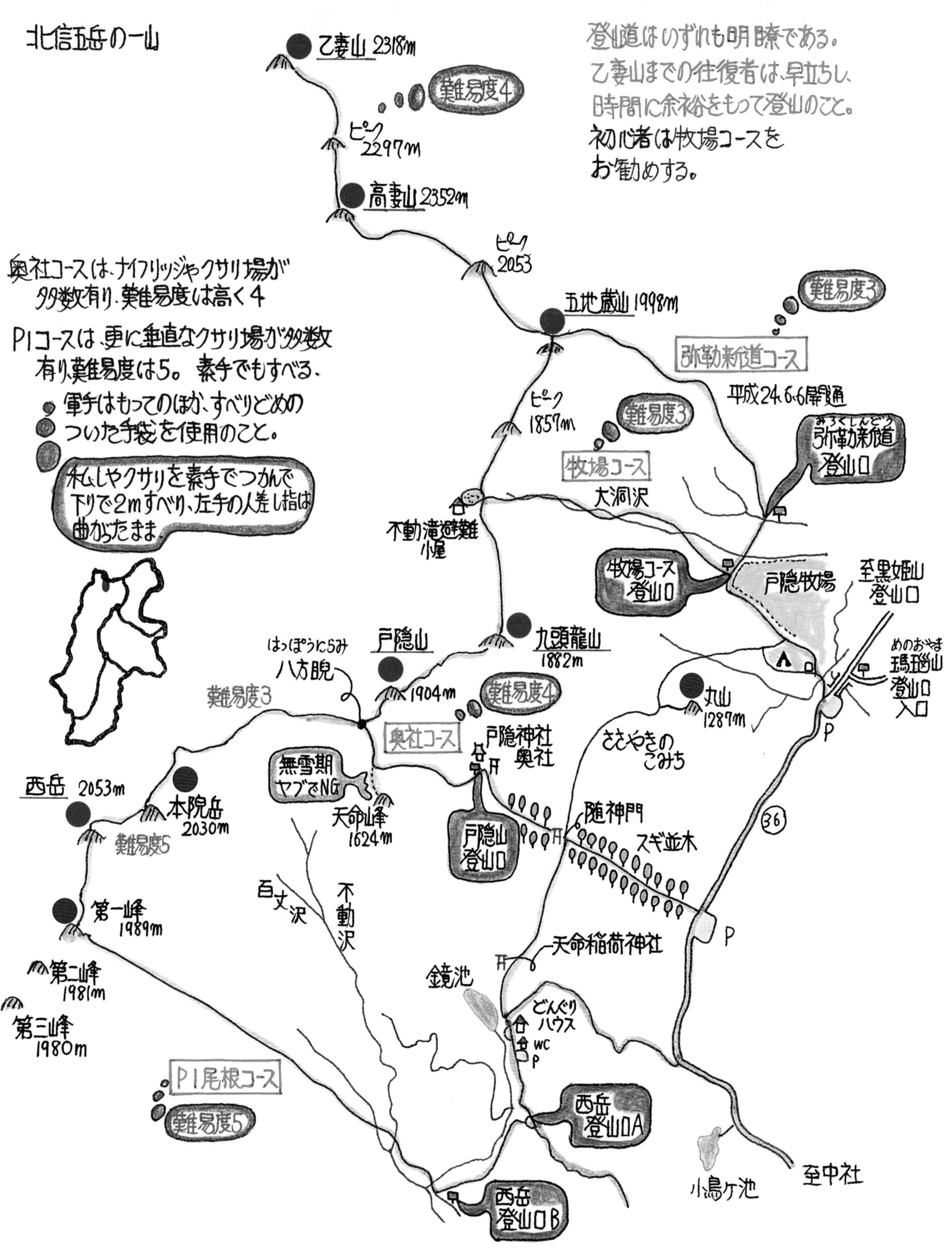

206 乙妻山 おとつまやま／2318m／往復10時間5分

207 高妻山 たかつまやま／2353m／往復8時間5分

以上は、長野市と新潟県妙高市の境の山

208 五地蔵山 ごじぞうさん／1998m／往復5時間

長野市に有る山

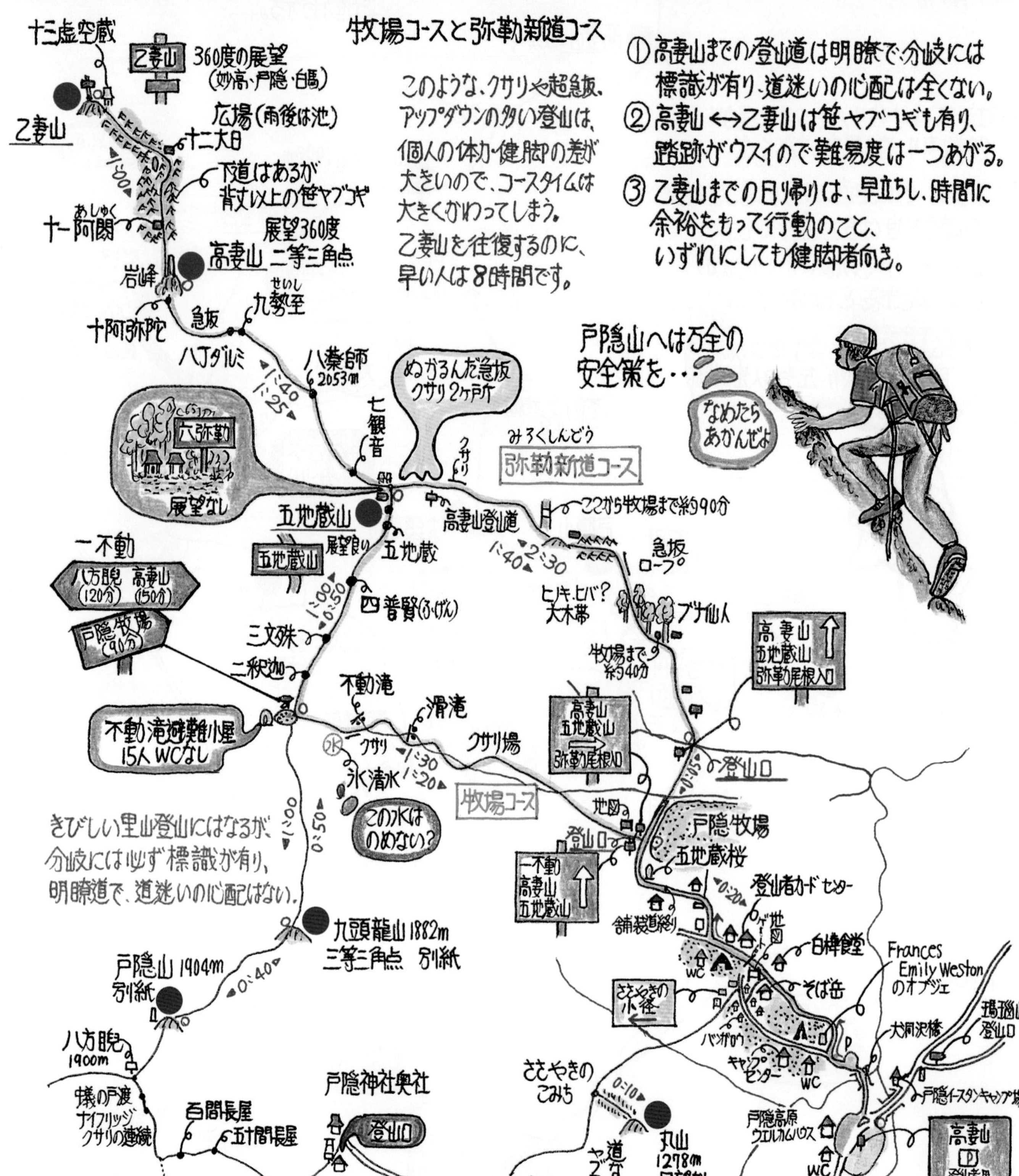

209 九頭龍山　くずりゅうやま／1882m／往復5時間20分

210 戸隠山　とがくしやま／1904m／往復5時間35分

211 戸隠山の西岳　にしだけ／2053m／往復9時間40分

以上は、長野市に有る山

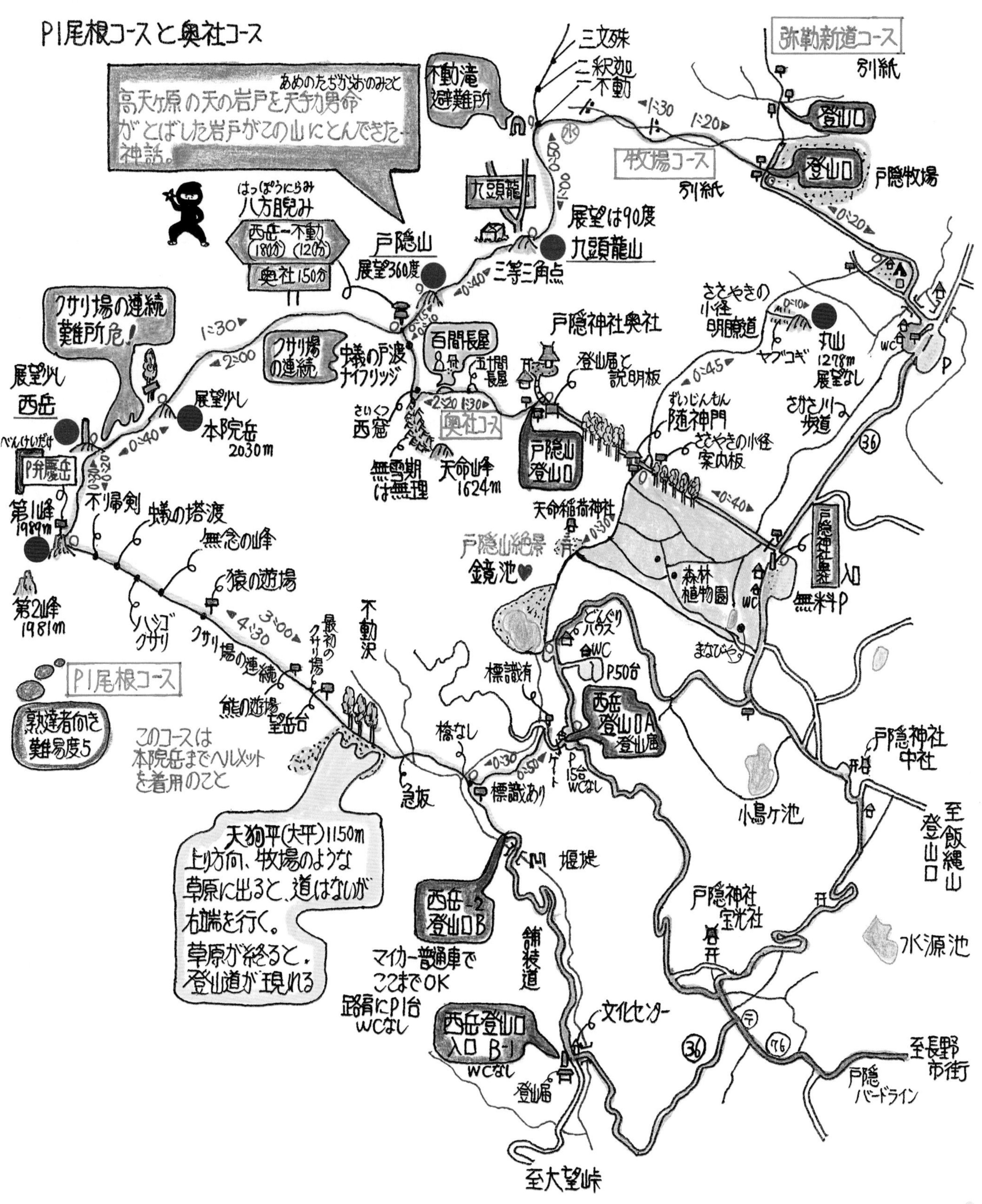

長野市の飯綱山 いいづなやま 周辺図

怪無山・瑪瑙山・霊仙寺山・飯縄山・笠山・大頭山

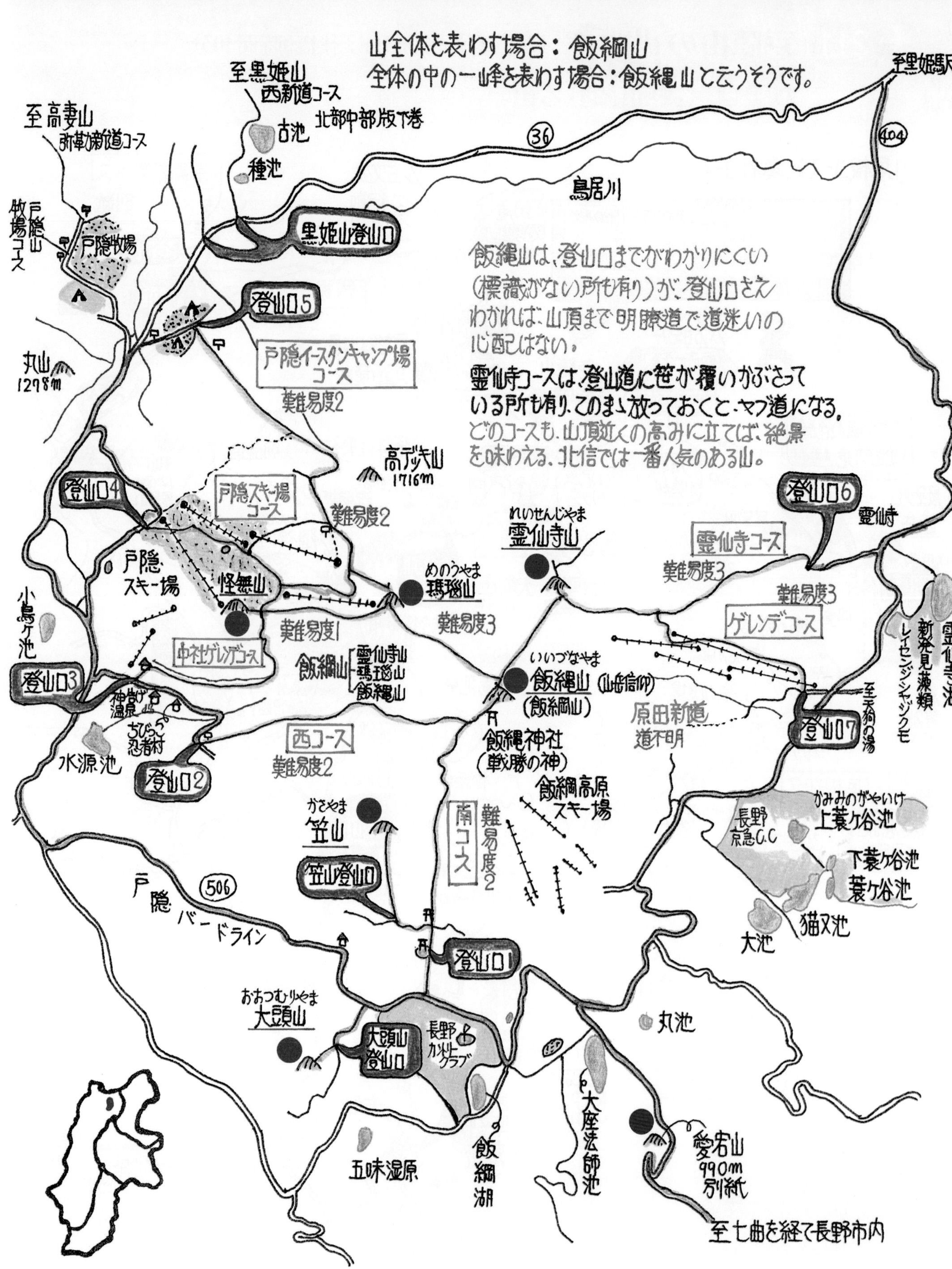

212 長野市の飯縄山 いいづなやま／1917m／往復4時間20分

213 笠山 かさやま／1553m／往復2時間25分

214 大頭山 おおつむりやま／1093m／往復16分

以上は、長野市に有る山

212 長野市の飯縄山 いいづなやま／1917m／周遊4時間55分

215 怪無山 けなしやま／1549m／往復2時間25分

216 瑪瑙山 めのうやま／1748m／往復3時間15分

以上は、長野市に有る山

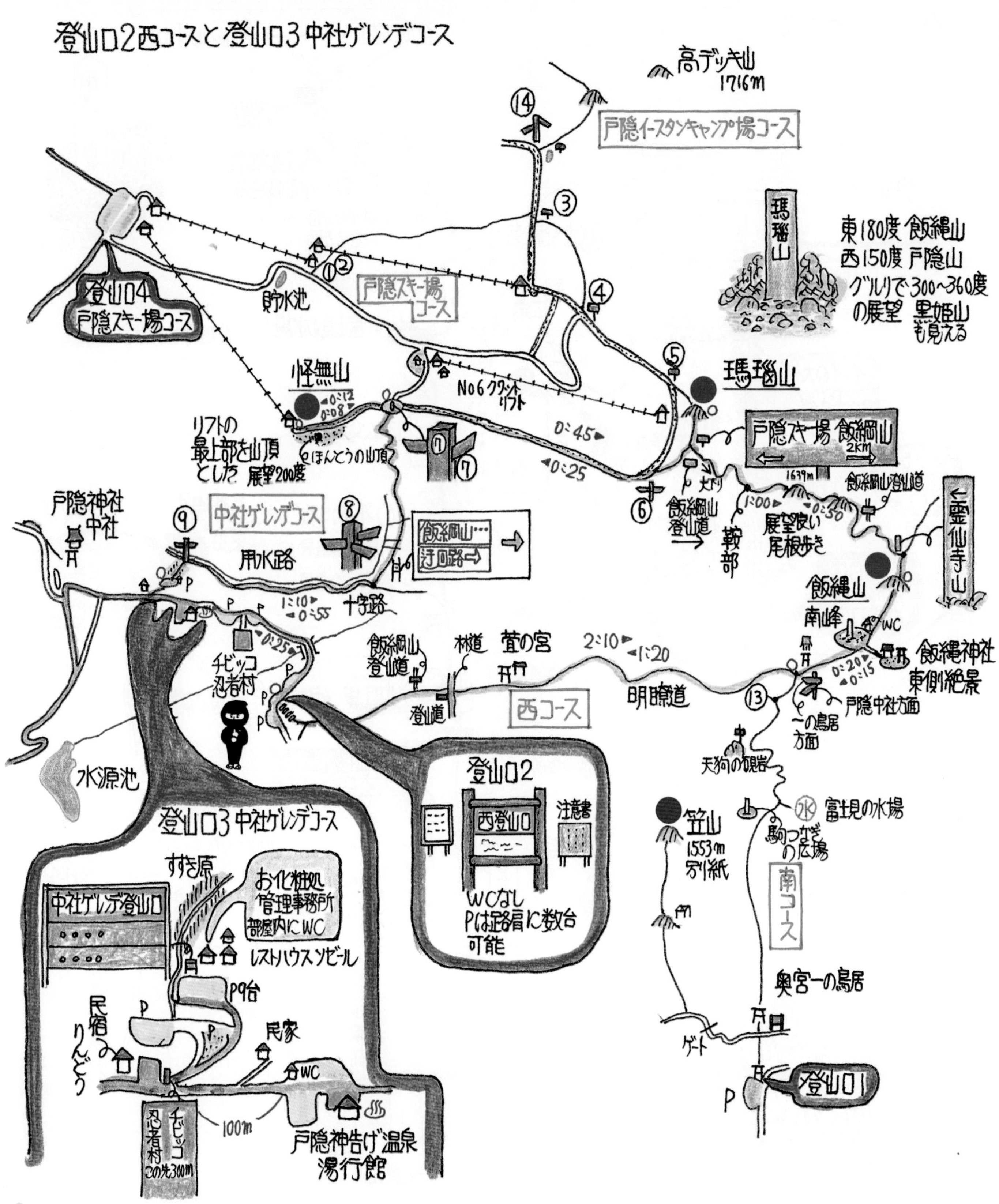

215 怪無山 けなしやま／1549m／往復1時間15分

216 瑪瑙山 めのうやま／1748m／周遊2時間25分

以上は、長野市に有る山

登山口4戸隠スキー場コース と登山口5戸隠イースタンキャンプ場コース

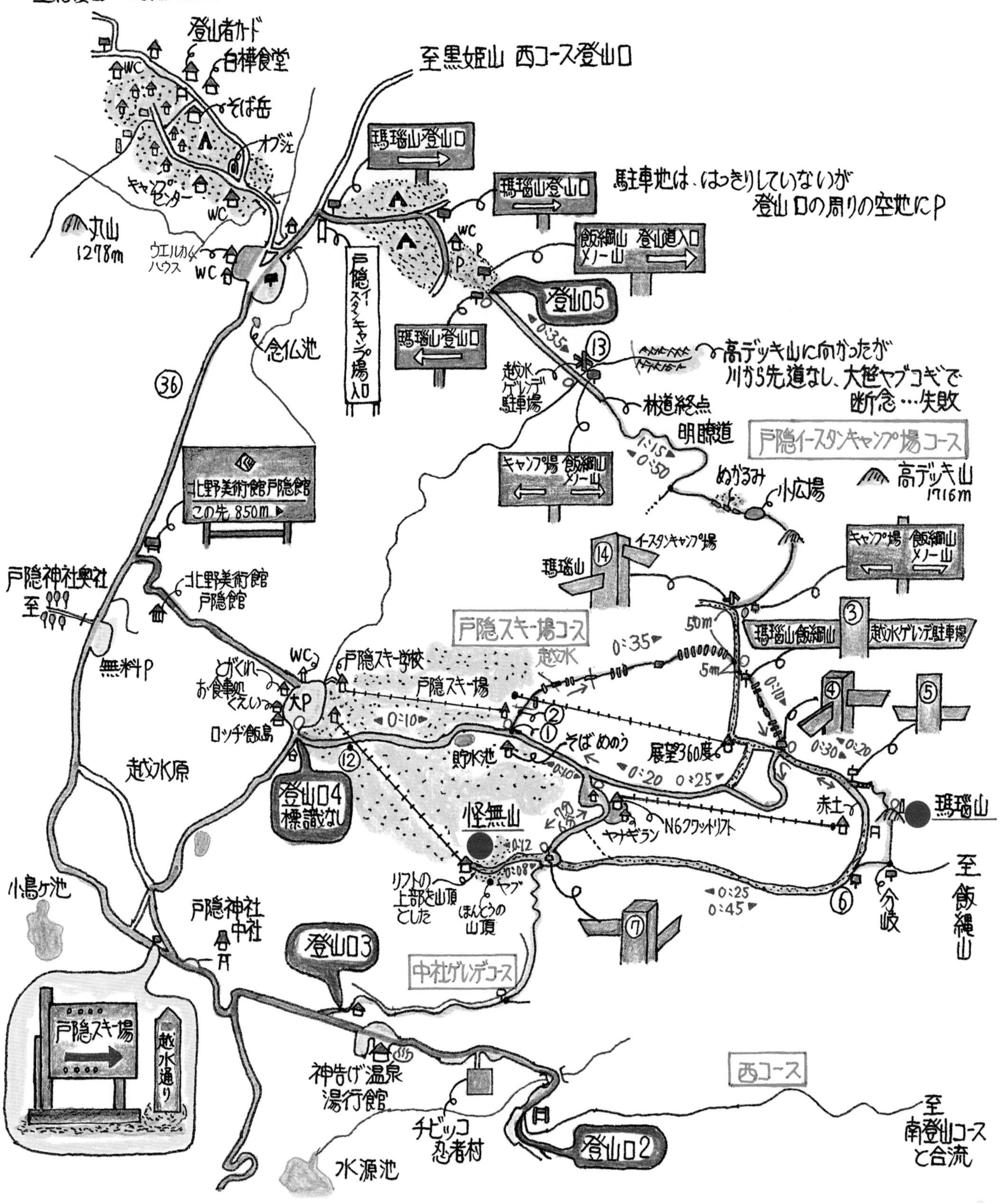

212 長野市の飯縄山　いいづなやま／1917m／往復6時間25分

長野市に有る山

217 霊仙寺山　れいせんじやま／1875m／往復5時間

信濃町に有る山

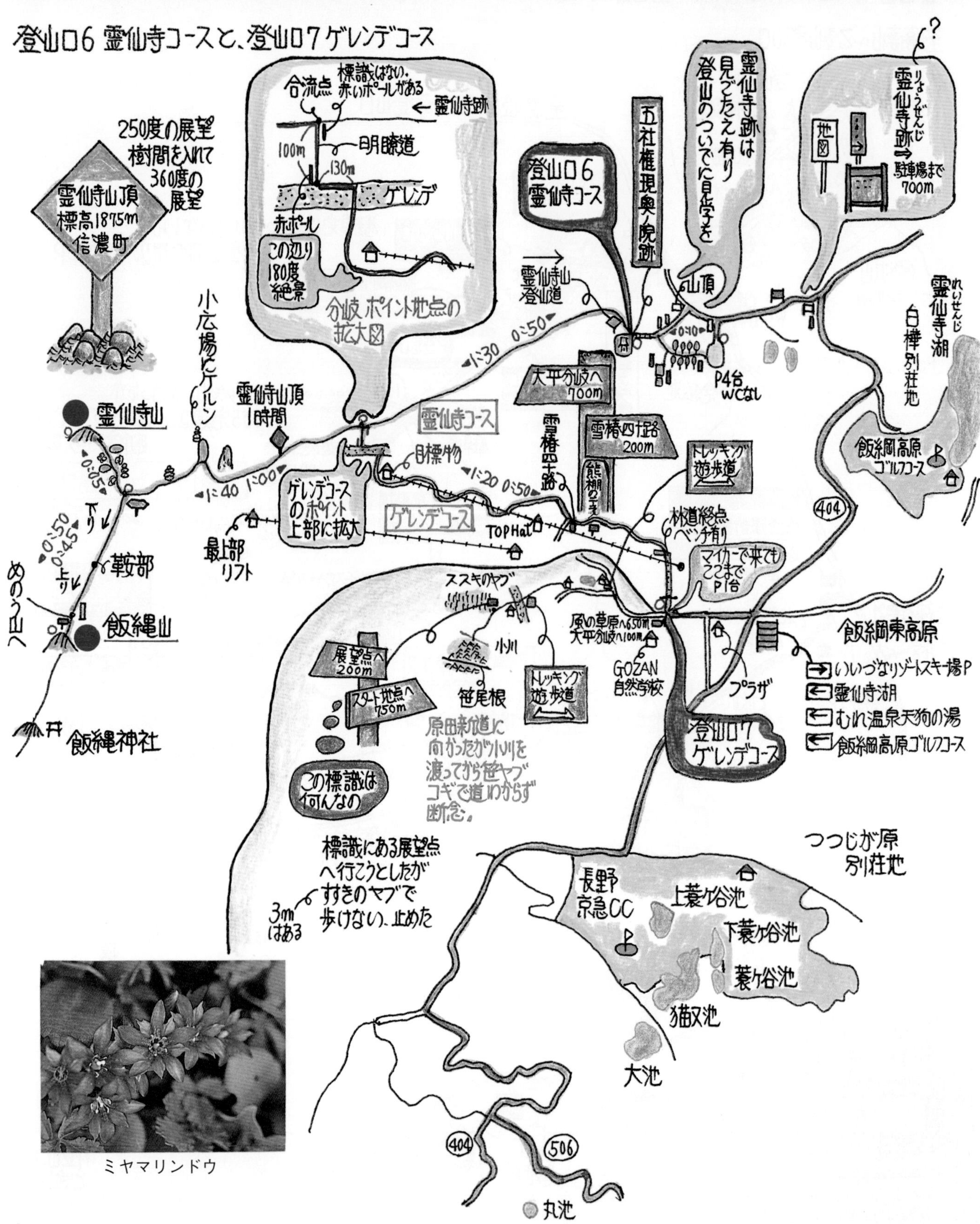

ミヤマリンドウ

おわりに

計画していた信州の山の目標山だけは、一往登り終えました。頂きの掲載数は南部・中部・北部合わせて1043山です。

今回は、槍ヶ岳の北鎌尾根を除けば全て単独登山でした。登山の安全性から考えれば複数の登山が望ましいのですが、正確な絵地図を作成するために、地形やルートの確認・時間測定・写真・記録など全て自分で行いました。

シリーズ最後の発刊にあたり、小さなことですがやり終えた気持ちでいっぱいです。

今振り返れば、よく歩いて来たと自分をほめたい。ただこの老いていく足腰は、どうにもならない。もうテントをもって北アルプスの縦走はできないと思うと、とてもとても悲しく寂しい思いがします。

種田山頭火先生の言葉に、「分け入っても　分け入っても　青い山」とありますが、つらい山行を、楽しんでいる自分がいることに複雑な気持ちです。

深田久弥先生の言葉に、「山ありて、わが人生は楽し」「山へ行き　何をしてくる　山へ行きみしみし歩き　水を飲んでくる」「われ道の長く険しきを愛す」「青年よ、冒険的であれ」「暮らしは低く、志は高く」正に身をもって感じた次第です。

里山は特に登山だけでなく、周辺の神社仏閣・遺跡・文化財・郷土資料館等を見学し、日帰り温泉で入浴、ソウルフード・特産物を味わってこそ、「里山日帰り登山の楽しみ方」です。できる限りその情報を絵地図に掲載しました。ぜひ信州を楽しんで下さい。

私にとって本当に嬉しいのは、時々手紙やメールで頂く、この本は、わかりやすい、面白い、こんな絵地図のガイドブックが欲しかった等のありがたい感想です。

また坂城町の鳴海さんからは、山の情報や励ましの手紙を頂き、ありがとうございました。

出版にあたっては、アウトドアショップＫの木下さん、指導編集をしてくれた信毎書籍出版センターの小山さんとその編集スタッフの方々には、厚くお礼申し上げます。

山を知らない妻京子は、一番の良きアドバイザーでした。妻が理解できない表現は即修正で大いに助けられました。加えてよくぞ家を空けこんな金食い虫についてきてくれたと感謝しています。

出版が終わったら高知のカツオや博多のうどんに連れていく約束は、忘れてはいません。………と思ったら、新型コロナ感染で様子見です…新型コロナ感染は歴史に残る大事件です。

コロナ感染でストレスがたまると嘆いているより、こんな時こそ里山へのハイキングがチャンスです。三密にならず、マスクもせず、大きく息を吸ってのんびりするのが一番の薬です。

どこにしようか迷ったらこの本を大いに活用してください。

山は私の人生の師匠です。山から多くを学びました。有難う、有難う、感謝して、筆をおきます。

飯縄山から北アルプス

信州の山　北部 上巻 217 山　索引

佐野不動滝

戸隠百間長屋西窟附近

瑪瑙山山頂から飯縄山

燕岳の御来光

木曽殿アブキ附近の岩壁

宮坂七郎（みやさかしちろう） **著者略歴**

1946年（昭和21年）長野県岡谷市に生まれる。

長野県は教育課程で、中学生になると地元の代表的な山に、「集団登山」を実施します。

私の中学は八ヶ岳の天狗岳でした。嬉しくて楽しみで夜も眠れないくらい期待していましたが、生憎の悪天候と、体力、経験不足で散々な山行になり、とても残念でした。

本格的登山は20歳の頃、因縁の八ヶ岳をホームグランドに、ロッククライミング・アイスクライミング・冬山・山スキー・ロープワーク・救助等一通りの訓練をうけました。

日本アルプスのコースにこだわり、「昭文社」様の登山地図にある登山道は、全て歩きました。

39歳頃までは関東に居住していた為、新宿から中央線の夜行列車で松本、更に新島々駅から上高地入りし北アルプスを目指し、1年に10回位の登山を行いました。

40歳で故郷に戻り、その数年後登山口まで遠くても2～3時間圏内の好立地に引越して、山三昧の機会を得ました。

50歳の頃一度は「逍遥山河会」という山岳会を立ち上げ、リーダーとして、多数の老若男女を山に誘ったこともありました。

私の一番の思い出は、白馬岳2932mから雪倉岳～朝日岳～黒岩山～犬ヶ岳～日本海親不知0mまで3泊4日と移動日1日をかけた登山です。それは、登山技術の全てを試される山行でした。

現在は単独で山登りをしています。どこの山岳会にも属さず肩書もない、普通の登山家です。

著書　『信州の山　中信・南信221山』初版発行……2013年8月
　　　『信州の山　北信・東信209山』初版発行……2013年8月
　　　『新版信州の山　南部326山』発行……………2017年5月
　　　『新版信州の山　中部上巻217山』発行………2018年8月
　　　『新版信州の山　中部下巻181山』発行………2018年8月
　　　『新版信州の山　北部上巻217山』発行………2021年4月
　　　『新版信州の山　北部下巻134山』発行………2021年4月

信州の山　北部 上巻　217山

2021年4月20日発行

著　者　宮 坂 七 郎
　　　　〒399-4501　伊那市西箕輪4230-116

発行所　信毎書籍出版センター
　　　　〒381-0037　長野市西和田1-30-3
　　　　TEL 026-243-2105　FAX 026-243-3494

印刷所　信毎書籍印刷株式会社

製本所　株式会社渋谷文泉閣

定価はカバーに表示してあります。万一落丁・乱丁がありました場合は、お取り替えします。

ISBN978-4-88411-187-8

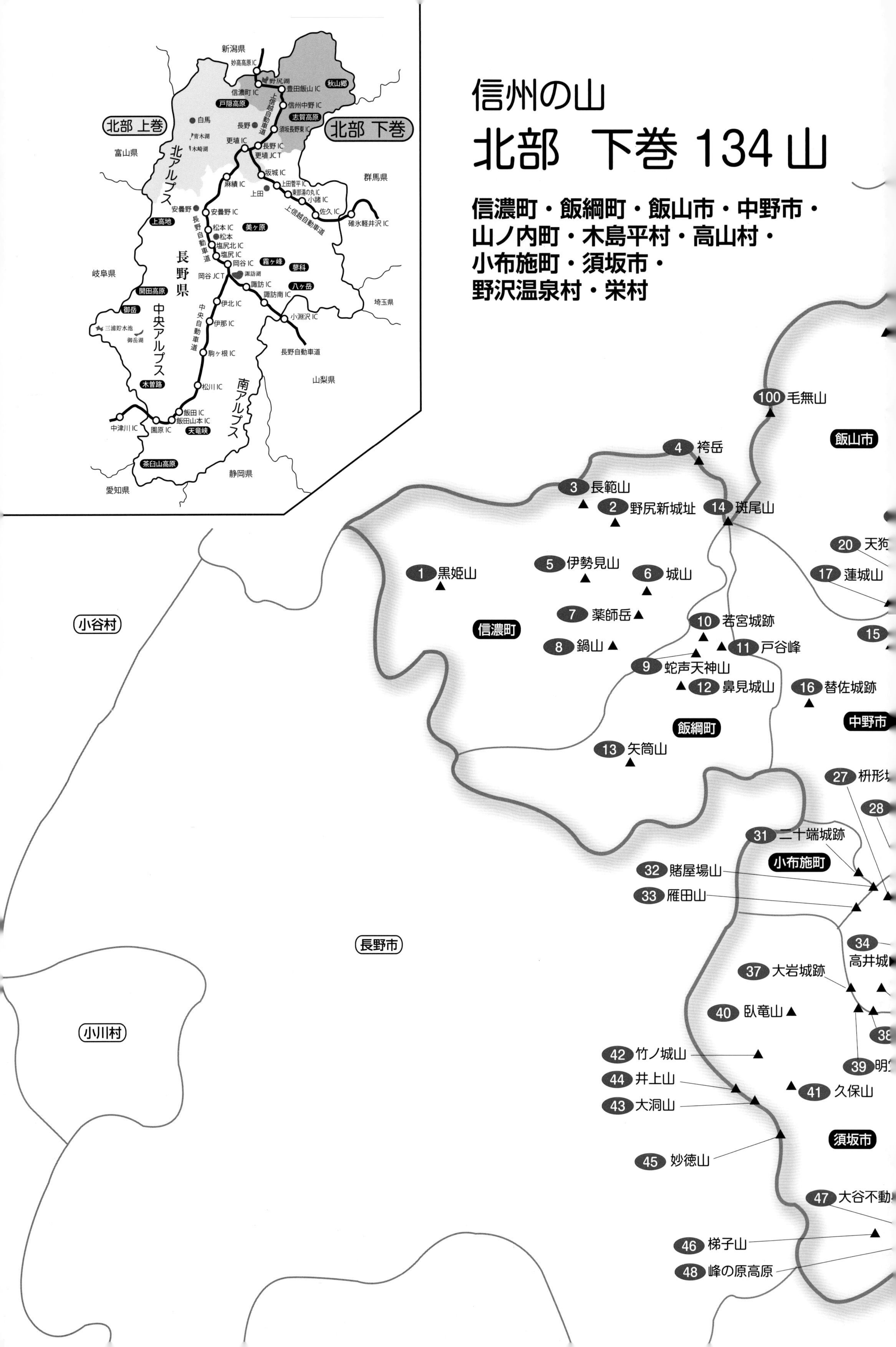

信州の山
北部 下巻 134山
信濃町・飯綱町・飯山市・中野市・
山ノ内町・木島平村・高山村・
小布施町・須坂市・
野沢温泉村・栄村
北部 上巻
北部 下巻
新潟県
富山県
岐阜県
群馬県
埼玉県
山梨県
静岡県
愛知県
長野県
北アルプス
中央アルプス
南アルプス
野尻湖
秋山郷
戸隠高原
志賀高原
白馬
青木湖
木崎湖
長野
上田
安曇野
松本
諏訪湖
上高地
美ヶ原
霧ヶ峰
蓼科
八ヶ岳
開田高原
御岳
三浦貯水池
御岳湖
木曽路
天竜峡
茶臼山高原
妙高高原 IC
信濃町 IC
豊田飯山 IC
信州中野 IC
須坂長野東 IC
更埴 IC
長野 IC
更埴 JCT
坂城 IC
上田菅平 IC
東部湯の丸 IC
小諸 IC
佐久 IC
碓氷軽井沢 IC
麻績 IC
安曇野 IC
松本 IC
塩尻北 IC
塩尻 IC
岡谷 IC
岡谷 JCT
諏訪 IC
諏訪南 IC
小渕沢 IC
伊北 IC
伊那 IC
駒ヶ根 IC
松川 IC
飯田 IC
飯田山本 IC
園原 IC
中津川 IC
上信越自動車道
長野自動車道
中央自動車道
長野自動車道
100 毛無山
飯山市
4 袴岳
3 長範山
2 野尻新城址
14 斑尾山
20 天狗
17 蓮城山
1 黒姫山
5 伊勢見山
6 城山
7 薬師岳
信濃町
10 若宮城跡
8 鍋山
11 戸谷峰
15
9 蛇声天神山
12 鼻見城山
16 替佐城跡
中野市
飯綱町
13 矢筒山
27 枡形
28
31 二十端城跡
小布施町
32 賭屋場山
33 雁田山
34
高井城
37 大岩城跡
40 臥竜山
38
42 竹ノ城山
39 明
44 井上山
41 久保山
43 大洞山
須坂市
45 妙徳山
47 大谷不動
46 梯子山
48 峰の原高原
小谷村
長野市
小川村